高等院校会计专业(新准则)通用规划教材

高级财务管理

主　编　刘玉凤
副主编　吕　文　李　君　汪　霞

上海财经大学出版社

图书在版编目(CIP)数据

高级财务管理/刘玉凤主编. —上海:上海财经大学出版社,2015.3
高等院校会计专业(新准则)通用规划教材
ISBN 978-7-5642-2109-6/F·2109

Ⅰ.①高… Ⅱ.①刘… ②张… Ⅲ.①财务管理-高等学校-教材
Ⅳ.①F275

中国版本图书馆 CIP 数据核字(2015)第 021171 号

□ 责任编辑 顾晨溪
□ 封面设计 钱宇辰
□ 责任校对 胡 芸 林佳依

GAOJI CAIWU GUANLI
高级财务管理
主 编 刘玉凤
副主编 吕 文 李 君 汪 霞

上海财经大学出版社出版发行
(上海市武东路 321 号乙 邮编 200434)
网 址:http://www.sufep.com
电子邮箱:webmaster @ sufep.com
全国新华书店经销
江苏凤凰数码印务有限公司印刷装订
2015 年 3 月第 1 版 2020 年 7 月第 3 次印刷

787mm×1092mm 1/16 12.75 印张 326 千字
印数:5 001—5 500 定价:33.00 元

前　言

市面上的《高级财务管理》教材比较多，但其中专门针对技术应用型大学的教材并不多。本书针对技术应用型高校的学生特点和课堂教学特点，在介绍理论时力求简明扼要、通俗易懂、紧密联系实际，在援引实例时，尽量做到删繁就简、突出主题，同时在体例设计上也进行了一些创新性的探索与尝试。

本书将“高级财务管理”的内容界定为行为财务学、财务战略管理、财务管理流程再造、企业价值评价、企业并购、管理层收购、集团公司财务管理、国际财务管理以及企业破产九个相关专题。全书共十章：第一章是总论，对“高级财务管理”的一般概念及教材内容进行了界定，然后阐述了财务管理目标、财务管理假设及原则、企业财务关系协调等相关理论，以达到统领全文的目的；在后续的九章中，分别对上述九个专题相关的基本理论及方法进行介绍，并适时地援引实例，突出强调对基本理论及方法的实际运用。

从教材体例上看，每一章的开篇都是本章的“要点提示”，以更好地突出重点、难点，并方便学生进行预习；每章结束之后先是用英文介绍“关键概念”(并附有英文解释)，便于学生在复习的基础上对与本章节内容相关的英文文献进行拓展性阅读，然后是“思考与练习”及“案例阅读”模块，其中，案例阅读后面一般都设计了2～3个“思考与讨论”性质的题目，方便任课教师在课堂上组织案例讨论，或由学生课后自主学习，以帮助学生进一步巩固本章所授内容，达到学以致用的目的。

本书编写的具体分工如下：第一章及第四至第七章由刘玉凤编写，第二章、第八章由李君编写，第三章、第九章、第十章由吕文、汪霞编写，最后的统稿工作由刘玉凤负责，吕文协助完成。编写成员不仅在教学岗位上有着丰富的教学经验，而且在财务管理岗位上也具有丰富的实战经验。教材内容难度适中、通俗易懂，理论与实践紧密结合，非常适合作为技术应用型高校相关专业的教材，也可以作为广大企、事业单位财务管理人员和管理者自学及业务能力提升的参考书。

另需说明的是，在本书的编写过程中，借鉴和引用了不少国内外同行专家的著作或研究成果，也得到了许多湖北工业大学商贸学院同仁的大力支持，在此一并致以衷心的感谢！

同时，由于我们的知识水平和专业能力有限，书中难免存在错误和疏漏之处，敬请广大读者批评指正！

编者

2015年1月

前言

编者

目　录

第一章　总　论

要点提示

- 高级财务管理内容的界定。
- 财务管理目标的概念及代表性观点。
- 财务管理的假设及原则。
- 企业财务关系协调。

第一节　高级财务管理的界定

一、高级财务管理的概念

从词面意义上讲，高级财务管理就是高级财务方面的管理，是以实现企业价值和资本增值最大化为最终目标，围绕着资金管理这一中心对企业复杂的财务活动和财务关系进行综合性管理的一项经济管理活动。

就一门专业课程而言，高级财务管理则是将财务管理按照专业知识深浅、难易程度进行分类所得到的类别之一。一般而言，按照财务管理的知识层次，可以将其划分为初级财务管理、中级财务管理与高级财务管理。初级财务管理主要介绍财务管理的基本理论、基本观念与基本方法；中级财务管理主要讲述常规业务的财务管理，具体包括筹资管理、投资管理、营运资金管理和利润分配管理等；高级财务管理是针对非常规性业务的财务管理，不同的学者和教材对其具体内容的界定会有所不同。

二、本书对高级财务管理内容的界定

本书将高级财务管理的内容界定为如下 9 个方面：(1)行为财务学；(2)财务战略管理；(3)财务管理流程再造；(4)企业价值评价；(5)企业并购；(6)管理层收购；(7)集团公司财务管理；(8)国际财务管理；(9)企业破产。

全书共十章。第一章总论对相关的基本理论问题进行总括性的讲述，便于实现初级、中级和高级各层次教学内容的有效衔接。其他九章分别是对上述九部分内容的介绍。

第二节　财务管理目标

一、财务管理目标的概念及意义

(一)财务管理目标的概念

财务管理目标是企业财务管理活动所希望实现的结果，也是评价企业理财活动绩效的基

本标准,是连接财务管理理论与实践的纽带。合理选择财务管理目标既是一个基本的理论问题,又是一个重大的实践问题。

(二)研究财务管理目标的意义

1. 明确财务管理目标是确定财务管理理论结构的基础

企业财务管理目标直接反映着理财环境的变化,并根据环境的变化作适当调整,是整个财务管理系统的导向,也是财务管理理论结构的基础。以不同的财务管理目标为基础,会构建出不同的财务管理理论结构。不确立一个明确且合理的财务管理目标,就无法合理确定财务管理的理论结构。

2. 明确财务管理目标是优化企业财务管理行为的需要

财务管理目标制约着财务运行的基本特征和发展方向,是理财行为的行动指南。在不同财务管理目标的指引下,会产生不同的财务管理运行机制,形成不同的理财行为。因此,合理确定企业的财务管理目标,是优化企业理财行为、实现财务管理良性循环的需要。

二、关于财务管理目标的主要观点

(一)利润最大化

该种观点认为,利润代表了企业新创造的财富,反映了经营者的经营业绩,利润越多,说明企业的财富增加得越多,越接近企业的目标,因此,企业财务管理的目标是追求企业利润的最大化,即通过对企业财务活动的管理,不断增加企业利润,使企业利润达到最大。

这种观点的合理之处在于:(1)利润是按收入与费用配比原则加以计算的,在一定程度上体现着企业经济效益的高低;(2)利润最大化对企业投资者(股东)和企业都是有利的;(3)以利润最大化为目标有助于促进社会的进步和发展。

这种观点的缺陷在于:(1)不能反映企业创造的利润与所投入资本之间的关系;(2)没有考虑资金的时间价值;(3)没有考虑风险因素;(4)易导致企业财务管理的短期行为。

(二)资本利润率或每股收益最大化

该种观点认为,权益资本或股份代表了企业所有者对企业所拥有的资本权利,而所有者作为企业的投资者,其投资目标是取得资本收益,具体表现为净利润与权益资本额或股份数的对比关系(净利润与权益资本额的比率称为资本利润率,净利润与股份数的比率称为每股收益或每股盈余);因此,企业财务管理的目标是追求权益资本利润率或普通股每股收益的最大化。

这种观点的合理之处在于:(1)将企业实现的净利润同投入的资本额或股份数进行对比,能说明企业当前的盈利水平;(2)方便不同资本规模的企业或同一企业不同时期之间比较。

这种观点的缺陷在于:(1)没有考虑资金时间价值和风险因素;(2)不能避免企业的短期行为。

(三)股东财富最大化

该种观点认为,股东投资创办企业是为了使其投入的资本保值、增值,获得尽可能多的财富。受委托负责企业日常管理工作的经营者应最大限度地谋求股东的利益。因此,企业财务管理的目标是追求股东财富最大化。在股份公司中,股东财富由股东所拥有的股票数量和股票市场价格两方面决定。当股票数量既定时,股东财富最大化直接表现为股票价格最大化。股价代表了股东财富,其高低反映了财务管理目标的实现程度。

这种观点的合理之处在于:(1)考虑了盈余水平、时间价值和风险因素;(2)在一定程度上能克服企业在追求利润上的短期行为;(3)具有客观性,容易量化,便于考核和奖惩。

这种观点的缺陷在于:(1)只适合上市公司,非上市公司很难有比较公允、客观的股票市场价格;(2)股票价格还要受多种除公司业绩之外其他因素的影响;(3)过于强调股东的利益,而对企业其他利益关系者的利益重视不够。

(四)企业价值最大化

这种观点认为,现代企业是多边契约关系的总和。股东、债权人、管理层、一般员工等共同参与构成企业的利益制衡机制。企业财务管理目标应反映多个利益集团的共同利益。从理论上讲,尽管他们的利益目标不尽相同,但都可以折中为企业长期稳定发展和企业总价值的不断增长。因此,企业财务管理的目标应是追求企业价值最大化。

这种观点的合理之处在于:(1)考虑了资金的时间价值和投资的风险价值;(2)能克服企业片面追求利润的短期行为和管理上的片面性;(3)反映了对企业资产保值、增值的要求,有利于实现企业效益和社会效益的“双赢”;(4)扩大了考虑问题的范围,强调在企业发展中要兼顾各方利益关系。

这种观点的缺陷在于:企业价值内在的丰富性及复杂性导致了其计量具有一定的难度。

三、财务管理目标的选择

(一)影响财务管理目标的各种利益集团

影响财务管理目标的利益集团主要包括以下四个方面:企业所有者、企业债权人、企业职工、政府。

1. 企业所有者

企业所有者对企业财务管理目标的影响主要是通过股东大会(或股东会)和董事会来进行的,这种影响主要表现在:企业重大的财务决策必须经过股东大会或董事会的表决,企业经理和财务经理的任免也由董事会决定。

2. 企业债权人

企业债权人将资金出借给企业的目的是通过按时收取利息、到期收回本金的方式获取经济利益。出于防范风险、保护资金安全的目的,债权人一般都会在借贷合同中设置一定的限制性条款,要求企业按照合同规定的用途使用资金,并保持良好的资本结构和适当的偿债能力。

3. 企业职工

企业职工包括一般的员工和企业经理人员。他们为企业提供了智力和体力劳动,理应取得合理报酬。职工的利益与企业的利益紧密相连,当企业失败时,他们要承担重大的风险,有时甚至比股东承担的风险还要大。因此,职工会通过各种有效途径(如员工会议、规章制度的修改建议等)来反映自己的心声、维护自身的利益。而企业在确立财务管理目标时,也应该考虑职工的利益。

4. 政府

政府作为各种社会公共服务的提供者,也会以要求企业依法纳税等形式来分享企业的收益。虽然在市场经济条件下,政企分开使得政府对企业财务管理的影响力比较弱,但政府仍然可以通过行政规范、立法、税收、政策诱导等方式影响企业的财务决策和财务管理目标的选择。

(二)财务管理目标的现实选择

从上文的分析中可以看出,企业财务管理目标可以有多种选择,而影响财务管理目标选择的利益集团也有多个。在一定时期和一定环境下,某一利益集团可能会起主导作用,但从长期的角度和促进企业长远发展的立场来看,不能只强调某一个利益集团的利益,而应该兼顾和协调各利益相关方的利益。因此,从理论上来讲,以企业价值最大化作为财务管理目标,是最佳选择。

但在实际生活中,由于企业价值指标计量的复杂性,以及各利益集团力量在特定时期和特定环境下发展的不平衡性,企业对财务管理目标的现实选择却是多样化的。例如:许多小型企业尤其是民营小企业,直接以利润最大化作为财务管理目标;许多上市公司则直接以股东财富最大化作为财务管理目标;而许多发展中的企业则选择以资本利润率或每股收益最大化作为财务管理的目标。并且,同一家企业在面临不同的经营环境或处于不同的发展阶段时,对财务管理目标的选择结果也有可能不同。当然,从长远的角度来看,企业应该朝着企业价值最大化的方向努力。

第三节　财务管理假设及原则

一、财务管理假设

(一)财务管理假设的含义及意义

财务管理假设是人们利用自己的知识,根据财务活动的内在规律和理财环境的要求所提出的、具有一定事实依据的假定或推断,是进一步研究财务管理理论和实践问题的基本前提。

财务管理假设既是建立财务管理理论体系的基本前提,也是企业财务管理实践活动的基础和出发点。

(二)财务管理的五大假设

1. 理财主体假设

理财主体假设是指企业的财务管理工作不是漫无边际的,而应限制在一个经济上和经营上具有独立性的组织之内。理财主体假设限定了企业财务管理活动的空间范围,也明确了财务人员在财务管理过程中应持有的基本立场。

2. 持续经营假设

持续经营假设是指除非存在明显的反证,理财的主体将持续存在并且能执行其预计的经济活动。这里的"反证",是指企业面临关闭、破产或停业的一些迹象,如企业章程规定的营业期限届满或其他解散事由出现而导致的解散,或者被依法撤销,或被迫依法宣告破产。持续经营假设限定了企业财务管理活动的时间范围。当该假设不成立时,企业财务管理需要采取独特的、非常规的方式与方法。

3. 有效市场假设

有效市场假设是指财务管理所依据的资金市场是健全和有效的。只有在有效市场上,财务管理工作才能正常进行,财务管理理论体系才能建立。

美国财务管理学者法玛(Fama)将有效市场划分为弱式有效市场、半强式有效市场和强式有效市场三种类型。结合我国国情,有效市场应具备以下特点:(1)当企业需要资金时,能以合理的价格在资金市场上筹集到资金。(2)当企业有闲置的资金时,能在市场上找到有效的投资方式。(3)企业理财上的任何成功和失误,都能在资金市场上得到反映。

4. 资金增值假设

资金增值假设是指通过财务管理人员的合理营运,企业资金的价值可以不断增加。资金增值假设的存在使得企业财务管理人员的理财工作有意义。

5. 理性理财假设

理性理财假设是指从事财务管理工作的人员都是理性的理财人员，其理财行为也是理性的。理性理财假设使得财务管理实践工作及其理论研究成为可能。

二、财务管理原则

（一）财务管理原则的含义及特征

财务管理原则也称理财原则，是进行企业财务管理工作所应遵循的指导性理念或标准。它是人们从财务管理实践中抽象出来、为实践所证明了的并且为多数理财人员所接受的理财行为准则，既反映了人们对财务活动的共同的、理性的认识，又反映了企业财务管理活动的内在的本质要求，是联系理论与实务的纽带，是财务理论和财务决策的基础。

（二）财务管理的总原则

1. 系统原则

财务管理是企业管理系统的一个子系统，本身又由筹资管理、投资管理、营运资金管理、分配管理等子系统构成。在财务管理中坚持系统原则，是理财工作的首要出发点，具体而言，应做到：

(1)整体优化。只有实现整体最优的系统才是真正的最优系统。理财必须从企业整体战略出发，不是为财务而财务；各财务管理子系统必须围绕整个企业理财目标进行，不能"各自为政"；实行分权管理的企业，各部门的利益应服从企业的整体利益。

(2)结构优化。任何系统都是有一定层次结构的层级系统，结构优化是实现系统优化的前提和基础。在企业资源配置方面，应注意保证各项结构比例的优化，如资金结构、资产结构、分配结构（比例）的优化。

(3)环境适应能力强。财务管理系统处于复杂多变的理财环境之中，企业的财务管理活动必须保持适当的弹性，以适应环境的变化。

2. 现金收支动态平衡原则

在财务管理中，贯彻的是收付实现制，客观上要求在理财过程中做到现金收入（流入）与现金支出（流出）在数量上、时间上达到动态平衡，即现金流动平衡。也就是要求资金收支不仅在一定期间总量上求得平衡，而且在每一时点上也要协调、平衡。保持现金收支平衡的基本方法是现金预算控制。

3. 利益关系协调原则

财务管理本是组织财务活动、处理财务关系的一项综合性管理工作。利益关系协调原则就是要求在财务管理过程中充分利用各种经济手段及其他合法手段，协调国家、投资者、债权人、经营者和内部员工、内部单位及外部合作者的经济利益关系，维护有关各方的合法权益。

（三）财务管理的具体原则

关于财务管理的具体原则，不同的学者有不同的看法。比较有代表性和影响力的是道格拉斯·R. 爱默瑞和约翰·D. 芬尼特的观点，他们将财务管理原则概括为三类，共 12 条。

1. 有关竞争环境的原则

有关竞争环境的原则是对资本市场中人的行为规律的基本认识。主要包括：

(1)自利行为原则。自利行为原则是指人们在进行决策时按照自己的财务利益行事，在其他条件相同的情况下，人们会选择对自己经济利益最大的行为。其理论依据是理性经济人假设。该假设认为，人们对每一项交易都会衡量其代价和利益，并且都会选择对自己最有利的方案来行动。

需要注意两点：其一，自利行为原则并不认为钱是任何人生活中最重要的东西，或者说钱可以代表一切，但问题在于商业交易的目的是获利，在从事商业交易时人们总是为了自身的利益作出选择和决定，否则他们就不必从事商业交易；其二，自利行为原则也并不认为钱以外的东西都不重要，而是说在"其他条件都相同时"，所有财务交易参与者都会选择对自己的经济利益最大的行为。

自利行为原则有两个重要的应用：一个是委托—代理理论，根据该理论，应当把企业看成是各种自利的人的集合；另一个是机会成本概念，当人们采用一个方案而放弃另一个方案时，被放弃方案的收益是被采用方案的机会成本，也称择机代价。

(2)双方交易原则。双方交易原则是指每一项交易都至少存在两方，在一方根据自己的经济利益决策时，另一方也会按照自己的经济利益决策行动，并且对方与你一样聪明、勤奋和富有创造力。因此，你在决策时要正确预见对方的反应。

双方交易原则的建立依据是商业交易至少有两方、交易是"零和博弈"，以及各方都是自利的。因此，在决策时不仅要考虑自利行为原则，还要使对方有利，否则交易就无法实现。

双方交易原则要求：其一，在理解财务交易时不能"以我为中心"，在谋求自身利益的同时要注意对方的存在，并且对方也在遵循自利行为原则行事；其二，在理解财务交易时要注意税收的影响，政府是不请自来的交易第三方，凡是交易，政府都要从中收取税金，而避税就是寻求减少政府税收的合法交易形式，避税的结果使交易双方受益但其他纳税人会承担更大的税收份额，从更大范围来看并没有改变"零和博弈"的性质。

(3)信号传递原则。信号传递原则是指行动可以传递信息，并且比公司的声明更有说服力。信号传递原则是自利行为原则的延伸。

信号传递原则要求：其一，要根据公司的行为判断它未来的收益状况，例如，一个经常用配股的办法找股东要钱的公司，很可能自身产生现金能力较差；其二，在决策时不仅要考虑行动方案本身，还要考虑该项行动可能给人们传达的信息。

(4)引导原则。引导原则是指当所有办法都失败时，寻找一个可以信赖的榜样作为自己的引导。所谓"当所有办法都失败"，是指我们的理解力存在局限性，不知道如何做对自己有利；或者寻找最准确答案的成本过高，以至于不值得把问题完全搞清楚。

引导原则是行动传递信号原则的一种运用。承认行动传递信号，就必然承认引导原则。不要把引导原则混同于"盲目模仿"。它只在两种情况下适用：一是理解存在局限性，认识能力有限，找不到最优的解决办法。二是寻找最优方案的成本过高。在这种情况下，跟随值得信任的人或者大多数人才是有利的。引导原则不会帮你找到最好的方案，却常常可以使你避免采取最差的行动。它是一个次优化准则。

引导原则的两个重要应用：一是行业标准概念，例如，观察本行业成功企业的资本结构，或者多数企业的资本结构，就成为资本结构决策的一种简便、有效的方法；二是"免费跟庄(搭便车)"概念，一个"领头人"花费资源得出一个最佳的行动方案，其他"追随者"通过模仿节约了信息处理成本。《中华人民共和国专利法》和《中华人民共和国著作权法》是在知识产权领域中保护"领头人"的法律，强制"追随者"向"领头人"付费，以避免"免费跟庄"问题的影响。在财务领域中并不存在这种限制，许多小股民经常跟随"庄家"或机构投资者，以节约信息成本。当然，"庄家"也会利用"免费跟庄(搭便车)"现象，进行恶意炒作，损害小股民的利益。因此，各国的证券监管机构都禁止操纵股价的恶意炒作，以维持证券市场的公平性。

2. 有关创造价值的原则

(1)有价值的创意原则。有价值的创意原则,是指新创意能获得额外报酬。根据竞争理论,企业的竞争优势主要来源于产品(或服务)差异化和成本领先两方面。

该原则的重要应用:主要应用于直接投资项目,一个项目要想取得正的净现值,它必须是一个有创意的投资项目;还应用于经营和销售活动,例如,连锁经营方式的创意使得麦当劳的投资人变得非常富有。

(2)比较优势原则。比较优势原则是指专长能创造价值。在市场上要想赚钱,必须发挥专长。比较优势原则的依据是分工理论。让每个人去做最适合他做的工作,让每个企业生产最适合它生产的产品,社会的经济效率才会提高。比较优势原则要求企业把主要精力放在自己的比较优势上,而不是日常的运行上。建立和维持自己的比较优势,是企业长期获利的根本。

该原则的两个重要应用:一是"人尽其才、物尽其用",在有效的市场中,你不必要求自己什么都能做得最好,但要知道谁能做得最好。如果每个人都去做能够做得最好的事情,每项工作就找到了最称职的人,就会产生经济效率。二是优势互补,一方有某种优势(如独特的生产技术),另一方有其他优势(如杰出的销售网络),两者结合可以使各自的优势快速融合,并形成新的优势。合资、合并、收购等,都是出于优势互补原则。

(3)期权原则。期权是指不附带义务的权利,它是有经济价值的。期权原则是指在估价时要考虑期权的价值。

期权概念最初产生于金融期权交易,是指所有者(期权购买人)能够要求出票人(期权出售者)履行期权合同上载明的交易,而出票人不能要求所有者去做任何事情。在财务上,一个明确的期权合约经常是指按照预先约定的价格买卖一项资产的权利。广义的期权不限于金融合约,任何不附带义务的权利都属于期权。有时一项资产附带的期权比该资产本身更有价值。

(4)净增效益原则。净增效益原则是指财务决策建立在净增效益的基础上,一项决策的价值取决于它和替代方案相比所增加的净收益。一项决策的优劣,是与其他可替代方案(包括维持现状而不采取行动)相比较而言的。如果一个方案的净收益大于替代方案,我们就认为它是一个比替代方案好的决策,其价值是增加的净收益。

该原则的两个重要应用:一是差额分析法,也就是在分析投资方案时只分析它们有区别的部分,而省略其相同的部分;二是沉没成本概念,沉没成本是指已经发生、不会被以后的决策改变的成本,它与将要采纳的决策无关,在分析决策方案时应将其排除。

3. 有关财务交易的原则

(1)风险—报酬权衡原则。风险—报酬权衡原则是指风险和报酬之间存在一个权衡关系,投资人必须对报酬和风险作出权衡,为追求较高报酬而承担较大风险,或者为减少风险而接受较低的报酬。所谓"权衡关系",是指高收益的投资机会必然伴随巨大风险,风险小的投资机会必然只有较低的收益。

在财务交易中,当其他一切条件相同时,人们倾向于高报酬和低风险。如果两个投资机会除了报酬不同以外,其他条件(包括风险)都相同,人们会选择报酬较高的投资机会,这是自利行为原则所决定的。如果两个投资机会除了风险不同以外,其他条件(包括报酬)都相同,人们会选择风险较小的投资机会,这是风险反感决定的。所谓"风险反感",是指人们普遍对风险有反感,认为风险是不利的事情。肯定的1元钱,其经济价值要大于不肯定的1元钱。

(2)投资分散化原则。投资分散化原则,是指不要把全部财富投资于一个项目,而要分散投资。其理论依据是马科维茨的投资组合理论。该理论认为,若干种股票组成的投资组合,其收益是这些股票收益的加权平均数，但其风险要小于这些股票的加权平均风险，所以投资组合能降低风险。

投资分散化原则具有普遍意义，不仅适用于证券投资，公司各项决策都应注意分散化原则。凡是有风险的事项，都要贯彻分散化原则，以降低风险。

(3)资本市场有效原则。资本市场有效原则，是指在资本市场上频繁交易的金融资产的市场价格反映了所有可获得的信息，而且面对新信息完全能迅速地作出调整。

资本市场有效原则对企业理财行为的要求：一是要重视市场对企业的估价。股价可以综合反映公司的业绩，弄虚作假对于企业价值的提高毫无用处，妄图欺骗市场的人，最终会被市场所抛弃。二是要慎重使用金融工具。如果资本市场是完全有效的，购买或出售金融工具的交易的净现值就为零。公司的生产经营性投资带来的竞争往往是不充分的竞争，公司可以凭借拥有专利权或非专利技术、良好的商誉、较大的市场份额等比较优势，在某些直接投资中取得正的净现值，而公司作为从资本市场上取得资金的一方，很难通过筹资获取正的净现值(增加股东财富)。也就是说，在有效资本市场上，只获得与投资风险相称的报酬，也就是与资本成本相同的报酬，很难增加股东财富。

(4)货币时间价值原则。货币时间价值原则，是指在进行财务计量时要考虑货币时间价值因素。货币的时间价值是指货币在经过一定时间的投资和再投资后所增加的价值。

货币时间价值原则的两个重要应用：一是"现值"概念。不同时间的货币价值不能直接加减运算，需要进行折算，通常要把不同时间的货币价值折算到"现在"时点，然后再进行运算或比较，把不同时点的货币折算为"现在"时点的过程，称为"折现"，折现使用的百分率称为"折现率"，折现后的价值称为"现值"。财务估价中，广泛使用现值计量资产的价值。二是"早收晚付"概念。对于不附带利息的货币收支，与其晚收不如早收，与其早付不如晚付。货币在自己手中，既可以满足理财主体的消费或投资需求(例如，立即用于消费而不必等待将来消费、用于投资获利而无损于原来的价值)，又可以用于预料不到的支付，因此，早收晚付在经济上是有利的。

第四节　企业财务关系协调

一、企业财务关系协调的意义

(一)弱化财务关系各方之间的利益矛盾，增强企业凝聚力

企业财务关系是指企业在筹资、投资、耗资、收入和分配活动中形成的与各方面的广泛联系，主要包括以下几个方面：与所有者之间的财务关系，与债权人之间的财务关系，与被投资单位之间的财务关系，与债务人之间的财务关系，与职工之间的财务关系，内部各单位之间的财务关系，与税务机关之间的财务关系。

在财务活动过程中，作为"追求自身经济利益最大化"的经济人，企业财务关系各方当事人之间很多时候都会存在利益冲突，这个时候，企业财务管理人员需要积极地想办法让各利益相关方了解企业当前的财务状况，寻找对各方都有利的解决问题的方案，不要随便牺牲某一方的利益。

通过合理协调，能够增进财务关系人之间的了解与信任，在充分尊重各方利益要求的基础上调动其主观能动性，增强企业的财务凝聚力。

(二)优化企业的财务资源配置,提高企业理财效益

在协调财务关系过程中,企业必须遵循市场经济的基本规律,与利益相关者协调,解决好企业资金运动中财务资源的开发与利用问题。

对于企业内部各部门的财务资源配置,应当本着团结合作、顾全大局的精神,协调好内部各种财务关系,及时处理好各种财务矛盾和纠纷,调动全体员工的积极性,提高企业内部财务资源的配置效益。

(三)合理的财务协调,能提高企业财务管理的效率

合理的财务协调,可以避免企业外部财务关系人不合理的寻租行为,消除他们对企业不适当的财务干预;可以避免企业内部各部门盲目的自我扩张行为,减少由此导致的效率低下和资源浪费;可以提高理财透明度,强化企业财务监督和财务激励,从而提高企业财务管理的效率。

二、企业财务关系协调的方法

(一)法律方法

财务关系协调的法律方法是指理财中依靠法律的权威,运用法律、法规等手段,来协调企业与外界重要财务关系人的财务关系。财务管理人员在协调财务关系时,不仅要学法、懂法,而且还应了解司法的基本程序,以保护利益相关者的合法权益。

(二)行政方法

财务关系协调的行政方法是指理财中依靠管理者的权威,运用命令、规定、指示等手段,按照财务管理系统权力层次,以权威和服从为前提来协调下级财务工作的方法。

企业的经理及分管财务工作的财务经理,可以采用行政方法直接面对面地单独协调下属部门的财务活动,及时处理财务管理过程中企业内部的一些问题。

(三)会议协调方法

会议协调方法是指通过定期或不定期召开企业的财务工作会议,把相关部门的负责人召集起来,在信息沟通、讨论与协商的基础上协调各部门之间的财务关系。

在运用会议协调方法时要注意策略,要围绕既定的主题展开讨论,要有集中、有权威,不能议而不决,不能仅自由表态,要集中大家的意见和智慧,将事情的解决方案落到实地。

(四)合同协调方法

合同协调方法是指在理财工作中,对涉及内、外部各种财务关系与经济利益的活动,通过有效的合同,公正、严肃、规范、有效地加以调整。

签订各种合同时,要预防合同的欺诈与不公,避免签订无效合同,合同中一定要明确各方的权利与责任,以维护各方的合法财务利益,减少并避免纠纷与矛盾。

(五)人际关系协调方法

人际关系协调方法是指通过改善企业内、外部的人际关系来处理各种复杂的财务关系的方法,其具体手段可以多种多样,既有约束性的,又有激励性的;既有物质方面的,又有精神层面的。通过妥善处理,各方都能得到物质和精神上的双重满足。

三、财务关系协调的实施

(一)财务关系协调中应注意的几点

财务关系协调反映了财务管理的本质,同时也是财务管理的首要原则。在财务关系协调的实际工作中应注意以下几点:

第一，财务关系协调的范围要适当，不能无限制、随心所欲地进行协调，而要在需要协调的范围和部门内进行。

第二，财务关系协调的力度要适当，力度过大或过小的协调都不利于财务关系的改善，而且有时甚至可能会把事情搞得更加复杂和棘手。

第三，财务关系协调要注意时机，若在不当的时机进行协调，往往会事倍功半。

第四，财务关系协调者本身应注意自己的言行，要在自己的职责范围内行事，克服自己的权力欲，不要越俎代庖，更不能损公肥私；否则，不仅起不到协调财务关系的作用，反而有可能会进一步激化矛盾。

第五，财务关系协调也要遵循“成本—效益”原则，要注意降低协调成本，提高协调效益，不去做高成本、低收益的事情，以免浪费时间和金钱。

（二）财务关系协调的工作技巧

财务关系协调时应注意以下几个工作技巧：

第一，相互适应，自行调整。避免偏向于其中一方。

第二，信息共享。尽量减少信息不对称，以增强沟通的效率，提高信任度。

第三，直接指挥与控制。以提高协调的效率，更好地凝聚人心。

第四，成果及过程的标准化。以减少人为因素对协调过程的影响，力求协调的公正性，保证协调效果。

总之，合理的财务关系协调需要有明确的目标，要采用合理的协调方法，要注意沟通技巧，要注意收集来自各方的信息、听取各方的意见，做到以理服人、利益共享、风险共担，力争实现“共赢”，创造一个平衡、和谐的财务环境。

四、企业财务公共关系的管理

（一）企业财务公共关系的概念及内容

企业财务公共关系，是企业财务管理与公共关系相互融合而形成的一个重要概念，具体是指企业在资金运作等财务活动中形成的与企业内外公众之间的财务关系。

企业财务公共关系的内容大致可以分为两个部分：一是企业内部财务公共关系，主要包括企业与员工的关系、企业与所有者的关系；二是企业外部财务公共关系，主要包括企业与消费者的财务公共关系、企业与社区的财务公共关系、企业与新闻界的财务公共关系、企业与政府的财务公共关系，以及企业与其他部门、人员的财务公共关系等。

（二）企业财务公共关系管理的意义与要求

企业财务公共关系管理的意义在于实现企业理财“人性化”，使企业在理财中以不损害他人利益、社会利益为前提，从而协调好企业与社会公众之间的关系，塑造企业良好的财务形象。

企业财务公共关系管理要求企业将财务公共关系放到足够重要的战略地位，要及时了解社会公众对企业财务的评价和态度，并通过分析理财趋势、预测理财结果、实施理财行动方案等一系列有计划、持久的努力，使企业各项理财方针政策符合社会公众的愿望和要求，从而树立企业的良好财务形象，争取社会公众的合作和支持，达到获取利润并不断发展壮大的目的。将财务公共关系作为一种战略指导思想，强调企业利益与社会利益并重，强调企业作为社会成员，必须重视其社会产出。

（三）企业内部财务公共关系的管理

1. 企业与员工的关系

员工是企业财务关系中与企业联系最紧密并且接触最频繁的利益相关者，从企业内部来讲，企业能否发展，取决于企业各部门乃至每位员工的努力和相互协调，因此，企业应当处理好与员工的关系。

首先，要关心员工，关心他们的工作、生活和各种切身利益；其次，要对来自员工的信息及时作出答复和采取行动；最后，要让越来越多的员工参与企业的财务管理，让他们了解企业的财务目标与计划，并参与到其制订与实现工作中去。

2. 企业与所有者的关系

企业的生存和发展离不开企业投资者的资金投入，因此，企业能否正常地生存和发展，在一定程度上取决于企业所有者是否愿意继续投资和追加投资。在我国现阶段，企业的主要所有者有两类：国家和股东。

国家作为企业财产的所有者，有权对企业的财务管理进行干预。同时，国家作为管理企业的机关和主管部门，也能够对企业的财务管理施加影响。因此，企业建立和维护与国家的良好财务关系是非常必要的，主要途径有遵纪守法、照章纳税等。

企业与股东的财务关系，是指企业与其投资者的相互沟通、相互协调的关系。企业应在股东中塑造良好的财务形象，建立良好的股东关系。为此，企业可以不断扩大持有本企业股票公众的范围，为企业创造一个稳定的资本市场；可以为本企业股票在证券市场上获得一个公正的评价；可以激发潜在投资者对本企业股票的兴趣和好感，在发现新的投资机会时，能够较快地取得新投资所需的资本；可以不断提高企业的知名度和美誉度，使企业处于有利的竞争地位。主要途径有：一是让现在和将来可能持有本企业股票的人随时了解本企业的财务状况；二是向股东及公众反复地、不断地介绍本企业的历史、现状和发展前景，增强其投资的信心；三是定期或不定期向股东报送财务报表及财务管理信息，严格遵守“公开事实真相”的原则；四是注意收集并认真对待来自股东的各种信息，向企业有关部门转达，督促处理，并及时将处理结果告知股东。

(四)企业外部财务公共关系的管理

1. 企业与消费者的财务公共关系

消费者的存在是企业生存和发展的基础与前提。企业财务管理人员对外来讲是企业财务利益的代表，有义务使消费者了解企业、喜欢企业，关心和支持企业的发展；对内来讲则应是社会利益的代表，要帮助企业制定保护消费者权益的方针和政策，对损害消费者利益的行为和现象应坚决加以纠正，真正维护消费者的合法权益。

企业在做出销售预测、生产决策及编制销售和费用预算时，应站在维护新型消费者财务公共关系的立场上，真正实现与消费者的情感沟通。

2. 企业与社区的财务公共关系

企业财务与其所在社区的公众、社区组织之间的关系，就是企业与社区的财务公共关系。良好的社区财务公共关系十分重要，企业不但需要大量的资金，而且十分需要社会资源。企业要想与社区建立良好的财务公共关系，一方面，要及时缴足税金，生产优质产品，提供优质服务；另一方面，还要在以下几个方面给社区带来利益：投入资金，维护社区的环境，在财力上支持社区的公益活动，出资维护社区的稳定，帮助社区实现繁荣富强，以良好的财务形象为社区带来光荣和骄傲。

3. 企业与新闻界的财务公共关系

对企业财务公共关系工作而言，新闻界既是企业社会公众的一个重要组成部分，又是企业财务与社会公众相互沟通的重要渠道，也就是企业财务公共关系的传播媒介。企业财务部门在与新闻界建立良好的财务公共关系的过程中，应遵循以下基本原则：一方面，要及时向新闻界提供有价值的财务新闻，公开财务事实，真诚地对待来访记者；另一方面，要与新闻界长期保持接触，了解新闻媒介的背景、特点和风格，同时增进新闻界对企业的了解，并为新闻工作者与企业领导建立个人友谊提供方便。

4. 企业与政府的财务公共关系

建立并维护良好的与政府之间的财务公共关系，为企业营造一个稳定的理财环境，是企业财务部门的一项艰巨任务。企业财务部门在与政府相关部门交往、沟通时，应做好以下几个方面的工作：加强与政府的财务经济信息交流，实现有效沟通；熟悉政府机构的内部层次、工作范围和办事程序，提高办事效率；利用已建立的良好财务公共关系，促进建立良好的与政府的财务公共关系；把握一切有利时机，扩大企业在政府部门中的影响；正确处理好国家利益与企业利益的关系。

5. 企业与其他部门、人员的财务公共关系

除了前述几个主要方面之外，企业的财务公共关系还包括企业与其他部门、人员的财务关系，如企业与供应商之间的财务关系、企业与中间商之间的财务关系、企业与社会名流之间的财务关系等。在与这些单位、部门、人员进行交往、沟通时，企业应把握的总体原则包括：建立、健全相关的信息交流和沟通制度；切实加强彼此之间的交流和沟通；站在对方的角度、从对方的立场出发，切实维护对方的经济利益。

主要概念

Advanced Financial Management: Senior financial management, a series of financial management topics around the center of funds management.

Financial Management Assumptions: Some inference or assumptions proposed according to the inherent law of financial activities and financial environment requirement, as the basic premise of further research of the theory and practice of financial management.

Principles of Financial Management: The guiding ideas or standards that shall be followed for the enterprise financial management.

Enterprise Financial Relationship Coordination: Management of the extensive relationships and contacts with the various aspects of enterprises in financial management activities such as financing, investment, cost, income and distribution activities.

思考与练习

1. 你认为应如何界定高级财务管理的内容？
2. 简述财务管理假设及财务管理原则的主要内容。
3. 企业财务关系协调的意义何在？方法有哪些？
4. 简述企业财务公共关系管理的概念及内容。

案例阅读

案例阅读 1——青鸟天桥裁员风波

一、案例背景

北京天桥是一家老字号的商业企业，早在 20 世纪 50 年代就开始营业了。后来，北大青鸟“借壳”上市后，成为天桥商场的大股东，公司于是更名为青鸟天桥公司，至此，公司的主业也不是商业，而是科技公司了。

两家公司合并后，由于天桥商场的效益日渐下降，公司考虑到将来的发展，打算对商场员工进行大幅度精简，计划从现有的 664 名职工中裁掉 283 人。由于裁员幅度比较大，为了保证计划的平稳进行，公司制订了以下几条措施：第一，在年轻和年老的员工中，留用年老的；第二，夫妻二人都在商场工作的，只留下一个；第三，军嫂身份的，一律留用；第四，经营管理骨干和专业技术人员，都留下。同时，公司一方面在商场内部进行相关法律、法规的宣传，为裁员造势；另一方面，公司还将社会上一些正在招工的用人单位引进到商场中来，以便被裁掉的职工尽快找到工作。

二、裁员风波始末

在做好这一系列准备之后，1999 年 11 月 18 日，公司正式对商场员工宣布了董事会的决定，当 1999 年 12 月 26 日 664 名职工的劳务合同到期后，其中部分人员将不再予以续签合同。广播还通知所有职工前往财务室领取自己的工资，同时了解自己的合同续签情况，并通知员工，有几家企业正在商场内进行招聘活动，有意向的可以去咨询。

孰料，决定一经宣布，一石激起千层浪，职工们无法控制自己激动的情绪，特别是那些担心被解除合同的员工。他们纷纷放下手头的工作，不约而同地涌向领导的办公室，商场经营一时陷入瘫痪状态。

到了晚上，除了那些继续被续签合同的员工心情稍安、逐渐退去外，剩下的 283 名职工则一直在商场营业大厅静坐，他们无法理解公司董事会做出的这一突然决定，也没有做好相应的心理准备。

11 月 20 日，北大青鸟方面派了一名代表和公司董事会秘书一道向被裁职工说明了裁员的合法性，并强调这是市场经济条件下，企业为了追求更好的发展并追求效益最大化而采取的正当决策，是符合《劳动法》的。

但是，早已经习惯吃商场“大锅饭”的员工们，并不吃这一套，他们也不能理解，甚至感觉自己被出卖了。

11 月 25 日晚（此时职工静坐行动仍在进行中），公司决定做出一些让步，答应考虑职工提出的给予合理经济补偿的要求，但是要经过公司董事会和股东大会投票通过后才能予以实施。

对此，职工们表示理解，他们也做出了积极的回应；到第二天，气氛终于有了一些缓和，商场也恢复了部分营业。

11 月 28 日，职工代表向董事会呈交了一封信，他们喊出了自己的呼声：“对于董事会在当前国有企业改革的大形势下，为了缓解企业经营的实际困难而做出的裁员增效决策，我们表示理解与支持。但同时，我们下岗后，将会面临一个严峻的出路问题，因为我们的学历都不是很高，也没有太多实用的技能，因此，在现在的劳动力市场上是没有多少竞争力的。企业放弃我们，让我们自谋生路，而新的市场又不给我们生存空间。综合考虑这些因素，我们要求公司对我们进行工龄、养老保险、再就业技能培训等综合补助，每人共计 47 500 元。”

11 月 29 日上午，青鸟天桥公司为此召开了董事会。当晚 8 时，公司代表表示董事会已经原则上同意对被裁员工进行工龄补助的要求，但是对于养老保险补助，目前董事会内尚存在分歧，至于其他补助，董事会暂时不予考虑。不过，对于职工的劳动技能培训问题，可以折中由北大青鸟负责进行。公司代表说，如果职工同意这一方案，可以派两名职工代表参加 12 月 2 日的董事会。

消息一出，由于和自己的期望值相距甚远，职工们很不满意，静坐重新开始，员工情绪开始出现不稳定，一名女职工甚至扬言要跳楼。

事态的进一步恶化引起了市政府领导的注意，在他们出面干预及多方协调下，最终劳资双方达成了如下最终决定：青鸟天桥公司给每名被裁职工 1 万元的一次性经济补助，对再就业困难的职工予以就业帮助，并对部分生活确实困难的职工给予经济资助。

资料来源：丁会仁. 财务管理实务操作与典型案例全书[M]. 北京：中国法制出版社，2012.

【思考与讨论】

1. 青鸟公司作出裁员决定时，实际上遵循的财务管理目标是什么？

2. 结合案例资料，谈一谈企业财务管理目标及其变通与调整的重要性。

案例阅读 2——美的电器财务管理目标的变迁

一、案例背景

美的电器的前身是一家生产塑料瓶盖的小厂，20 世纪 80 年代进入家电行业，1992 年实行股份制改造，1993 年在深交所上市(美的电器，000527)，成为中国第一家由乡镇企业改制而成的上市公司。由于当时上市法规的限制，股份公司的发起人和第一大股东由国有背景的北滘镇经济发展总公司担任，持股 52.5%，而何享健等创业者只持有 22.5%的内部职工股。从 1999 年开始，美的管理层逐步从北滘镇政府手中收购美的电器股权，并开创了国内上市公司实施 MBO(管理层收购，详见本书第七章)的先河。

二、"股改"之前

MBO 以后，美的电器以小家电为发展重点，并承担着集团融资平台的重要作用。2002 年 4 月 17 日，美的电器分别与顺德市现代实业及顺德市金科电器签订了《OEM 框架协议》，委托这两家公司生产加工"美的"品牌电饭煲、厨具和电风扇等家用电器产品。同时，美的电器还与东泽电器签署协议，公司部分终端产品通过东泽电器经销，而上述三家公司的实际控制人皆为何享健之子何剑锋。经过上述关联交易之后，2002 年美的电器的电饭煲产品毛利率从 2001 年的 31.91%大幅跌至 8.94%，公司控股的广东美的电饭煲制造有限公司的净利润也迅速从 2 662 万元降至 150.5 万元。

2003 年 9 月，美的电器斥资 6 500 万元，整合金科电器下属的风扇业务，并把美的风扇业务迁至中山；2004 年 6 月，美的电器又以 1 788.75 万元收购现代实业，整合其电饭煲业务；2004 年 10 月，美的电器再次出资 5 200 万元"收编"了金科电器，将之融入美的厨具公司。数据显示，当美的电器与上述三家公司的关联交易额大幅减少之后，在产品降价、原材料全面涨价的情况下，美的电器的电饭煲产品毛利率又回升至 21.57%。在小家电业务逐渐培养成熟之后，2005 年 5 月 20 日，美的电器将主营小家电业务的下属子公司日电集团 85%的股权以 24 886.92 万元的价格转让给美的集团。

与此同时，美的集团实施多元化扩张战略，淡化上市公司地位。2004 年，美的集团先后并购了荣事达和华凌集团(00382，HK)；2004 年 5 月，美的集团通过收购股权，成为国内最大的通风机制造商——上风高科(000967)——的第二大股东；2005 年 8 月，由何享键的女婿张建和、女儿何倩兴控股的新的集团收购了主营电真空器件、高低压成套配电装置的旭光股份(600353)。华凌集团主营空调、冰箱，与美的电器存在同业竞争，而荣事达主营的冰箱、洗衣机业务也同属"白电"行业，因此，美的集团的做法使美的电器在集团的地位日趋边缘化。

此外，美的集团还投资 1 亿多元在长沙、昆明发展客车产业，单在三湘客车就计划投资 15 亿元；成立了房地产事业部，进军房地产行业。不过，这些投资并没有收到满意的效果。2005 年后期，何享健又重新明确了要坚持家电主业，集团多元化将围绕制冷和日用电器等产业展开。

三、"股改"之后

2005 年 4 月 30 日，中国证监会宣布启动股权分置改革试点工作，正式拉开了股权分置改革的序幕。首先，美的集团分别与顺德市有利投资服务有限公司、上海钱湖投资管理有限公司、广东核电实业开发有限公司、宁波银盛投资有限公司签署股权转让协议，计划受让这四家公司所持有的美的电器非流通股股份合计 2 174.64 万股。2006 年 2 月，美的电器宣布了其精心设计的股改方案：第一，每 10 股流通股送 1 股以及 5 元现金；第二，如果美的电器 2006 年度相对于 2004 年度的净利润增长率低于 10%，美的集团将放弃当年的分红，归除开联实业(何氏家族控股企业)以外的其他股东所有；第三，美的集团承诺在对价支付完成后的 6 个月内，增持不少于 2 亿美元的电器股份。

2006 年 3 月 10 日至 5 月 19 日间，美的集团通过二级市场，总计使用资金 10.8 亿元，共增持了美的电器

148 660 970 股，占总股本的 23.58%，平均买入成本为每股 7.26 元。何氏家族持股比例由 2005 年年末的合计 30.8%增加到 50.99%。

与此同时，2006 年 4 月 25 日，美的电器董事会、监事会审议通过了《关于修订〈公司章程〉的议案》，其中设置了包括“金色降落伞”在内的一系列反收购条款，加强对上市公司的控制。

从全流通后 H 股和 A 股对家电股票的估值比较来说，华凌集团等港股对美的集团的吸引力在下降，美的集团有动力将资产注入 A 股上市公司享受流通溢价。2006 年 11 月底，美的电器完成合肥荣事达洗衣机、合肥荣事达冰箱、合肥荣事达美的电器营销公司的资产注入，达到 50%控股比例，确立了上市公司作为“白电”业务平台的地位。

财务报表资料显示，“股改”后美的电器的主要财务指标有了明显改善。根据“股改”承诺，美的电器自 2006 年起把每年盈利的 40%以现金分红，有助于形成稳定的估值预期。更重要的是，2007 年 3 月，美的电器董事会一改多年来派息多而送股和转增公积金少的分配风格，决议以资本公积金每 10 股转增 10 股，并派息 3.5 元。这样，连同计划中向高盛和管理层激励定向增发的股份，美的电器总股本将扩至 14.12 亿股，股票流通性显著增强，有利于估值水平优化。

资料来源：王化成. 高级财务管理(第三版)[M]. 北京：中国人民大学出版社，2003.

【思考与讨论】

1. 美的电器在“股改”前后的财务管理目标发生了怎样的变化？

2. 结合案例资料，谈一谈企业财务管理目标与企业理财环境、理财行为之间的关系。

第二章 行为财务学

要点提示

- 行为财务学的概念及其对公司财务的影响。
- 行为财务理论的理论基础。
- 行为财务学的基本理论模型。
- 行为财务学在公司财务中的应用。

第一节 行为财务学概论

现代财务理论的开端一般被认为是马科维茨(Markowitz)于1952年发表的《证券组合选择》(Portfolio Selection) 一文。随后,历经20世纪50年代末、60年代初资本结构理论和股利无关论,60年代至70年代的资产定价理论、期权定价理论、代理理论,以及80年代的市场微观结构理论和现代公司控制理论,至今财务理论和财务实践都取得了丰硕的成果。因此可以说,现代财务理论是建立在资本资产定价模型(the Capital Asset Pricing Model, CAPM)和有效市场假说(the Efficient Market Hypothesis, EMH)两大基石上的。这些经典理论承袭了经济学的分析方法与技术,其模型与范式局限在"理性"的分析框架中,忽视了对理财者实际决策行为过程的分析。随着财务市场上各种异常现象的累积,模型与实际的背离使得现代财务理论的理性分析范式陷入了尴尬境地。在此基础上,20世纪80年代行为财务理论悄然兴起,并开始动摇了CAPM和EMH的权威地位。

一、行为财务学的产生背景和发展历史

(一)产生背景

行为财务理论是在对有效市场假说(EMH)的质疑和挑战中提出来的。EMH是标准财务理论的基础性假设,即股价能充分反映所有的相关信息,股价偏离合理价值是短暂的现象,且投资者无法利用分析任何信息或利用此短期股价偏离的现象来获利。EMH于19世纪70年代在学术界奠定了不可动摇的地位。然而,在标准财务理论发展到极致之时,许多学者在实证研究时却陆续发现了一些标准财务理论无法解释的市场异常现象,如"小公司效应""星期一效应"等。这些现象表明市场可能并非有效,而且,大量心理学和行为学的证据显示,投资者在不确定条件下的决策并非都是理性的,投资者的实际决策往往会偏离标准财务理论下的最优决策模式,而且这种偏离对股票价格的影响不能因统计平均而消除。所有这些现象和非理性行为是EMH所不能解释的,研究学者们开始尝试寻找其他理论来解释这些现象。

现代财务理论要解决两个问题:(1)通过最优决策模型解释什么是最优决策;(2)通过描述

性决策模型探讨投资者的实际决策过程。标准财务理论很好地解决了第一个问题，但在第二个问题上，标准财务理论与实际情况有很大的差别。为更好地解释和预测财务主体的实际决策过程（而不是最优决策模型）以及金融市场的实际运行状况，财务学研究者们发展了一个新的研究范式，即行为财务（Behavioral Finance）。

（二）发展历史

1. 初期阶段

19 世纪古斯塔夫本（Gustave Lebon）的《群众》（*The Crowd*）和查尔斯麦基（Charles Mackey）的《非凡的公众错觉和群体疯狂》（*Extraordinary Popular Delusion and the Madness of Crowds*），是两本研究投资市场群体行为的经典之作。

凯恩斯（Keynes）是最早强调心理预期在投资决策中作用的经济学家。他基于心理预期提出股市"选美竞赛"理论和"空中楼阁"理论（1936 年），强调心理预期在人们投资决策中的重要性，认为决定投资者行为的主要因素是心理因素。

20 世纪初期，随着心理学、社会学以及数理经济学等一系列学科的发展，人们开始把这些学科的研究成果应用于对财务学的研究，开始了行为财务学的理论研究。随着资本市场中越来越多异常现象的出现，传统财务理论的理性经济人和有效市场假设开始受到人们的质疑，使得行为财务学开始从决策者的个体角度对财务理论进行研究，心理学与财务学开始出现结合，行为财务学研究逐步兴起。

2. 中期的心理行为阶段

20 世纪 50 年代，具有现代意义的行为财务理论与现代财务学理论相继起源于此时期。研究行为财务学的学者认为，美国奥瑞格大学布雷尔和鲍曼（Burrel and Bauman）两位教授是其倡导人，布雷尔教授 1951 年发表的《投资研究实验方法的可能性》一文，率先开始从行为学的视角研究投资决策的过程，并为行为财务学的发展奠定了理论基础。

20 世纪 50 年代以来，以马科维茨的现代投资组合理论为代表的经典现代财务理论处于迅速发展阶段，又有当时风靡一时的 EMH，行为财务学的研究一时陷入困境，就是在这样的背景下，斯坦福大学的特韦尔斯基（Tversky）教授和普林斯顿大学的卡尼曼（Kahneman）教授，合作研究了人类行为与投资决策模型基本假设相冲突的三个方面：风险态度、心理定式和过度自信，并于 1979 年发表了对行为财务学的产生和发展具有重大影响的《直觉驱动偏差》和《框架依赖》两篇文章；也就在同年，卡尼曼和特韦尔斯基共同发表了文章《期望理论：风险下的决策分析》，奠定了行为财务学发展的理论基础，在探讨资本市场中一些异常现象的基础上，解释了人们在不确定条件下的决策行为模型。

这一时期的行为财务学的研究成果显著，里程碑式的期望理论为我们研究行为财务学提供了科学的专用模型，为后来的行为资本资产定价模型、投资组合理论的推出起了抛砖引玉的作用。

3. 近期的行为财务阶段

20 世纪 80 年代起，行为财务理论研究开始繁荣起来，并不断取得突破性的进展。赫斯基（Herskey）和休梅克（Schokemaker）（1980 年）通过心理学验证方法，证明个体在面对传统财务理论下完全相同的收益和损失时，持有截然相反的风险态度，表现为偏好损失风险。

同样，谢夫瑞（Shefrin）和斯德特曼（Statman）（1985 年）通过研究也发现，在股票市场上，投资者往往对亏损的股票存在较强的惜售心理，也就是说，在面对可能的亏损时，投资者往往会倾向于追求风险（有"赌一把"的心理），因为这种冒险有可能使他们的亏损减少；然而，在面对潜在的获利时，投资者却趋向于回避风险，他们愿意较早地卖出股票以获取现实的利润。这种异常现象也被称为处置效应。

1985年，沙勒(Thaler)发表了《股票市场过度反应了吗?》一文，学者们逐渐开始广泛关注行为财务这一新理论，并通过研究取得一系列新的理论进展，实证检验开始成为行为财务理论研究的有效工具。这个时期的研究表明行为财务理论已经开始解释市场异象，行为财务理论正式进入理论指导实践的阶段。这一段时期行为财务理论的研究相比70年代的研究，在投资决策理论上更趋于完善，也更注重将投资决策和心理学研究结合起来。

进入20世纪90年代之后，日渐频繁的市场异象使人们对经典财务理论体系的质疑逐步升级，人们通过研究发现，越来越多的实证数据证明资本市场并非完全有效。这一时期，行为财务理论的研究成果开始不断出现，行为财务理论在默默无闻了很长时间以后步入了它的繁荣阶段。其中，卡尼曼和特韦尔斯基(1992年)发表的《期望理论的进展:不确定性累计表述》，详细介绍了行为财务理论的研究进展，并对期望理论做了进一步总结和完善；班勒(Bannerjee，1993年)提出了影响深远的序列型羊群效应模型，成为行为财务理论中的经典模型；德邦特(De Bondt，1993年)通过研究发现，股市总体与个体投资者的心理有显著的正相关关系；谢夫瑞和斯德特曼(1994年)基于行为财务理论，提出了行为资本资产定价模型，2000年他们又进一步提出了行为资产组合理论，进一步充实和扩展了行为财务理论；巴布瑞(Barberis)和沙勒(2002年)通过对公司管理层的决策行为分析研究，从行为财务的角度提出了“行为公司财务”这个新的概念。在行为公司财务理论中，行为理论与公司财务结合起来，把非完全理性的人放到现代公司财务理论的研究范式中去研究，并研究在外部市场无效的背景下，公司内部管理层的非理性对公司财务决策及行为的影响。

艾斯本·艾克博(Espen Eckbo，2006年)的《公司财务手册:实证公司财务》收录了行为财务理论发展过程中的一系列成果，标志着对行为财务理论的研究达到了高峰。由于我国资本市场发展时间不长，导致我国对行为财务理论的研究起步得比较晚，目前仍处于起步阶段。但是，随着对国外行为财务理论模型的引进和国内学者的不断研究创新，近年来行为财务理论也开始逐渐频繁地出现于我国学术界，尤其是在针对我国股市的现实问题展开研究时。

虽然行为财务理论发展时间不长，其理论结构也尚不完善，但是，行为财务学作为一种新兴的财务理论，为财务学的研究开辟了新的领域。2002年诺贝尔经济学奖颁给行为经济学家，更加充分反映了主流经济学对行为经济学和行为财务的认可，这种认可也为行为财务理论的发展提供了新的动力。

二、行为财务学的定义

行为财务学从其产生和发展至今，虽然有一定程度的发展，但到目前为止，行为财务学理论界对于“行为财务学”的概念并没有形成一个统一的界定。相对认可的是:“行为财务学是以心理学上的发现为基础、辅以社会学等其他科学的观点，尝试解释不符合传统财务经济理论的各种异常现象的一门学科。”由此可见，行为财务学无论是在含义的界定、基础理论的完善方面，还是在学科体系的建设、实务中的应用等方面，均有相当规模的科学研究工作需要深入探讨和继续。

三、行为财务学的研究体系

行为财务学体系研究应建立在对投资者个体行为研究的基础之上，研究个体行为与财务活动的相关性。对投资者个体行为的研究内容主要有两个部分：

第一，投资者个体的认知偏差。对于投资者个体的认知偏差研究，应从易获得性偏误、代表性偏误、自信过度、过度反应和无关效果几个方面进行。

第二，投资者个体的决策过程。对投资者个体决策过程的研究应包括投资者个体的决策特征和投资者个体的决策模型两个部分，前者包括确定性效应、反射效应和分离效应，后者包括价值函数和损失部分低斜率。

对行为财务学的研究除对投资者个体行为进行全面探讨外，同时还需对投资者群体行为进行相关研究。行为财务学利用卡尼曼和特韦尔斯基创建的经济模型，解释人们在不确定条件下的决策行为。

就目前来看，虽然当前对行为财务学的研究已经深入到经济生活的方方面面，但其研究体系尚不完善，行为财务学还没能成为一门独立完整的学科体系。

四、行为财务学对公司财务的影响

行为财务学验证了金融市场的无效率性，对公司理财的融资与投资决策具有重要影响。

(一)行为财务学修正 M&M 定理

在以有效市场假说为主的传统财务学中，关于公司理财方面的中心论述就是由莫迪利亚尼(Modigliani)和米勒(Miller)创立的 MM 理论，这个理论认为在投资政策不变的情况下，公司的市场价值与公司的财务结构无关。理由很简单，当证券被正确地由未来的现金流量所评价时，公司发行的所有证券的市值应该等于公司未来收益的折现值，而不管公司发行的是何种证券；一旦两家公司有相同未来收益却因为具有不同财务结构而有不同的市场价值时，套利者将会介入，使这两家公司恢复到相同的市场价值，因此，MM 理论认为公司花心思在选择发行债券或股票方面是一种时间与资源上的浪费。但是，在市场无效率的情况下，公司的财务结构与公司价值不再无关，因为部分投资者会愿意用较高的价格去购买他们喜欢的现金流量模式。例如，某些退休的投资者会比较喜欢固定的现金流量。在这种情况下，公司应该善用投资者的情绪，通过发行或创造符合投资者偏好的证券来改变其财务结构，从而创造价值。同样道理，股利政策不再与公司价值无关，传统理论认为公司如何分配它的收益与公司的总价值无关。但是当金融市场不具有效率性时，公司可以通过股利政策来改变投资者对其股票的需求。股利政策与财务结构一样，都是为公司创造价值的重要因素。

(二)行为财务学对公司融资政策的影响

金融市场无效率性，使公司在股价被高估的情况下，会通过发行新股来从事套利。这方面的例子包括新股上市、现金增资、购并(当股票被当作支付工具时)以及封闭式基金的募集等，通常都发生在狂热的市场将要反转前，最明显的例子是这些新发行的有价证券，发行后的平均报酬率将低于一般水准。除此之外，公司在发行新股前，也会积极通过操纵会计政策来制造盈余不断上升的假象。而由于分析师对上市新股的获利前景过于乐观，使得这种操纵手法似乎总可以成功。实证中也发现公司在觉得自己股价被低估的情况下会选择买回自家股票。而当这项消息宣布后通常会有一些超额报酬，这些被低估的股票由于公司买回股票的关系，将会比那些价格被高估的股票享有较高的报酬。上述这些实证发现都证实了一点：公司会积极参与对自家股票的套利。

(三)行为财务学对公司投资政策的影响

假设市场的无效率性在某些情况下会影响公司的投资决策，一个重要的问题在于，这部分影响是正面的还是反面的。比如,如果公司想持续发行被高估的股票,就必须不断投资以说服未来的潜在投资者,使其相信公司确定有很好的投资机会,如此一来,公司可能会把资金浪费在一些较差的投资方案上。相反,股价的高估也能带给公司正面的效率,由于市场的不完美(无法充分融资给每一个可能获利的投资方案),股票市场的泡沫可能扮演一种极端却正面的角色。以 20 世纪末的网络泡沫为例,由于网络股的狂飙,使得许多企业投入相当多的资源在与网络相关的活动上,因此带来的外部效益就是这一领域的许多创新。上述这些论点说明,行为财务学及市场的无效率性与公司的融资决策息息相关,甚至很有可能也影响到公司的投资决策。完整地描绘出这其中的关联性,弄清市场、公司和投资者之间彼此的影响,是行为财务学乃至整个财务学所必须尽快克服的难题。

第二节 行为财务理论及理论模型

一、行为财务的理论预设

财务学所研究的市场运行状况、行为者的市场活动、证券的价格确定都是建立在市场主体在市场中的决策行为上,因此,无论是行为财务学还是主流财务学,都围绕着人类的决策构建模型。但是,主流财务学所代表的传统理论中,把行为人预设成一个完全意义上的理性人,这样的理性人不仅具备理性,而且无论在何种情境下,都可运用理性,对成本和收益进行比较,从而做出使自己效用最大化的决策。而行为财务学恰恰就是在这个最基础的预设上,与主流财务学表现出显著不同,对传统财务理论进行了前提性反思。

(一)有限理性

行为财务学首先并不完全肯定人类理性的普遍性,而认为人类行为当中,有其理性的一面,同时也存在着许多非理性的因素。这一点在社会科学的其他领域,如社会学、政治学、历史学中,早已被广泛谈及。从哲学家休谟开始对人类理性力量的怀疑,发展到 20 世纪社会学家福柯对人类理性的彻底颠覆,许多学科使用"理性"这个词汇已经变得异常谨慎。而在经济学内部,也并非对其他学科的理论进展没有回应,在行为财务学正式兴起之前,制度经济学就旗帜鲜明地开始严格界定人类的理性,认为由于人类先天的心智结构以及后天的知识储备、信息获得使得人类的理性是不完备的。

认知的局限决定了人类存在许多理性之外的情绪、冲动和决策。一个最常见的例子就是,在股票市场上,时常会发现市场的变化不是根据公司的运营情况,而往往是投资人的情绪、感受的变化。这种理性之外的行为是造成现在证券市场上"过度反应"现象的重要原因。

(二)有限控制力

即使在有限理性的条件下,因为外在条件的限制,有时候未必能够实践理性行为。真实的财务市场当中,往往存在着不可逾越的客观障碍,局限了行为人的理性最大化的行为。如信息的收集与消化受到行为人用于投资的精力与时间的限制,同样,投资人的投资期限和投资成本也会局限其理性决策的现实运用。

(三)有限自利

在特定情境下,人们的多样化动机会导致放弃理性行为。现实中的人并非像传统理论所预设的那样一成不变和感情中立,社会化过程中所形成的利他主义、公益责任、行为定势、偏见歧视以及其他观念都会对人类行为产生影响。这方面的例子不胜枚举,如绿色组织成员、就餐时给服务生小费等，就是偏离了严格的成本收益的经济学计量。这类行为虽然是理性之外的，但却不是无理性的。同时，可以看到，我们对理性的判断有两种：一种是经济学上的，另一种则是社会学上的。经济学上非理性的行为在社会学上未必亦然。感情丰富的人所采取的行为并非都是纯粹经济动机、完全进行经济效用最大化计算的。传统财务理论中的“经济人”在行为财务学中已经比较接近制度学派所倡导的“社会人”的理念了，他们在行为中显示出明显的社会化痕迹，往往是追求最满意的方案而不是最优的方案。

综合以上论述，行为财务学提出了人类行为的三点预设，即有限理性、有限控制力和有限自利，并以此为根据来展开解释财务活动中与理性选择理论相悖的地方。这在根本前提上与主流的财务学理论不同。但需要指出的是，行为财务学并非全盘否定主流财务学理论，而是在接受其人类行为具有效用最大化取向的前提下，在主流财务学的基础上通过引入心理变量，对其理论模型进行修正、调整和补充，丰富其分析问题的视角，将行为分析理论与经济运行规律有机结合，把原先被传统理论抽象掉的有血有肉的人性恢复到财务分析当中；而且，行为财务学尚不能对金融市场中的各种现象做出普遍的解释，再加上心理因素具有难以度量性，因此，在研究和应用行为财务理论时，正确的态度是把两者相结合，BPT、BCAPT 等就是很好的例子。

二、行为财务理论的内涵及研究对象

行为财务理论作为一个新兴的研究领域，虽然已经有近 30 年的发展历史，但至今还没有一个为学术界所公认的严格定义。在对此问题进行研究的过程中，学者们通常将人的心理活动行为结合到财务理论的研究中，并从财务行为发生、变化的内在心理机制以及心理活动的特点和规律入手，探索财务行为与其他经济现象之间的必然联系，揭示财务现象的本质。

(一)行为财务理论的内涵

行为财务理论是将行为科学、心理学和认知科学上的成果运用到金融市场中产生的理论体系，是传统经济学、传统财务学、心理学研究以及决策科学的综合体。其主要研究方法是基于心理学实验结果，提出投资者决策时的心理特征假设，研究投资者的实际投资决策行为，以及投资者在做出判断时是怎样出错的，或者说是研究投资者在决策或判断时的系统性偏差。它试图解释实证研究结果与传统财务理论不一致的异常之处。

概括起来，行为财务理论是在不断放宽甚至放弃传统财务理论的理性人假设和有效市场假说的基础上，以人们决策过程中的实际心理特征为变量，研究金融市场异象、资产定价和投资组合等一系列问题的一种理论体系。其特征主要包括以下三个方面：

第一，行为财务理论是将心理学、行为经济学和财务学相结合的一种边缘性、交叉性理论体系。它不仅是在行为经济学理论基础上延伸发展起来的，是行为经济学的一个分支，而且在决策过程中，还考虑人们的认知、感情、态度等心理特征，兼顾了行为人的信念、偏好及与决策相关的认知心理学和社会心理学的研究成果。

第二，行为财务理论突破了传统财务理论关于人是完全理性的经济人的假定的影响，只注重投资决策模型对投资者实际决策行为的影响，更多地强调投资者非理性或者有限理性。

第三，行为财务理论以人们实际决策心理为出发点，研究金融市场与传统财务理论相违背的异常现象和资产定价等问题。

(二)行为财务理论的研究对象

行为财务理论的研究对象是财务领域的相关现象及其本质。由于行为财务理论研究的核心是财务主体的行为观念，而行为观念又必然会对财务信息的处理流程及其管理产生影响，包括对人们的动机形成、生产水平、决策动机、利益分配的影响。基于此，我们将行为财务理论的研究对象界定为“人们的行为和财务系统之间的相互关系”。也就是说，行为财务理论不仅要研究人们的理性决策，而且要研究与人们行为相关的人的心理感受、他人的行为和社会规范等。

三、行为财务理论与传统财务理论的比较

传统财务学作为一门较为成熟的理论学科，有其自身较为完善的体系和坚实的理论基础。它始终假定人是完全理性的经济人，有充分的决策能力进行有利于自身的决策，经济主体追求最优决策的价值判断依据直接构成了传统财务学尤其是价值管理的理论基础。在有效市场假说条件下，资本市场的股价即使出现偏离，也是因为信息不对称和信息接收过程中短时间的差异造成的。但进入 20 世纪 80 年代以来，金融市场中出现了越来越多不能用传统财务理论解释的异常现象，因此，充分吸收了现代心理学和行为学理论的一种新的研究理论即行为财务理论随之兴起。该理论不仅突破了传统财务理论研究的基本框架和研究范围，而且以人类现实的经济行为研究和分析传统财务理论所无法解释的诸多财务问题。

尽管行为财务理论是在传统财务理论的基础上对传统财务理论未能解释的金融市场出现的一系列问题的修缮，但从行为财务理论的内涵、研究对象及其理论基础等方面，都可以看出它和传统财务理论存在显著的差异。

(一)假设基础不同

传统财务理论是建立在理性的投资者、资本资产定价模型、市场是有效的假设基础之上的。然而，大量的实践观察和实证研究表明，心理因素会干扰这三个基础。基于此，行为财务理论对传统财务理论提出了质疑。

首先，传统财务理论认为人都是理性人，有充分决策能力，能够做出有利于自身利益的决策，追求经济价值的最大化。但行为财务理论通过大量的心理学和行为学研究，认为市场上投资者并非都是理性的而是有限理性的，在面临不确定的市场时，通常是以正常行为取代理性行为，用现实中投资者真实的行为模式替代理性行为假设。

其次，传统财务理论把市场预设为一个完全有效的市场，这样，无论在何种情景下，投资者都可以运用有效市场，根据成本和收益进行比较，从而做出使自己效用最大化的决策。行为财务学恰恰就是在这个最基础的假设上，对传统财务理论进行了反思。行为财务理论认为，市场并不是完全有效的，这样的假设更贴近实际，也打破了传统财务理论的认知。

最后，传统预期效用理论是经济学的理论基础之一，它认为人们都是理性的，当人们面临不确定性时，决策主体可以对各种可能出现的结果加权估价，从而选择预期效用最大化的方案。期望理论在预期效用理论重建过程中成为行为财务理论的重要理论基础。期望理论成功地替代了传统预期效用理论，并且解释了不少预期效用理论无法解释的现象，从根本上打破了传统理论严格规定的理性。

(二)解决的问题不同

传统财务理论旨在解决两个问题：其一，通过最优决策模型解释什么是最优决策；其二，通过描述性决策模型探讨投资者的实际决策过程。传统财务理论已经很好地解决了第一个问题，但是，由于该理论未充分考虑实际情况，投资者的实际决策并不一定是最优决策，因此，在解决第二个问题时遇到了困难。

在行为财务理论早期研究者卡尼曼和特韦尔斯基的研究成果中，把心理学与经济学融合到了一起，对不确定状态下人们如何做出判断和决策进行了研究，描述了不确定情况下人们进行决策判断的实际过程，解决了传统财务理论未能解决的第二个问题。

(三)对投资过程的认识不同

传统财务理论把投资过程看成是一个动态均衡过程，根据均衡原理，在理性人假设和有效市场假说前提下推导出金融市场的均衡模型。行为财务理论基于心理学原理，把投资过程看成是一个心理过程，包括对市场的认知过程、情绪过程和意志过程。投资者在这一过程中可能产生系统性或非系统性的认知偏差或选择偏好。这些个体偏差加上金融市场上可能出现的群体偏差或"羊群效应"，可能导致投资中的决策偏差，使资产价格偏离其内在价值，从而导致资产定价的偏差。

(四)学科特征不同

传统财务理论是较为纯粹的、单一的财务理论学科，它建立在经济学、管理学的基础上，并利用大量数学模型解决现实财务问题，具有数理财务学的特点。而行为财务理论则以心理学和其他相关学科的研究成果为依据，是传统经济学、传统财务理论、心理学研究以及决策科学的综合体，是一种交叉性、边缘性学科。行为财务理论突破了传统财务理论只注重最优决策模型，认为理性投资决策模型就是决定金融资产价格变化的实际投资决策模型的假设，开创了投资者实际上是如何进行决策的研究领域，从而把人的行为模式建立在更加现实的基础之上。

(五)研究方法不同

传统财务理论主要研究以财务预测、财务计划、财务控制和财务分析等财务方法，进行筹集资金、投资管理、成本管理、资本回收、资本分配等，其主要运用财务数学模型来分析财务问题和财务管理工作的质量与效率，依然坚持用理性人决策模型和预期效用理论来分析投资者行为和金融市场。它的研究方法较为单一，且排斥实验的方法。

行为财务理论的研究通常是围绕一系列社会科学理论展开的，它建立在经济学、社会学、行为科学、心理学等相关学科基础上，有独特的研究程序。该理论坚持经济学分析框架，突破了传统财务理论理性人假设，借鉴了实验经济学的研究方法，注重通过模拟实验来分析投资者的行为及其心理特征。

行为财务理论从 20 世纪 80 年代发展至今，越来越受到学者的关注。其创新之处不仅在于为财务领域提供了一个新的研究视角，更在于它能够很好地指导客观实践，解释财务活动中的异常现象。行为财务理论在国外的研究已经进行了相当长的时间，而国内的研究起步较晚，真正适合我国国情的研究还需要进一步进行。我们必须充分了解中国现阶段的实际情况，把心理学、行为学理论充分结合，并运用到财务理论与实践领域中去，构建有中国特色的行为财务理论。

四、行为财务理论的理论基础

(一)心理学理论

行为财务理论的发展与财务理论中引入心理学研究成果是分不开的。心理学家通过实验证明，人们在不确定条件下的决策会明显地呈现出如下常见的心理特征：损失回避、心理账户、过度自信、后悔厌恶和确认偏差等。因此，传统财务理论与心理学研究的交叉为行为财务理论的产生和发展奠定了基础。

心理学关于个体的判断与决策的突破性研究为行为财务理论的发展奠定了基础。行为财务理论利用了投资者的信念、偏好以及决策相关的认知心理和社会心理学的研究成果，突破了传统财务理论只注重投资决策模型对投资者实际决策行为进行简单测度的范式，以“非理性或者有限理性”的投资者实际决策心理为出发点，研究投资者的投资决策行为规律及其对市场价格的影响，从而更透彻、真实地刻画投资者行为，由此使行为财务理论以心理学对投资者实际决策过程的研究成果为基础，重新审视了整体市场的价格行为。

（二）期望理论

1979年，卡尼曼和特韦尔斯基发表论文《期望理论：风险下的决策分析》，给出了解释人们在不确定条件下的决策行为模型，不同于传统的预期效用理论，卡尼曼和特韦尔斯基称之为期望理论。通过实验调查，卡尼曼和特韦尔斯基把违反传统预期效用理论的部分归纳为三种效果：确定效果（Certainty Effect）、反射效果（Reflection Effect）、分离效果（Isolation Effect）。

此外，卡尼曼和特韦尔斯基也提出理论模型来解释个人在面对不确定性时是如何决策的。他们定义了两种函数来描述人的选择行为：一种是价值函数，替代了预期效用理论中的效用函数；另一种是决策权重函数，用决策权重替代了预期效用函数中的概率。然后，卡尼曼和特韦尔斯基通过模型的设计和推导，给出了期望理论的几个要点：

(1)个人在不确定条件下的决策是以相对于某个参考点的利得或损失为依据，而不是传统理论所认为的期末的财富或消费，即以结果和开始设想的差距为基础，而不是结果本身。

(2)价值函数或个人的效用函数是S型的，在面对损失时是凸函数，面对利得时是凹函数，这表明投资者每增加一单位的损失，其失去的效用低于前一单位损失所降低的效用；每增加一单位的利得，其增加的效用也低于前一单位利得所增加的效用。

(3)价值函数中，损失的斜率比利得的斜率陡，即损失一个单位所带来的效用降低要大于获取一个单位利得所带来的效用增加，也就是说个人是厌恶损失的。

(4)个人对极端但概率很低的事件会过度重视，却容易忽略例行发生的事，卡尼曼和特韦尔斯基把这称为“小数法则偏差”。随后，卡尼曼和特韦尔斯基继续他们的研究，1980年提出了期望理论中“参考点”的概念。此外，沙勒（1985年）、卢普斯（Lopes，1987年）、谢夫瑞（1988年、2000年）等也在卡尼曼和特韦尔斯基的基础上，补充和发展了期望理论。

（三）资本资产定价理论和行为组合理论

在标准财务理论中，马科维茨的投资组合理论和夏普的资本资产定价模型无疑是其理论构筑的基础，两者皆以投资者理性为前提。行为财务学认为，市场中存在部分投资者因非理性和非标准偏好的驱使会做出非理性的行为，影响资产的定价。基于此，1994年谢夫瑞和斯德特曼提出了行为资本资产定价理论（Behavioral Asset's Pricing Model，BAPM），对传统的CAPM进行了调整。在BAPM中，投资者分为两类：信息交易者和噪声交易者。前者是标准的理性投资人，他们不会受认知偏差的影响，而且通过套利使资产价格趋于理性价值，称之为理性交易者或套利交易者；后者不按CAPM行事，他们会犯各种认知偏差错误，没有严格的风险偏好。两类交易者相互影响，共同决定资产价格：当前者在市场上起主导作用时，市场是有效的；当后者在市场上起主导作用时，市场是无效的。此外，BAPM还指出，模型中证券的预期收益决定于行为β系数，而非传统CAPM中的市场组合β系数，因为考虑了噪声交易者对证券价格的影响。

同时，行为财务学家们也对现代投资组合理论（MPT）进行了研究。谢夫瑞和斯德特曼（2000年）借鉴MPT的有益部分，以卡尼曼和特韦尔斯基的期望理论为基础，建立了行为资产组合理论（Behavioral Portfolio Theory，BPT）。MPT认为，投资者应把注意力集中在整个组合而非单个资产的风险和预期收益上，最优的组合配置处在均值方差有效边界上，这就需要考虑资产之间的相关性。而BPT认为，现实中投资者无法做到这一点，他们实际构建的资产组合是基于对不同资产的风险程度的认识以及投资目的所形成的一种金字塔式的资产组合，位于金字塔各层的资产都与特定的目标和风险态度相联系，而忽略了各层之间的相关性。BPT有两种分析模式：单一心理账户行为组合理论和多重心理账户行为组合理论。单一心理账户下，投资者关注各资产间的相关系数，将所有证券组合放入一个心理账户中；而多重心理账户下，投资者将投资组合分散到多个心理账户中，忽视账户之间的相关性。

(四)行为经济学基础

实验经济学是在可控的条件下，针对某一现象，通过控制某些条件，观察决策者行为并分析实验结果，检验、比较和完善经济理论，目的是通过设计和模拟实验环境，探求经济行为的因果机制，验证经济理论或帮助政府制定经济政策。传统意义上的经济学被普遍看作是一种必须依赖于对现实世界的观察，而不能依靠在实验室里做受控制的实验来进行研究的非实验性科学，其研究依赖于各种合理的假设，这些假设在决策中具有重要意义。然而，现在越来越多的研究人员开始尝试用实验的方法来研究经济学，修改和验证各种基本的经济学假设，使经济学的研究越来越多地依赖于实验和各种数据的收集，从而得出的结论越来越贴近于现实。

行为经济学是伴随着实验经济学、经济心理学而产生的，是运用心理学、社会学、决策科学等理论和方法研究个人或群体的经济行为规律的科学。行为经济学研究的成果以实际经验为根据，修正了传统经济学中有效市场和理性人的基本假设，认为现实中的人类行为不只是自私的，还会受到社会价值观的制约，从而影响利益最大化要求的实现。

行为财务理论利用实验经济学和行为经济学的理论成果，修正了传统财务理论的基本假设，指出由于人们认知过程中的偏差和情绪等心理方面的原因会使其无法以理性人方式做出无偏估计，由此确定市场并非是完全有效的。

(五)过度自信

专家通过实证观察发现，人们在形成自己的判断时，经常对自己的判断过于自信，高估自己成功的机会，他们把这种心理现象称为过度自信。过度自信表现在两个方面：一是夸大结果发生或不发生的可能性，二是缩小可能发生的结果的范围。

过度自信的产生有其深刻的心理学基础。当个人面对不确定性时，无法作出适当的权衡，行为认知出现偏差在所难免；另外，由于人类注意、记忆和处理信息的能力有限，人们不可能对所有呈现在眼前的信息进行加工。他们在认知过程中通常关注与熟悉事物具有相似特征或关联的信息。另外，人们在预测中容易过分重视显著的信息，如近期的新闻，而轻视长期趋势等不那么突出的资料。

过度自信在证券投资中的影响表现为投资者趋向于过度频繁地交易，而频繁交易会降低投资者的回报。投资者并不是证券市场中唯一受过度自信影响的人群，金融专业人士和机构投资者也同样无法避免。

(六)心理账户

行为公司财务认为，行为人在进行决策的时候，并不是权衡了全局的各种情况进行考量，而是在心里无意识地把一项决策分成几个部分来看，也就是说，分成了几个心理账户，对于每个心理账户，行为者会有不同的决策。专家认为，普通投资者会将自己的投资组合分成两部分：一部分是风险低的安全投资，另一部分是风险较高但可能使自己更富有的投资。这是由于人们都有既想避免损失又想变得富有的心态。因此，人们会把两个心理账户分开来，一个用来规避贫穷,一个用来一朝致富。而且,在考虑问题的时候,行为者往往每次只考虑一个心理账户,把目前要决策的问题和其他的决策分离看待。也就是说,投资人可能将投资组合放在若干个心理账户中,不太在意它们之间的共同变异数,这也就从另一个角度解释了行为者在有些情况下的非理性行为。

五、行为财务学的基本理论模型

(一)DSSW 模型(Delong,Shleifer,Summers and Waldmann,1990)

该模型解释了噪声交易者对财务资产定价的影响及噪声交易者为什么能赚取更高的预期收益。噪声即市场中虚假和误判的信息。模型认为,市场中存在理性套利者和噪声交易者两种交易者,后者的行为具有随机性和不可预测性,由此产生的风险降低了理性套利者进行套利的积极性。这样,财务资产的价格明显偏离基本价值,而且噪声会扭曲资产价格,但他们也可因承担自己创造的风险而赚取比理性投资更高的回报。

(二)BSV 模型(Barberis,Shleifer and Vishny,1998)

该模型解释了财务资产的价格如何偏离 EMH。BSV 模型建立在两个行为心理依据上:选择性偏差,即投资者过分重视近期数据的变化模型而对产生这些数据的总体特性重视不够;保守性偏差,即一旦人们形成了一种判断,在新的证据面前他们只是缓缓地更新这种判断。

由于收益变化是随机的,上述两种偏差使投资者会做出两种错误的判断:一是投资者认为收益变化是一种暂时的现象,未能及时调整自身对未来收益的预期,即反应不足;二是投资者认为近期股票价格的同方向变化反映公司收益的变化是趋势性的,并对这一趋势外推,导致过度反应。

(三)DHS 模型(Daniel,Hirsheifer and Subramanyam,1998)

该模型解释了股票回报的短期连续性和长期回升,认为:市场中的投资者分为无信息者和有信息者,前者不存在判断偏差,后者表现出过度自信和自我偏爱两种判断偏差。过度自信导致投资者夸大对股票价值判断的私人信息的准确性,自我偏爱导致对私人信息的反应过度和公共信息的反应不足。因此,股票价格短期内会保持连续性,但从长期来看,当投资者的私人信息与公共信息不一致时,股票价格会因前期的过度反应而回调。

(四)HS 模型(Hong and Stein,1999)

HS 模型又称统一理论模型。该模型认为,在财务市场上存在着两类交易者:观察消息者和动量交易者。观察消息者根据他们获得的关于未来价值的私人信息进行交易,忽视股价的变化。动量交易者则完全依赖于股票过去的价格变化进行交易。HS 模型研究了这两类投资者的互相作用机制对股价的影响。HS 模型假设私人信息在观察新信息交易者之间缓慢传播,导致观察信息者对最初的私人信息反应不足,动量交易者意识到了观察信息者的这种反应不足的倾向,试图利用这一点进行套利,但结果导致股价的过度反应。

(五)羊群效应模型(Herd Behavioral Model)

该模型解释了投资者在市场中的群体行为及其后果。它把投资者的群体行为归因为效用最大化的驱使以及"群体压力"等情绪的影响,分为有序列型和非序列型两种模型。在有序列型模型中,投资者通过典型的贝叶斯过程从市场噪音和其他个体的决策中依次获取信息,投资者一次只做一个决策,即决策的序列性。在非序列模型中,假设两个投资者之间的仿效倾向是固定相同的,倾向较弱时,市场总体表现为收益服从高斯分布,倾向较强时则表现为市场崩溃,这与传统的零点对称、单一形态的厚尾分布不一致。

第三节 行为财务理论在公司财务中的应用

一、行为财务理论与公司融资政策

融资政策的传统财务理论主要有净收入理论、净营运收入理论、传统理论和权衡理论(MM理论)。前两种理论分别从两种极端的假设推出了两种极端的结论:净收入理论认为,只要债务成本低于权益成本,那么负债越多,企业的加权平均资本成本就越低,企业的价值就越大,因此,企业最优的资本结构是100%的负债率;净营运收入理论则认为,负债带来的风险会引起权益资本成本的上升,因此,企业的加权平均资本成本不受融资结构的影响,始终是固定的,按照这种理论,企业不存在最优的资本结构,融资决策也就无关紧要了。传统理论是介于前两种理论之间的一种理论,它认为,负债一方面会降低企业的加权平均资本成本,另一方面会导致权益资本成本的上升,在一定范围内前者的降低大于后者的上升,从而负债可以提高企业价值,但超出一定程度后,低成本的负债就弥补不了权益成本的上升,从而企业的加权平均资本成本会上升。权衡理论综合考虑了负债带来的税盾效应和破产成本,认为存在这样一个转折点,在这点之前负债带来的税收利益超出破产成本,在这点之后负债带来的破产成本超出税收利益,那么此点则是企业最优资本结构之所在。

资本结构理论为企业融资决策提供了有价值的参考,可以指导企业的决策行为。但从这些理论的内容上可以看出,它们都是一种理论上的推导,由于现实中融资活动本身和外部环境的复杂性,因此,根据这些理论难以准确地显示出存在于财务杠杆、每股收益、资本成本及企业价值之间的关系。

对我国上市公司融资结构的实证研究显示,我国上市公司普遍存在股权融资偏好,有学者甚至指出我国股票市场就是他们的"圈钱"基地。现有研究已指出,上市公司存在股权融资偏好的直接动因是股权融资成本偏低,深层原因则来自于制度和政策方面。股票发行的制度缺陷、股权融资的软约束、对上市公司的考核制度不合理、上市公司治理结构不完善等导致了上市公司股权融资的强烈偏好。这些分析主要是基于"制度"上的,而很少涉及甚至忽略了从公司财务理论角度进行分析。也许从传统的公司财务理论中,我们难以找到上市公司股权融资偏好的答案,因此,我们有必要跳出这一框架的束缚,从其他视角来重新思考,行为财务理论则为我们提供了一个很好的研究范式。

行为财务理论关于公司融资政策的一个分析框架是"市场时机"模型(Market Timing Model)。这一分析框架首先由斯坦因(Stein)于1996年在《非理性世界中的理性资本预算》一文中提出。斯坦因的研究可以总结如下:

首先,他假设投资者是非理性的,而公司管理者是理性的。理性的公司管理者假设,隐含了公司管理者以上市公司真实价值的最大化作为目标和行为准则。在投资者是非理性的情况下,上市公司的股价往往会错误定价(Mispriced)。假如公司股价被高估(Overvalued),公司管理者在最大化上市公司真实价值的条件下,很明显会采取发行新股的做法。这样,上市公司就可以从因投资者的亢奋而产生的高估股价中获得好处。

斯坦因的研究表明,公司管理者不会把股票市场的新融资进行真正的投资,而只是保存为现金或者投资于资本市场中其他公平定价的证券。因为在投资者非理性亢奋情况下,投资者认为上市公司将要实施许多的投资项目(这些投资项目的净现值为正),而理性的公司管理者的做法则恰恰与此相反——要避免进行真正的投资。简而言之,斯坦因的研究认为,投资者的非理性会影响到上市公司的股票发行时机,而不会对上市公司的投资计划产生影响。

不过,理性的公司管理者并不意味着他选择的是公司真实价值的最大化。代理理论认为,公司管理者可能会从加强其自身的特权出发,在企业规模等其他目标方面最大化。那么,在这种情况下,公司管理者就会扩大投资规模,以投资者的非理性亢奋来建立其“帝国大厦”。

令人兴奋的是,来自证券发行和投资的实证数据与市场时机模型非常吻合。在总体水平上,当整个股票市场价格水平被高估时,在所有新发行证券中,普通股增发价格最高。就单个公司来说,公司账面价值与市场价值的比率(Book-to-Market Ratio)是新股是否发行的良好预测指标。账面价值与市值比例高的公司将增发股票,而比例低的公司则将回购股票。

二、行为财务理论与公司投资政策

公司投资政策包括与主业相关的项目投资多元化、兼并收购及重组方面的决策,是决定企业业绩高低的关键。当今的环境,竞争和经济的不确定性日益加剧,企业要生存并取得成功,越来越需要对面临的问题、挑战和机遇做出迅速的反应。然而,相关研究却表明,面对失败的项目,决策者常常优柔寡断、不愿放弃。相反,他们通常会对这些项目增加资源投入。这种“总想解套(反而套得更深)”的倾向称为“恶性增资”,并且被明确认为是一种应在决策中避免的错误。研究显示,恶性增资即便不是企业里的一种普遍现象,至少是相当常见的。管理者都认为恶性增资对他们企业的盈利能力有相当不利的影响。

恶性增资的原因,根据其重要性可排列如下:失败项目在组织内部有着强有力的政治支持;负责失败项目的管理者对自己影响项目前途的能力的估计比其实际具备的高;失败项目的最初预测过分乐观而非比较现实;对经营者的评价是以他们的实际业绩为基础的,而非决策的过程;项目失败似乎出于企业的内因而不是外因;失败项目的状况恶化是缓慢的,而不是迅速的;管理者对他们发起的项目负有责任;失败项目由具有较强竞争心态的管理者负责,而非由缺乏竞争心态的管理者负责;失败项目与企业的竞争战略紧密相关;决策者是失败项目的发起人;项目失败的原因是稳定的(可能在将来重复发生),而非不稳定的(在将来不大可能重复发生),失败项目从组织外部得到有力的政治支持;失败项目是由个别管理者发起的,而非整个团队;失败项目与企业的长远目标紧密相关,而非长远目标外围的细枝末节;负责该项目的管理者可以通过隐瞒或拖延披露有关失败项目的信息而获益;只有负责该项目的管理者知道失败项目的未来预期业绩不佳。

传统的财务理论告诉我们,企业财务管理的目标是企业价值最大化,其中一个核心的原则是:决策者在决定是继续还是中止一个投资项目时,根据的就是它的净现值(Net Present Value,NPV)。通过比较继续和中止这个项目给企业带来的 NPV 的大小,如果继续项目的 NPV 大于中止项目的 NPV,就选择继续,否则就中止该项目。NPV 由于其方法简便易行,在企业投资决策时经常被用到。在计算 NPV 时,标准的教科书告诫我们很重要的一点就是:沉没成本是不相关成本,应该被忽略。但现实中的决策者们是否接受了这一建议或者说能否接受这一建议呢?“恶性增资”现象的存在,说明很多时候沉没成本影响到了企业的决策,否则按照传统财务理论,企业不应该投资于 NPV 为负的项目,因为那会有损企业价值。这一点显然是传统财务理论所不能解释的。

(一)企业投资决策失误的行为财务学解释

应该说,由于未来环境的不确定性,企业发展中加大对原先计划项目的投资本无可厚非,但由此引发的不良后果却不能不让人深思。从巨人大厦项目[①]的开始到结束来看，决策者并不是理性的，至少他们受到前面所说的多种心理偏差的影响。

1. 受沉没成本的影响

沉没成本一般是指过去已发生的成本。传统财务理论认为，沉没成本不会影响个人的决策。果真如此吗？举个例子，假定某人为参加某网球俱乐部支付了300元的入会年费。在两个星期的练习之后，其不小心得了"网球肘"。但是他还是忍痛持续打网球，因为他不想浪费300元，尽管那已是沉没成本。同样的道理，在终止失败项目时，投资者也会受到先前投入即沉没成本的影响而做出非理性的抉择。

2. 受过度自信的影响

中国的企业特别是民营企业的发展表明，个人往往在其中起到很大甚至是决定性作用，同样一个企业，可能不同的人去管理，会是一个生与死的差别。这也使部分决策者产生了成功之后的骄傲自大的心理，认为自己无所不能，不时喊出几年内要做中国100强、几年内要进入世界500强的口号。在这种心理的驱使下，他们缺乏初创业时的谦虚和冷静，而是不断提出一些宏伟的目标。在对个人能力的高估远超过现实，企业的资源不足以支撑这些宏伟的目标时，企业将陷入僵局。

3. 受后悔厌恶的影响

后悔厌恶使人们不愿接受现有的损失，特别是当一个人必须对事情的结果负全部或大部分责任时，他对后悔就越敏感。很多企业的投资项目往往是由一个人或少数几个人拍板，当项目出现损失时，由于中止该项目会使损失立刻兑现，决策者由于承担了责任就会不愿马上终止项目，他们往往倾向于继续投资，因为他们会觉得并使他人也觉得困难只是暂时的。同时，人们更喜欢那些前后一致连续型的决策者，因此对一个项目，决策者会"善始善终"。

4. 受自我控制的影响

专家指出，自我控制指的是这样一种问题，即人们一方面会抵制放任自我，但另一方面又很快屈服于各种诱惑。比如，今天我们告诫自己要节食，但当明天到来时，我们又吃得非常多。也就是说，人们有时自控能力是很差的。因此，当投资项目出现损失时，决策者一方面觉得应该重新审视先前的决策，但另一方面又会不断拖延改变决策，结果导致在错误的泥潭中越陷越深。

(二)避免企业投资决策失误的相关对策

企业是一个社会经济的"细胞"，改善企业的投资决策，宏观上需要进一步深化经济体制改革，优化市场环境，而更多的则需从微观上也就是企业内部建立科学的决策机制。为优化企业的投资决策，从行为财务理论的角度出发，应该做到如下几点：

1. 建立投资项目终止决策机制

当一个投资项目出现亏损时，首先要认识到此时继续下去会有好转和持续亏损两种局面。在终止项目时，重要的是克服决策者的各种非理性行为。

克服决策者自我控制能力差的最好方法是制定规则。例如，证券交易员经常使用内部强制的硬准则去迫使他们接受损失、实现损失。比如规定一个10%的亏损限额，也就是说，以10元每股的价格买入的股票，它一到9元就立即抛售，结算亏损。利用这种方法，当你决策正确的话就会盈利；若决策失误，也可以把损失锁定。在关于项目终止方面有两条准则很有用：其

---

① 参见章末案例阅读1的相关内容。

一,严格根据净现值标准进行投资决策;其二,对每个项目人为地进行阶段性净现值回顾测试,只有当继续项目带来的期望净现值大于终止项目的价值时,项目才能继续。这两条准则都需要公司内部的强制执行。为避免内部人不遵守准则,有必要求助于外部人的帮助,新领导的上任是一个很好的方法,因为新任的领导较原领导放弃已设计和执行多年的项目要容易得多。

克服决策者后悔厌恶的一个方法是建立科学的奖惩制度。科学的奖惩制度可以鼓励项目经理提供更多的准确的信息。当这些信息传到更高一级管理层后,由他们可以有效地制止继续执行失败项目的趋势,避免因当事人后悔厌恶和害怕承担责任而拖延下去。

2. 建立民主的投资决策制度

巨人总裁史玉柱在检讨自己的失败时曾坦言:“巨人的董事会是空的,决策是一个人说了算。因为我一个人的失误,给集团整体利益带来了巨大的损失,这也恰好说明,权力必须有制约。”而这种决策上的“一言堂”在中国企业中是一种非常普遍的现象,由于决策者个人不可能十全十美,其一旦出现失误,往往造成企业的灭顶之灾。俗话说:“三个臭皮匠,可抵一个诸葛亮。”历史证明,提倡科学的决策,首先必须民主化。重大决策是一种权力,是权力运用的过程,民主化包含了对重大决策权力的监督和控制,使之按照科学化的要求行使。民主化决策可以让团队而不是让个别管理者对不良业绩项目承担责任。行为财务理论认为“恶性增资”一个很重要的原因就是当不良项目的责任由一个人承担时,“后悔厌恶感”会使其追加对亏损项目的投资。当采用民主化决策后,责任并不由一人承担,这时每个人的“后悔厌恶感”相对弱些,终止亏损项目的阻力也比较小。即使董事会中对项目负直接责任的决策者想要继续亏损项目或其他不科学的决策时,也会受到其他董事会成员的监督和严厉控制。当然,民主决策并不是说“人人都负责,人人不负责”,对重大项目要进行民主决策,集思广益,具体项目和项目的执行则必须采用项目负责制。

3. 内外部专家咨询

咨询就是为更好地解决问题而征求别人的意见。管理者在决策时由于会受到个人知识、经验以及信息来源渠道等的限制,做出来的决策难免带有主观片面性和较大的风险性。此外,在已有投资愿望的前提下,内部人员在决策时会产生过度自信的心理偏差,对自己能力估计过高,对外部环境估计过于乐观,这不利于决策的准确性,不能保证决策方案的质量。因此,必须进行咨询,尤其是在进行某些重大决策时,必须引进外部咨询。外部咨询的独立性,可以让与投资项目无任何利益关系的外部人士参与到项目的决策中来,从而可以避免内部人员运用“心理账户”进行投机的决策行为。

4. 加强突击审计和财务监控的功能

“恶性增资”很大程度上是由于企业内部的信息不对称,加强突击审计可以减少这种不对称。因为相比于定时审计,突击审计更能揭露真相,防止项目决策者混淆是非、掩盖事实的动机。另外,当财务人员客观公正时,财务监控也是一个非常有效的办法。为做到财务人员的客观公正,首先他们不能陷入项目中,不能和项目有直接的联系。其次,为避免财务人员因与项目人员复杂的人际关系等因素而影响其公正,要求项目管理人员提供正式的有关项目的进展报告,并且要对采用或拒绝、继续或终止该项目的正反两方面意见进行评价。

三、行为财务理论与公司股利政策

股利政策也是公司理财的基本问题。公司为什么要支付现金股利或股票股利?公司股利政策为什么出现时间上的总体特征变化?公司如何决定股利政策?

自米勒和莫迪利亚尼(1961 年)提出在理想条件下(无税、信息完备、完全合约、无交易成本和资本市场理性有效)股利与公司股票价格不相关的命题以来,金融经济学者陆续对米勒和莫迪利亚尼的 MM 模型中的无税、信息完备、完全合约、无交易成本假设进行了修正,提出了多种股利行为理论模型,包括税收影响模型、信息不对称与信号模型、不完全合约模型、法律等制度约束模型以及交易成本模型等。

行为财务理论则试图对米勒和莫迪利亚尼的资本市场理性有效假设进行修正。行为财务理论认为,投资者对股利的偏好驱动了公司股利政策,或者说公司管理者迎合投资者的股利偏好制定股利政策。林特纳(Lintner,1956 年)最早对美国 28 家上市公司财务主管就如何制定股利政策进行了访谈,提出了股利行为模型。林特纳认为,由于公司管理者认为稳定支付现金股利的公司将受投资者欢迎,存在现金股利溢价,投资者对公司增加和减少现金股利的态度具有不对称性。因此,公司尽可能稳定现金股利支付水平,不轻易提高或降低。

专家从投资者自我控制角度提出了一个解释为什么投资者偏好现金股利的模型。他们认为,现金股利可以使投资者克服自我控制问题。同时,公司支付现金股利有利于投资者从心理上容易区分公司盈亏状况,避免遗憾心理,增加投资者的主观效用。

股利迎合理论认为,由于投资者通常对公司进行分类,支付现金股利的公司和不支付现金股利的公司被视为两类。投资者对这两类公司的兴趣及股利政策偏好时常变化,对股票价格产生影响。公司管理者通常迎合投资者偏好制定股利政策,迎合的最终目的在于获得股票溢价。即当投资者倾向于风险回避,对支付现金股利的股票给予溢价时,管理者就支付现金股利;当投资者偏好股票股利,对支付股票股利的股票给予溢价时,管理者就改为股票股利。如果股票价格与公司管理者补贴收入相关,管理者更有可能取悦投资者、抓住股票溢价机会改变股利政策。股利迎合理论比其他模型可以更好地解释为什么公司股利政策随时间变化。

四、行为财务理论与公司资本配置行为

近年来,越来越多的研究关注公司管理者本身的非理性对兼并收购、投融资、资本结构及红利政策等行为的影响。他们认为,有些行为是公司管理者非理性的结果,特别是管理者对投资前景过度乐观、投资成功过度自信和对投资非常损失厌恶导致的。过度乐观是指人们主观相信事件的未来结果将超过基本情形,过度自信则是指人们对未来事件发生的主观概率分布非常狭窄。行为财务理论认为,公司管理者过度乐观和自信并不一定是公司治理低效、激励不足带来的,而是由管理者自身的心理因素和决策行为特质决定的,因为这些管理者往往是公司的大股东。

(一)管理者过度乐观和自信对兼并收购行为及绩效的影响

罗尔(Roll,1986 年)最早指出了管理者非理性行为问题,提出了狂妄自大假说来解释并购中收购方出价偏高的现象。管理者过度自信导致兼并收购活动过度,并且并购出价过高,就像个人投资者的过度乐观和自信导致过度交易一样,表现在公布并购消息时,目标公司股价上升,被并购公司股价下跌相应的量,兼并公司和目标公司总和收益为零。尽管管理者考虑是否兼并另一家公司时,会聘请财务顾问对目标公司进行估价,并考虑协同互补效益,但并购实证研究结果表明,大多数并购没有为兼并方增加收益。研究结果证实,过度自信的管理者进行的并购活动比理性的管理者频繁,特别是公司现金充裕或并购并不能创造价值时。

(二)管理者过度乐观和自信对投融资行为及绩效的影响

财务学者关于公司管理者过度乐观和自信对投资行为影响的研究结论比较一致:管理者

过度乐观和自信往往高估投资收益,更容易投资于高风险或净现值为负的项目。

在投资行为方面,过度乐观和自信的管理者比外部投资者更乐观,更容易低估投资项目收益的波动幅度和风险,更容易认为股票市场低估了公司内在价值。

如果过度乐观和自信的管理者融资行为理性,不情愿通过外部融资支持投资,更可能遵循先内部资金、其次债务融资、最后股票融资的选择顺序。在公司管理者过度乐观和自信对资本配置绩效的影响方面,专家认为,管理者的过度自信是投资分散组合完美的股东希望的特质。

风险厌恶的理性管理者倾向于投资风险较小的项目,除非激励合适,他们会放弃风险较大但可能增加企业价值的项目。而过度自信的管理者会选择风险比较大但实际上可以增加企业价值的项目。我们认为,这只适合于投资组合完美的投资者或风险偏好的投机者。在产品市场竞争和资本市场不完美条件下,例如,投资者组合能力有限,并且风险回避,整合过度乐观和自信的管理层非理性的投资行为及理性的融资行为,可以看到,由于过度乐观和自信的管理者比外部投资者对其公司的投资项目更乐观,低估投资项目收益的波动幅度和风险,一方面选择风险高的项目或净现值实际上为负的项目,同时更可能采用比较激进的财务政策,即以债务融资支持投资,增加财务杠杆,并且消极采取风险管理措施,无疑将增加公司财务危机的可能性。或者公司管理者因认为外部股权融资成本高,不愿意通过外部股权融资支持投资,则公司投资规模与自身现金流状况高度相关,导致公司被迫放弃必要的投资,出现公司投资不足。两种行为都将降低公司产品市场竞争地位,有损公司长期健康发展和真实价值,并且违背看重公司长期真实价值的投资者的意愿。

五、行为财务理论应用的基本结论

(一)投资者的非理性导致股票价格短期明显偏离公司真实价值(高估或低估)

在股票市场投资者非理性情形下,最大化股东价值并不等同于最大化公司短期股票价格。此时,理性的管理者面临两难抉择:迎合股票市场投资者及分析家的非理性评价偏好配置资本,有助于公司股票价格短期表现,但将损害公司长期健康发展和真实价值;如果不迎合,尽管有助于公司长期健康发展和资本真正增值,但对公司股票价格短期表现将产生负面影响。代理问题比较严重时,非理性的管理者可以利用股票市场投资者及分析家的非理性,谋求自身利益最大化,从事迎合股票市场短期积极评价,但有损公司长期健康发展和真实价值的资本配置行为,包括投资净现值为负的项目或短期行为。

美国股票市场上盛行预期游戏,即股票分析家往往给公司设定比较乐观的增长预期,并且迫使公司管理者努力实现分析家的预期。因此,尽管公司实现了比较好的增长,但如果低于分析家的乐观预期,公司股票价格仍然会下跌。

公司管理者迫于股票市场分析家对公司未来增长的乐观预期(公司基本上不可能实现)的压力,采取的战略、投资等资本配置行为非常危险,将损害公司长期健康发展。理性的管理者一方面需要增强公司透明度;另一方面,要敢于对股票市场说“不”,即不迎合股票市场投资者或分析家对公司乐观增长的要求而轻率投资,纠正股票市场的非理性。

(二)管理者的非理性往往体现在过度乐观和自信

对资本配置行为及绩效的影响比较复杂,乐观和自信导致过度的兼并收购和过高的并购价格;乐观和自信的投资行为有增加公司价值的一面,但在产品市场竞争和资本市场不完美的条件下,与理性的融资行为整合,很可能增加公司的财务危机,从而破坏公司长期健康发展和资本增值。因此,尚待进一步研究。

(三)当投资者与管理者都非理性时,可能加速和加剧股市泡沫的形成和破灭

公司管理者过度乐观和自信的资本配置行为,以及公司治理问题严重的管理者短期化的资本配置行为,更容易增加公司的经营和财务风险,而投资者的非理性使公司股票价格更可能严重背离公司内在价值。因此,公司管理者与投资者行为都非理性时,更可能加速和加剧股市泡沫的形成和破灭。

主要概念

Behavioral Finance: A subject that is trying to explain various abnormal phenomena in the traditional financial economic theory, which is found on the basis of psychology, supplemented by sociology and other scientific point of view.

思考与练习

1. 简述行为财务学的理论基础。
2. 行为财务理论模型有哪些?
3. 在公司理财中应用行为财务理论时应注意哪些问题?
4. 举例说明羊群效应模型。

案例阅读

案例阅读1——关于行为财务学的两个小案例

一、纽约长岛照明公司建造一座核能发电站

一个经常被引用的案例是关于 Shorhema 核能发电站(Ross 和 Satw,1993)。纽约长岛照明公司决定在纽约的 Shorhema 建造一座核能发电站,发电站的计划发电容量为540兆瓦,预算建造成本为650万~750万美元,预计1973年投入运营。尽管成本大幅超支,基于社会和经济立场的反对意见日益高涨,管理当局也已意识到这个项目不大可能赚钱,但拨给发电站的预算仍三番五次地增加。发电站的建设最终在1983年11月完工,比最初预计的时间晚了10年,花费了40亿美元(超出最初预算成本50倍)。即使那样,发电站仍不能投入运营。1989年3月,在合计支出了55亿美元之后,管理当局最终放弃了这个项目。1991年8月,美国最高法院判决发电站必须拆除。

资料来源:黄永波.行为财务理论及其应用研究[D].武汉大学,2004.

二、巨人集团的"恶性增资"

1992年当巨人集团决定盖巨人大厦时,开始是准备盖18层,但这个想法一闪而过,出来的方案是38层。1992年下半年一位领导来参观,建议把楼盖得高一点,于是设计改到54层,后来很快又改到64层。由54层改到64层有两个因素:一是设计单位说54层改为64层对下面基础影响不大;二是公司想为珠海市争光,盖一座标志性大厦。当时广州想盖全国最高的楼,设计63层,巨人想要超过他。1994年一位领导来考察,公司觉得64层有点犯忌讳,几个负责人一商量就决定把大楼改为70层。仅仅是为了虚荣,决定公司命运的决策就这样定下来了,公司为建成巨人大厦投入了大量的资金。两年后,巨人集团陷入无可挽回的困境。准备投资12亿元建造70层巨人大厦的宏伟决策计划最终造成了巨人集团的倾覆。

资料来源:成红彦.集团公司财务控制问题研究[D].昆明理工大学,2005.

【思考与讨论】

1. 简述纽约长岛照明公司建造一座核能发电站的行为学基础。

2. 简述巨人集团倾覆的行为学基础。

案例阅读 2 ——几种常见的行为财务学现象

行为财务学不仅仅是对传统财务理论的革命，也是对传统投资决策范式的挑战。进入 20 世纪 80 年代以来，涌现出不少与传统投资策略相矛盾的实证研究，以下简单介绍几种典型的行为财务学现象：

一、小公司效应

小公司效应是指投资于小公司的收益率比大公司的收益率高。班茨（Banz，1981 年）研究发现，股票收益率随着公司规模的增大而减少。法玛（Fama）和弗伦奇（French，1992 年）也对此进行了实证检验，发现市值小的股票比市值大的股票年平均收益率要高。西格尔（Siegel，1998 年）研究发现，平均而言小盘股比大盘股的年收益率高出 4.7%，而且小公司效应大部分集中在 1 月份。由于公司规模和 1 月份的到来对市场而言都是已知信息，这一现象明显有悖于半强式有效市场假说，超常回报并不是建立在新的信息之上，而是建立在已公开的信息之上。

二、反向投资策略

反向投资策略就是买进过去表现差的股票而卖出过去表现好的股票来进行套利的投资方法。一些研究显示，如选择市盈率低、股票账面市值比低、历史收益率低的股票，往往可以得到比预期收益率更高的收益，而且这种收益是一种"长期异常收益"。德西亚（Desia）、简（Jain，1997 年）、艾肯伯瑞（Ikenberry）、阮金（Rankine）和斯苔斯（Stice，1996 年）也发现，公司股票分割前后都存在正的长期异常收益。行为财务理论认为，反向投资策略是对股市过度反应的一种纠正，是一种简单外推的方法。

三、动量交易策略

动量交易策略是指首先对股票收益和交易量设定过滤准则，当股市收益和交易量满足过滤准则就买入或卖出股票的投资策略。行为财务定义的动量交易策略源于对股市中间收益延续性的研究。杰格迪什（Jegadeeshkg）与泰特曼（Titman，1993 年）在对资产股票组合的中间收益进行研究时发现，以 3～12 个月为间隔所构造的股票组合的中间收益呈连续性，即中间价格具有向某一方向连续的动量效应。事实上，美国价值线排名（Value Line Rankings）就是动量交易策略利用的例证。

四、成本平均策略和时间分散化策略

成本平均策略是指投资者根据不同的价格分批购买股票，以防不测时摊低成本的策略，而时间分散化策略是指由于股票的风险将随着投资期限的延长而降低而采取的随着投资者年龄的增长而将股票的比例逐步减少的策略。这两个策略被认为与现代财务理论的预期效用最大化原则明显相悖。

资料来源：储小东. 行为财务学及其在公司理财中的应用[D]. 南京理工大学，2007.

【思考与讨论】

1. 简述小公司效应的行为学基础。

2. 简述反向投资策略的行为学基础。

3. 简述动量交易策略、成本平均策略和时间分散化策略对你的启示。

第三章　财务战略管理

要点提示

- 财务战略的界定。
- 财务战略规划。
- 财务战略执行。
- 财务战略控制。
- 财务战略决策方法。

第一节　财务战略概述

一、战略

“战略”一词最初仅用于军事领域，其含义为对战争全局的筹划和指导。《辞海》对“战略”一词有两种解释：一是特指对战争全局的筹划和指导，二是泛指重大的、带有全局性的或决定性的谋划。美国管理学家钱德勒(Chandler)1962 年最先将“战略”一词用于管理领域，并将其定义为：企业长期基本目标的确定，以及为贯彻这些目标所必须采纳的行动方针和资源配置。

美国学者安索夫(Ansoff)于 1965 年出版的《企业战略论》一书，则是最早的一部系统阐述战略管理的理论著作。迄今为止，许多管理学家和战略学家对“战略”从不同角度有不同的理解和定义，学术界尚未达成共识。

综合各种观点，可以将战略概括为下面几个方面：在空间上，战略是对企业全局的总体谋划；在时间上，战略是对企业未来的长期谋划；在依据上，战略是在对企业外部和内部环境深入分析和准确判断的基础上形成的；在重大程度上，战略对企业具有决定性的影响；战略的本质在于创造和变革，在于创造和维护企业的竞争优势。

二、财务战略的定义和特征

(一)财务战略的定义

英国学者凯斯・沃德(Keith Waid)在《公司财务战略》一书中指出，战略管理是为了适应公司总体的竞争战略而筹集必要的资本，并在组织内有效地管理与运用这些资本的方略。

南开大学刘志远教授认为，财务战略是为了谋求企业资金均衡有效的流动和实现企业战略，为增强企业财务竞争优势，在分析企业内、外部环境对资金流动的影响的基础上，对企业资金流动进行全局性、长期性和创造性的谋划，并确保其执行的过程。

北京大学陆郑飞教授认为，财务战略是对企业总体的长期发展有重大影响的财务活动的指导思想和原则。

中山大学魏明海教授将财务战略定义为，在企业战略统筹下，以价值分析为基础，以促进企业资金均衡有效地流转和配置为衡量标准，以维持企业长期盈利能力为目的的战略性思维方式和决策活动。

综上所述，财务战略是为了实现战略目标和公司目标，提高财务活动的效率，控制财务风险，在分析企业内部和外部环境因素对财务活动影响的基础上，对企业发展具有从属性、导向性和长期性等影响的财务活动进行规划和控制的过程。

(二)财务战略的特征

1. 从属性

企业财务战略必须服从和反映企业战略的要求。作为企业战略的一个子战略，财务战略应服从于企业战略，并与生产战略、营销战略等共同支持和促进企业战略的实施和完成。

2. 导向性

企业财务战略一经制定，就成为指导企业资金运动的行动指南。它对整个企业的财务管理活动具有导向作用。

3. 长期性

企业战略的着眼点是为了谋求企业的长远发展。因此，在制定财务战略时，要全面考虑企业的实际情况，从企业的长远出发，有计划地改善和提高企业资金实力，提高企业对未来环境的适应能力。

4. 全员性

尽管财务战略的提出和实施是由财务部门来完成的，但企业高管、各部门负责人等对财务战略的提出和实施也起到了一定的作用。

5. 重要性

财务战略一旦成功，会给企业带来勃勃生机和活力，使企业得到迅速发展；但财务战略一旦失败或落空，会给企业带来巨大的损失，甚至会面临破产、倒闭的局面。所以，企业必须高度重视财务战略的制定和实施。

6. 动态性

尽管财务战略立足于长期规划，具有一定的前瞻性，但战略又是环境分析的结果。环境的变动使得战略必须以变制变。当环境发生较小变化时，所有行动必须按战略行事，体现战略对行动的指导性；当环境出现较大变化并影响全局时，经营战略必须做出调整，财务战略也应随之调整。

三、财务战略的分类

(一)根据财务风险的承受态度不同分类

1. 快速扩张型财务战略

快速扩张型财务战略是以实现企业资产规模的快速扩张为目的的一种财务战略。为了实施这种战略，企业在筹集内部资金的同时，需大量进行外部筹资。企业资产规模的快速扩张，会使企业的资产报酬率在较长一段时期内处于较低水平。因此，快速扩张型财务战略的特点是企业对外投资规模不断扩大，现金流出量不断增加，资金报酬率下降，债务负担不断增加。它的优点是通过推出新的产品或扩大市场发展空间，可能会给企业带来新的利润增长点和现金净流量。但是，一旦投资失误，企业财务状况就可能恶化，甚至会导致企业破产。

2. 稳健发展型财务战略

稳健发展型财务战略是为配合企业对现有产品或服务的开发或市场渗透战略而展开的，以实现企业财务绩效稳定增长和资产规模平稳扩张为目的的一种财务战略。实施这种战略的企业，应尽可能利用现有资源优化其配置，提高现有资源的使用效率，将利润积累作为实现资产规模扩张的基本资金来源，且在利用负债来实现资产增长时往往持谨慎的态度。如果企业现有产品或服务属于夕阳产业，发展前景暗淡时，使用该财务战略可能会给企业带来财务危机，影响企业的盈利能力和现金净流量。

3. 防御收缩型财务战略

防御收缩型财务战略是为了配合企业的收缩、清算等活动展开的，以防御出现财务危机和求得生存及新的发展为目的的一种财务战略。实施这种财务战略的企业，一般以增加现金流入和减少现金流出为首要任务，通过削减分部或精简机构等措施，盘活存量资产，节约资本支出，集中一切可以集中的财力用于企业核心业务，以增强企业核心业务在市场上的竞争力。因此，防御收缩型财务战略的特点是公司规模缩小，现金流入量增加，资产报酬率增加，债务负担减轻。它的优点是企业财务状况稳定，为将来选择其他财务战略积累了大量的现金，但公司会因此失去一部分产品领域和市场空间，若不能及时创造机会调整财务战略，则会影响企业未来的盈利和现金流量。

(二)根据财务管理的具体内容分类

1. 筹资战略

筹资战略反映公司资金筹集的战略，主要解决与企业战略相关的筹集资金的目标、规模、方式、渠道和原则等重大问题，旨在为企业经营的实施和提高企业的长期竞争力提供充足可靠的资金保障，并不断提高企业的筹资效益。筹资战略既要使企业资本成本最小化，又要降低财务风险。

2. 投资战略

投资战略反映企业资金投放的战略，主要解决与企业战略相关的公司资金投放的目标、规模、方式、渠道、原则和时机等重大问题。投资战略是企业财务战略管理的核心内容，决定着企业能否把有限的资金合理配置并有效利用。战略投资既要确保投资有可靠、及时和足额的资金来源，又要在控制投资风险的前提下尽可能获得预期投资收益。

3. 分配战略

分配战略反映企业利润分配的战略，主要解决与企业战略相关的企业收益的分配与发放等重大问题。合理的收益分配战略，不仅可以树立企业良好的形象，而且可以激发投资者对该企业的投资热情。

第二节　财务战略管理过程

财务战略管理过程一般可分为财务战略规划、财务战略实施和财务战略控制三个阶段。

一、财务战略规划

财务战略规划是在审视国内公司以往财务战略和公司环境的基础上，着重分析公司内、外部环境对财务活动的影响，并根据公司在未来发展阶段的目标定位、总体战略和事业部战略，进一步解决财务战略选择路径、拓展方向、措施和目标体系等问题，对公司未来发展阶段的筹资、投资和分配等财务活动进行全局性、长期性和创造性的筹划。财务战略规划在财务战略管理过程中具有重要地位，如果没有形成财务战略，财务实施就无从谈起。

(一)财务战略环境分析

1. 财务战略环境的构成

环境分析是财务战略管理的起点，也是财务战略规划的起点。财务战略环境是指财务战略规划和实施时企业所处的环境，包括内部环境和外部环境。内部环境是指企业内部的影响资金流动条件和因素的总和，即与公司财务活动密切相关的微观环境，范围较窄，主要包括组织、财务、生产、营销等。外部环境是指存在于企业外部、影响企业资金运动的客观条件和因素的总和，即影响企业财务活动的宏观环境，范围较广，主要包括政治法律环境、经济环境、社会文化环境、产业环境和金融环境等。财务战略环境中的内、外部环境之间有着密切的联系。一方面，公司外部环境对公司内部环境起着制约作用；另一方面，改善公司内部理财环境，可以增强公司实力，又将反作用于外部环境。全面了解公司外部和内部环境是确立公司财务战略目标并保证财务战略顺利实施的前提。分析、预测这些环境因素对公司资金运动的长期影响，是进行财务战略规划的出发点和重要依据。

2. 财务战略环境分析的程序

财务战略环境分析就是通过对企业财务环境的检测，确定影响企业资金流动目标的机会和威胁的工作环境。财务战略环境分析的程序大致如下：

(1)收集财务战略环境的信息。外部环境信息一般可以从各种宣传媒介、专业会议、行业组织、科研机构和管理者个人的经验中获得。内部环境信息可以通过内部资料、档案及管理人员和员工的经验等渠道获得。

(2)分析环境因素对企业资金流动的影响。在掌握大量环境信息对其趋势进行预测分析的基础上，要进一步分析各环境因素对企业资金流动可能造成的影响，估计影响的性质、大小和发生的时间，从而明确企业未来在资金流动方面受到的威胁和可以利用的机会。

(3)归纳环境分析的结果。将各种资料和数据进行归纳整理，编写环境分析报告书。这一程序应包括以下几项内容：①企业今后将面临什么样的财务环境；②各种环境因素会如何变化，对企业资金流动将造成什么影响；③对企业资金流动来说，未来财务环境存在哪些机会和风险，它们出现的可能性有多大。

(二)确定财务战略

1. 财务战略目标

财务战略目标是在保障企业总体战略目标实现的基础上，努力谋求企业资金的均衡和有效流动。财务战略目标按照其内容，可分为筹资战略管理目标、投资战略管理目标和分配战略管理目标。不同财务战略目标之间具有较大的差异性，在制订财务战略目标时应注意目标制订的原则，除了通常目标制订所需要考虑的系统性原则、动态性原则和先进合理性原则之外，还需要考虑以下原则：

(1)目标制订的时限性原则。财务战略管理目标在确定时，一般就有一个比较严格的时间限制，即在什么时间内达到一个什么样的目标。如果逾越这个时间界限达到目标，就不能算真正完成了财务战略目标任务。由此可见，时限性是财务战略管理目标确定的重要内容。

(2)目标制订的可分性原则。财务管理战略目标在整体上形成一个系统，是企业各部门、各基层单位以及个人的分目标、子目标共同形成的一个行为目标。同时，财务管理战略目标应当具有可分性，可以按照一定的标准层层分解为各部门的分目标。这种原则保障了目标的具体落实，保证了目标能够调动全体员工的积极性。

(3)目标制订的具体性和可评价性原则。虽然一般目标也具有用来评价、检验实践活动的作用，但是财务战略管理目标应具有较强的可评价性，如果所设置的目标可评价性很差，就会给目标管理工作带来影响。而要增强目标管理的可评价性，就要使目标具有具体性的特点，就要在目标设置阶段，尽可能地使所设置的目标明确、具体、数量化。

2. 财务战略的确定程序

在企业内、外部环境分析和确定企业财务战略目标的基础上，广泛地寻求企业各种可能的备选方案；由于财务战略是企业总体战略的子战略，因此，必须检验各种备选方案与企业总体战略的一致性，不一致的备选方案应该被剔除。在符合一致性的备选方案之间，通过各种具体指标进行综合评价与比较，从中选优；最后，在通盘考虑的基础上，确定企业应该选择的战略方案。

二、财务战略实施

要把战略变为行动，就必须详细安排把战略变为行动的步骤和组织工作，这种安排就是战略的实施计划。它一般包括宣传解释、行动规划、预算安排。

(一)宣传解释

宣传解释是财务战略管理中首要的一项，其作用表现在两个方面：一是对财务战略的说明有助于企业的高级管理人员就企业在财务战略方面达成共识，即将公司的财务战略转化为一套完整的目标测评指标，得到所有高级经理的认可，并能描述推动成功的长期因素。二是通过经理在组织上对战略上下沟通，使组织中的各个层次都能理解企业的财务战略，而且使部门与个人财务活动目标与企业财务战略保持一致。

(二)行动规划

行动规划是战略实施计划的第二项重要内容，包括确定实施战略应当采取的每一项行动、人员配备、工作进度安排等具体事项。人员配备是战略实施计划中十分关键的一项。实施战略的人员必须具有实施的能力和实施的权力。如果某些人员由于专业知识水平等原因显得能力不足，则要对其进行有针对性的培训。如果某些人员所在职位与部门不具备实施战略的权力，则要通过适当授权，授予他们必要的权力。当要求战略实施人员努力完成任务时，尤其是当他们改变过去的行为习惯和态度时，还必须建立起一套有效的激励机制与约束机制。

(三)预算安排

预算安排是财务战略实施的重要环节。财务战略反映的是未来较长时期的重大财务活动的策划和安排，而且目标也过于综合，因此，需要通过转化为一个公司具体年度的经营活动才能得以实施。这样，公司需要以具体年度为对象，通过分析战略规划对于经营活动各方面的基本要求，明确影响战略目标实现的关键成功因素，这就形成了更为具体的战略计划。关键的成功因素应该既包括财务方面的，也包括非财务方面的。就财务战略而言，需要转化为年度预算，需要站在财务的角度分析和细化财务方面的关键成功因素。换言之，财务战略目标进一步的分解和落实需要依赖预算工具来完成，也就是说，年度预算是对财务战略规划的具体化、系统化和定量化，是财务战略规划得以实现的保证。

如果财务战略在实施过程中，实际结果与预定目标有明显差距，则需要对财务战略进行必要的修正与调整，相应地，也需要对公司年度预算做调整。公司进行财务战略调整的原因很多，比如，企业外部环境发生剧烈变化等，如果不对战略方案进行调整，就会严重脱离实际，从而带来不良后果。又如,由于战略制定本身就不符合客观发展规律,甚至本身就是错误的,在执行一段时间之后发现了制定的失误之处,必须对其进行修正。总之,战略调整既是由客观因素决定的,又是由主观因素决定的。进行战略调整是更好地实现公司目标和战略目标的一个重要程序,而预算调整则总是与战略调整相伴相随。

三、财务战略控制

财务战略在实施过程中会出现各种偏差,因此,需要对战略实施的整个过程进行追踪分析,需要检查公司内部各有关部门和员工为达到战略目的所进行的各项财务活动的进展情况,评价实施战略后取得的效果,并把它与预定的战略目标进行比较,分析产生偏差的原因并采取措施纠正偏差,使财务战略的实施能够更好地与公司当前所处的内、外部环境协调一致,从而最终实现战略目标。这就是财务战略控制环节,包括内部报告、业绩评价和激励制度等步骤。

(一)内部报告

对于管理者而言,没有信息就不可能做出决策,就不知道战略实施的效果与战略计划目标的差异程度,也就无法进行差异分析和采取纠正偏差的措施,战略实施也就难以控制。信息只有通过反馈和沟通才能取得。沟通包含着信息的有效传递和正确理解。在实践中,很多企业既有战略目标和战略规划,也有战略计划,但是战略实施却缺乏效果和效率,原因之一就是战略计划的执行流于形式,没有根据战略计划建立相应的信息反馈和沟通机制。信息反馈与沟通机制的设计包括对会计信息系统和业务统计信息系统的设计,它们分别可以提供财务信息和非财务信息,最终形成一套完整的内部报告系统。

内部报告的编制一般是随着经营活动的实际进度进行的,根据不同的管理要求按日、月、季或年进行,通常是在期末编制。比如,周报通常是在周末编制,而年度内部报告一般是在年底编制。内部报告的编制应该符合管理者的相关决策信息需求。

(二)业绩评价

为了提高促使管理者执行战略计划的动力和压力,需要对其战略实施的效果和效率进行评价。业绩评价是指依据内部报告和内部报告分析提供的信息,对该单位经营活动的效果和效率作出恰当的评价,对其战略计划执行情况作出公允的评价。这里的业绩评价更侧重于对管理者的业绩评价,本阶段的业绩评价结果及其处理还会为下一阶段的战略计划形成提供支持性信息,甚至影响到战略目标和战略规划的调整。

业绩评价方法目前在实践中应用较为广泛的主要有三类:单一评价方法、综合评价方法和多角度平衡评价方法。单一评价方法就是运用一个最综合的指标评价经营业绩的方法,以EVA方法为典型代表。综合评价方法是运用一系列指标从不同角度和侧面评价经营业绩的方法,具体又分为指标分解评价方法和指标综合评价方法,前者以杜邦分析体系为代表,后者包括综合指数法等。多角度平衡评价方法本质上也属于指标综合评价方法,但是由于这一类型的方法与传统的评价方法相比,更多地注重不同类型指标之间的平衡关系,强调不同类型指标之间的因果关系或互动关系,并且在评价指标设计、评价程序确立等方面有一定的创新,因此单独列为一类方法,其中又以平衡计分卡最为典型。

(三)激励制度

对一个组织而言,如果不将业绩评价结果与管理者的激励挂钩,业绩评价就会失去其应有的功能,就很可能导致战略控制失败,也就不容易实现战略计划了。在实践中,很多企业战略计划的执行缺乏严肃性,原因就在于没有将业绩评价与激励制度相结合,业绩评价依据的是一套业绩评价指标体系，而管理者的薪酬却又取决于其他的因素。激励制度的设计应该和业绩评价系统设计相配合。

合理的激励制度应当是精神激励和物质激励相结合，短期激励和长期激励相结合。在上市公司中可以积极探索股权激励方式，股权激励在实践中又存在实股激励、期股激励和期权激励三种具体形式。

第三节 财务战略决策方法

财务战略管理包括筹资战略管理、投资战略管理和分配战略管理。由于财务战略实施和控制具有更多的共性特点，同时，收益分配是指公司赚得的利润中，有多少作为股利发放给股东，有多少留在公司作为再投资。因此，在一定意义上，股利政策是一个企业内部筹资问题。

财务战略的确定方法有多种，如波士顿矩阵分析法、产品生命周期分析法、波士顿矩阵和产品生命周期理论相结合的分析方法，以及基于财务风险和经营风险搭配的分析方法等。

一、波士顿矩阵分析法

波士顿矩阵分析法是美国波士顿咨询公司(BCG)在20世纪60年代提出的一种投资组合分析方法。该方法将企业生产经营的全部产品或业务的组合作为一个整体进行分析，其着眼点是企业各种业务的相对市场份额以及给企业带来的现金流量，因此，该方法非常有利于财务战略的制定。波士顿矩阵的分析前提是认为企业的相对竞争地位(以相对市场份额表示)和行业增长率决定了企业业务组合中的某一特定业务应当采取何种战略，企业的相对竞争地位越强，其获利率越高，该项业务能够为企业生产的现金流量越大；行业增长率越高，说明企业获取利润的能力和现金投入的需求也越大，行业的吸引力也越大。波士顿矩阵分析法主要包括以下两项内容：

(一)划分并评估战略经营单位

管理者首先把整个行业划分为若干个战略经营单位(Strategic Business Unit，SBU)，在企业实践中，战略经营单位一般按所处的产品市场情况来划分。划分战略经营单位之后，要根据相对市场占有率和行业增长率两个指标对其进行评估。其中，相对市场占有率高，意味着高竞争地位。

(二)比较SBU或经营活动

以相对市场份额和行业增长率为二维，构成一个矩阵，再将各个SBU的评估结果标在该矩阵中，进而进行比较。根据波士顿矩阵分析法，企业的全部经营业务定位在“明星业务”“问号业务”“金牛业务”和“瘦狗业务”四个区域中。处于高增长/高竞争地位的称为“明星业务”，此区域中的SBU不仅位于高增长行业中，而且拥有较高的相对市场占有率；处于高增长/低竞争地位的称为“问号业务”，此区域中的SBU具有较低的相对市场份额和较弱的竞争力，不过它们所依托的行业是高速增长的行业，因此为企业提供了长期获利和发展的机会；处于低增长/高竞争地位的称为“金牛业务”，它们是成熟行业中的成本领先者，本身不需要投资，反而能够保持利润，产生大量的正现金流量，用于支持其他业务的发展；处于低增长/低竞争地位的称为“瘦狗业务”，它们所处的行业在饱和的市场竞争中没有吸引力，并且本身又缺乏竞争力，因此对企业的贡献不大，虽然也能带来正现金流量，但是利润很低或亏损。

波士顿矩阵分析法指出了每个经营业务在竞争中的地位，使企业了解它的作用或任务，从而有选择和集中地运用企业有限的资金。如果对经营业务不加以区分,按照相同的比例分配资金和人员,结果往往会造成企业资源的浪费,使急需资金的业务得不到充足的资金,而将资金浪费在没有前途的业务上。

二、产品生命周期分析法

产品生命周期分析法是根据企业各项业务所处的产品/市场生命周期阶段和业务的大致竞争地位决定战略类型的方法。

产品生命周期理论假设产品都要经过引入阶段、成长阶段、成熟阶段和衰退阶段。这些阶段的划分,以产品销售额增长曲线的拐点为标志。在引入期,由于消费者对产品的怀疑使得销售增长缓慢;一旦产品被证明是成功的,买主就会大量涌入,开始进入成长期,销售额快速增长;当购买力与市场供应基本平衡后,增长放缓,进入成熟期;当新的代用品出现之后,产品逐步衰退,直至完全退出市场。产品生命周期理论不仅适用于特定产品,也适用于相关的一组产品(业务单位)。如果企业只有一个产品或业务单位,它也适用于企业。在不同的产品生命周期阶段和产品竞争能力的作用下,企业产品的竞争能力体现出不同的特点,如表 3－1 所示。

表 3－1　　产品生命周期分析法

竞争能力 / 阶段	强	中	弱
引入阶段	盈利	问号	亏损
发展阶段	盈利	盈利或问号	可能亏损
成熟阶段	盈利	盈利	亏损
衰退阶段	盈利	亏损	亏损

产品生命周期分析法对企业制定投资战略具有以下指导作用:(1)对处于引入阶段的盈利业务,一般采取迅速扩大规模和提高差别化程度的投资发展战略。(2)对发展阶段的盈利业务,还应当争取使其具备成本优势。(3)处于成熟阶段的盈利业务有能力将市场上其他竞争对手驱赶出去,因此还能在该产品中继续经营下去,但是不宜做过多投资。(4)处于衰退阶段的盈利业务虽然通过集中于某个细分市场在目前尚可盈利,但是由于市场在逐渐消失,所以应当做好撤退的打算。(5)处于引入阶段和发展阶段的两个问号业务有两个处理结果:一是在盈利业务的资金支持下提高竞争地位而成为盈利业务;二是通过紧缩或退出战略,将转移出去的资金用于支持处于发展阶段的盈利业务或发展新的业务。(6)处于引入和发展阶段的亏损业务尚有提高市场竞争地位的可能,只是需要追加大量的资金。(7)处于成熟和衰退阶段的亏损业务多数只有“撤资退出”一条出路。

三、波士顿矩阵和产品生命周期理论相结合的分析方法

如果把波士顿矩阵和产品生命周期理论结合起来,我们可以将引入期的产品归于“问号产品”,将成长期的产品归于“明星产品”,将成熟期的产品归于“金牛产品”,将衰退期的产品归于瘦狗产品。在产品生命周期的不同阶段,竞争环境和采取的经营战略不同,导致了不同的经营风险。

(一)引入期

引入期的产品用户很少,只有高收入的用户在尝试新的产品。产品虽然设计新颖,但是质

量有待提高，尤其是可靠性。由于产品刚刚出现，前途未卜，只有很少的竞争对手。为了说服客户购买，营销成本高，广告费用大。由于销量小，产能过剩，生产成本高。产品的独特性和高收入客户，使得价格弹性较小，可以采用高价格、高毛利的政策，但是销量小，使得净利低。

企业的战略目标是扩大市场份额，争取成为领头羊；主要战略路径是投资于研究与开发和技术改进，提高产品质量。

该时期的经营风险非常高，研制的产品能否成功，研制成功的产品能否被顾客接受，被顾客接受的产品能否达到经济的生产规模，可以进行规模生产的产品能否取得相应的市场份额等，都存在很大的不确定性。通常，新产品只有成功和失败两种可能，成功则进入成长期，失败则无法收回前期投入的研发、市场开拓和设备投资成本。

（二）成长期

成长期的标志是产品销量节节攀升，产品的买主群已经扩大。此时消费者会接受参差不齐的质量，对于质量的要求不高。各厂家的产品在技术和性能方面有较大差异。广告费用较大，但是每 1 元销售的广告费用下降。生产能力不足，需要向大批量生产转移，并建立大宗分销渠道。由于市场扩大，竞争者涌入，开始争夺人才和资源，会出现兼并等意外事件，市场动荡。由于需求大于供应，此时产品价格最高，单位产品净利也最高。

企业的战略目标是争取最大市场份额，并坚持到成熟期的到来。如果携带较小的市场份额进入成熟期，则在开拓市场方面的投资就很难补偿。成长期主要的战略路径是市场营销，此时是改变价格形象和质量形象的好时机。

成长期的经营风险有所下降，主要是产品本身的不确定性减少。但是，经营风险仍然维持在较高水平，原因是竞争激烈了，市场的不确定性增加。这些风险主要与产品的市场份额以及该份额能否保持到成熟期有关。

（三）成熟期

成熟期开始的标志是竞争者之间出现挑衅性的价格竞争。成熟期虽然市场巨大，但是已经基本饱和。新的客户减少，主要靠老客户的重复购买支撑。产品逐步标准化，差异不明显，技术和质量改进缓慢，生产稳定，局部生产能力过剩。产品价格开始下降，毛利率和净利率都下降，利润空间适中。

由于整个产业销售额达到前所未有的规模，并且比较稳定，任何竞争者想要扩大市场份额都会遇到对手的顽强抵抗，并且引发价格竞争。既然扩大市场份额已经变得很困难，企业战略的重点应该转向巩固市场份额，提高投资报酬率，主要的战略途径是提高效率，降低成本。

成熟期的经营风险进一步降低，达到中等水平。因为创业期和成长期的高风险因素已经消失，销售额和市场份额、盈利水平都比较稳定，现金流量变得比较容易预测。经营风险主要是稳定的销售额可以持续多长时间，以及总盈利水平的高低。企业和股东希望长期停留在能产生大量现金流入的成熟期，但是价格战随时会出现，衰退期迟早会到来。

（四）衰退期

衰退期产品的客户大多很精明，对性能价格要求比较高。各企业的产品差别小，因此价格差异也会缩小。为降低成本，产品质量可能出现问题。产能严重过剩，只有大批量生产并有自己的销售渠道的企业才具有竞争力。有些竞争者开始退出市场。产品的价格、毛利都很低，并且会下降。只有到后期多数企业退出，价格才有望上涨。

衰退期的企业经营战略目标首先是防御，获取最后的现金流。战略途径是控制成本，以求能维持正的现金流量。如果缺乏成本控制的优势，就应采取退却战略，尽早退出。

进入衰退期后，经营风险会进一步降低，主要悬念是什么时间产品完全退出市场。产品生命周期各个阶段的主要环境特点、经营战略和经营风险如表3－2所示。

表3－2 产品生命周期各阶段的特点

生命周期阶段	引入期	成长期	成熟期	衰退期
销售额	小，增长慢	较大，增长快	大，增长慢	小，下降
买方	高收入，追求时尚	可以接受参差不齐的质量	巨大市场，饱和，重复购买	精明，挑剔
产品	设计新颖，经常变化，质量一般	差异大，质量不断改进	质量好，差异缩小	差异小，质量可能出问题
竞争者	少	竞争者涌入	价格竞争	部分竞争者退出
战略重点	扩大市场份额，研发和技术是关键	扩大市场份额，市场营销是关键	巩固市场份额，降低成本是关键	控制成本或退出
投资需求	很大	较大	较小	不投资或收回
净现金流量	负数	小	很大的正数	正数，下降
盈利性	高价格，高毛利，低净利	高净利	价格下降，净利适中	低价格，低毛利，低净利
经营风险	很大	较大	较小	小

四、基于财务风险和经营风险搭配的分析方法

经营风险的大小是由特定的经营战略决定的，财务风险的大小是由资本结构决定的，它们共同决定了企业的总风险。经营风险与财务风险的结合方式有以下四种类型：

（一）高经营风险与高财务风险搭配

这种搭配具有很高的风险性。例如，一个初创期的高科技公司，假设能够通过借款取得大部分资金，其破产的概率很大，而成功的可能性很小。

这种搭配符合风险投资者的要求，他们只需要投入很小的权益资本，就可以开始冒险活动。如果碰巧成功，投资者可以获得极高的收益；如果失败了，他们只损失很小的权益资本。由于风险投资者已经考虑了失败的概率，通过一系列风险投资的组合分散了自己的风险，他们可以承受大部分投资项目失败的后果。

但是，这种搭配明显不符合债权人的要求，损害了债权人的利益，因此往往由于无法找到债权人而无法实现。

（二）高经营风险与低财务风险搭配

这种搭配具有中等程度的总体风险。例如，一个初创期的高科技公司，主要使用权益筹资，较少使用或不使用负债筹资。

这种资本结构对于权益投资人具有较高的风险，也会有较高的预期报酬，符合他们的需求。权益资本主要由专门从事高风险投资的专业投资机构提供。他们运用投资组合在总体上获得很高回报，不计较个别项目的完全失败。

这种资本结构对于债权人来说风险很小。不超过清算资产价值的债券，债权人通常是可以接受的。因此，高经营风险与低财务风险搭配是一种可以同时符合股东和债权人期望的现实搭配。

值得注意的是，权益筹资对于投资人来说风险大，而对于企业来说风险小。企业没有必须偿还权益投资的法定义务；企业可以给股东分红也可以不分红，有很大弹性；分红多少可以视企业现金流量的情况而定，是一种酌量性成本。债务筹资对于债权人来说风险小，而对于企业而言风险大。企业必须按合同的约定偿还债务本金，没有弹性；企业必须支付固定的利息，不能根据经营好坏而改变，是一种固定成本。因此，经营风险高的企业，现金流量不稳定，企业经理人员愿意使用权益资本，因其具有报酬弹性，股利支付可以根据经营状况酌情改变。

（三）低经营风险与高财务风险搭配

这种搭配具有中等的总体风险。例如，一个成熟的公用企业，大量使用借款筹资等。这种资本结构对于权益投资人来说经营风险低，投资资本回报率也低。如果不提高财务风险，则权益报酬率也会较低。他们希望“利用别人的钱来赚钱”，愿意提高负债权益比例，因此可以接受这种风险搭配。

对于债权人来说，经营风险低的公司有稳定的现金流入，可以为偿债提供保障，可以为其提供较多的贷款。因此，低经营风险与高财务风险搭配也是一种同时符合股东和债权人期望的现实搭配。

（四）低经营风险与低财务风险搭配

这种搭配具有很低的总体风险。例如，一家成熟的公用企业，只是借入很少的债务资本。对于债权人来说，这是一种理想的资本结构，可以为他放心提供贷款。公司有稳定现金流，并且债务不多，偿还债务有较好的保障。

权益投资人很难认同这种搭配，因为其投资资本报酬率和财务杠杆都比较低，自然权益报酬率也不会高。更大的问题是，这种资本结构的企业是理想的收购目标，绝大部分收购都以这种企业为对象。收购者购入企业之后，不必改变其经营战略，只要改变财务战略，就可以增加企业价值。因此，只有不明智的管理者才会采用这种搭配。

因此，低经营风险与低财务风险搭配，不符合权益投资人的期望，不是一种现实的搭配。

综上所述，经营风险与财务风险的反向搭配是制定资本结构的一项战略性原则。产品或企业的不同发展有不同的经营风险，企业应当采用不同的经营战略。

五、不同发展阶段的财务战略

（一）初创期的财务战略

1. 资本结构

由于初创期的经营风险很高，因此应当选择低财务风险战略，尽量使用权益筹资，避免使用负债。初创期企业存在很大的违约风险，债权人会要求更高的利息率；初创期企业大多亏损，不能从负债筹资中获得节税的好处。因此，使用负债也未必能降低资本成本。

2. 筹资来源

大众投资者不是初创期企业筹集权益资本的主要目标。在筹集权益资本时，应寻找从事高风险投资、高回报的投资人。这些人被称为风险投资者。他们知道投资可能完全失败并为此准备了投资组合。他们的投资期限一般为 3～5 年。

3. 股利分配政策

支付股利的基本条件是必须有可供分配的利润和现金。初创期企业大多亏损，没有可供分配的利润，支付股利会遇到法律障碍。由于净现金流量是负值，缺少支付股利的现金，因此，初创期企业的股利支付率大多为零，股东寄希望于未来的资本利得。风险投资者要求的高回报全部有资本利得支持，需要良好的成长预期。初创期企业必须保持非常高的成长预期，显示出转化为成长期的较大可能性，才能够支撑股价。一旦这种可能性消失，企业就会失去存在的基础。因此，初创期企业必须投资于具有潜在市场、高成长性的产品。

(二)成长期的财务战略

1. 资本结构

由于此时的经营风险有所下降，但是仍然维持较高的水平，不宜大量增加负债比例，因此应尽量避免负债筹资，而应更多地进行权益筹资。

2. 筹资来源

在成长阶段，风险投资者很可能希望退出，去寻找其他处于创业期的企业。由于风险投资者的退出，需要寻找新的权益投资人。一种办法是通过私募解决，寻找新的投资主体，他们不仅准备收购股份，而且准备为高成长阶段提供充足的资金。另一种办法是公开募集权益资金，这要受到诸多的法律限制。还有一种更具有吸引力的做法，就是让股票公开上市(IPO)。

3. 股利分配政策

进入成长期之后，企业开始有了不多的盈利，具备了支付少量股利的一个条件。为了支持高速增长，需要扩大投资，大部分利润应当再投资，通常没有多余的现金，因此，成长期企业大多数采用低股利政策。

成长期支持股东回报的主要因素是预期资本利得，需要较高的预期增长率，因此仍然需要较大的投资。

(三)成熟期的财务战略

1. 资本结构

由于经营风险降低，应当扩大负债筹资的比例。企业具有较高的盈利水平，利用债务可以获得节税的好处。经营资产处于价值最高的时期，减少了财务危机成本，债务的利息率相对较低。成熟期企业有财务能力进行债务筹资，但是此时有很多的经营现金流入，而再投资需求在减少，往往留存收益已经能够满足再投资的需要。一个可行的办法是借债并回购股票，可以快速调整资本结构。

2. 筹资来源

在成熟阶段，企业权益投资人主要是大众投资者，尤其是对股利更感兴趣的投资者。有些企业不是在成长阶段上市，而是在成熟阶段的初期上市。这两种上市的目的不同。成长阶段上市的目的是筹集资金，用于支持高增长。成熟阶段企业不需要那么多资金，上市的目的是让现有股东快速收回资金，而不必年复一年地等待分红。成长阶段企业的股东对于高成长的资本利得更感兴趣，他们可以利用上市的机会把股份转让给对股利感兴趣的投资人。

3. 股利分配政策

企业的多余现金应当还给股东。一种方式是提高股利支付率，另一种方式是用多余的现金回购股票。从理论上说，回购股票比支付现金更有效率，在税务上也会有所区别。

由于提高了股利支付率，股东对未来成长的预期会下降。如果股利支付率达到100%，则向股东表明企业未来不再成长，已经进入稳定状态。

(四)衰退期的财务战略

1. 资本结构

衰退期企业应当设法进一步提高负债融资的比例，以获得节税的好处。

2. 筹资来源

利用企业现有资产借钱，设法借入与公司资产最终变现价值相等的钱。这样股东可以提前收到最后的资本份额，极大地降低未来财务危机成本。由于负债成本总是低于权益成本，并且具有节税的好处，因此可以增加企业价值。

3.股利分配政策

经营中获得的多余现金，全部用来分配股利。衰退期的再投资回报率低于投资者的要求，必然引起高股利分配，支付比例甚至超过100%。超过盈利的股利，实际上是资本的返还。

在生命周期的衰退期，适当的财务战略同样可以为股东创造价值，也存在某些可以避免延缓清算的选择。例如，以较低的价格收购其他衰退期的企业，迅速获得市场的控制权，使产品变为市场份额最大的"金牛产品"，可以获得比重组前更高的报酬率。

基于发展阶段的财务战略分析方法，提供了不同发展阶段的基本财务战略，尤其是其经营风险和财务风险的搭配原理以及各项财务政策的逻辑一致性，为财务战略的选择提供了指导。但是，它也有明显的局限性：(1)把影响产品竞争战略的因素简化为市场增长率和市场占用率两个因素，显得过于简单，致使战略选择的多样性不够。(2)难以判断产品所处的发展阶段。不同产品的生命周期有很大的差别，人们并不清楚它处于哪一个阶段。生命周期并非一成不变，一旦对所处阶段的判断失误，整个战略就会出现方向性的错误。(3)实际增长有时与理论上的增长曲线不一致。有时产品会跳过成熟阶段直接走向衰退，有时在一段衰退之后又重新上升。公司通过产品创新和产品重新定位，可以影响增长曲线的形状。

为了解决基于发展阶段的财务战略分析模型存在的问题，出现了基于创造价值/增长率的财务战略分析模型。

六、基于创造价值/增长率的财务战略选择

(一)增长率、筹资需求与创造价值

1.销售增长率与现金余缺之间的关系

根据可持续增长率的概念，在资产周转率、销售净利率、资本结构、股利支付率不变且不增发和回购股份的情况下，销售增长率与现金余缺之间的关系如下：

(1)销售增长率超过可持续增长率时，企业会出现现金短缺。这种增长状态定义为高速增长。这里的现金短缺是指在当前的经营效率和财务政策下产生的现金流量，不足以支持销售增长，需要通过提高经营效率、改变财务政策或增发股份来平衡现金流动。

(2)销售增长率低于可持续增长率时，企业会出现现金剩余。这种增长状态定义为缓慢增长。这里的现金剩余是指在当前的经营效率和财务政策下产生的现金流量，超过了支持销售增长的需要，剩余的现金需要投资于可以创造价值的项目，或者还给股东。

(3)销售增长率等于可持续增长率时，企业现金平衡。这种增长状态定义为均衡增长。这里的现金平衡是指当前的经营效率和财务政策下产生的现金流量，与销售增长的需要可以平衡。这是一种理论上的状态，现实中的不平衡是绝对的。

2.基于价值创造的现金余缺管理

从财务的战略目标考虑，必须区分两种现金短缺：一种是创造价值的现金短缺，另一种是减损价值的现金短缺。对于前者，应当设法筹资以支持高增长，创造更多的市场增加值；对于后者，应当提高可持续增长率，以减少价值损失。

同样的道理，现金剩余也有两种：一种是创造价值的现金剩余，企业应当用这些现金提高股东价值增长率，创造更多的价值；另一种是减损价值的现金剩余，企业应当把钱还给股东，避

免更多的价值减损。

(二)创造价值/增长率矩阵

这种矩阵也称为财务战略矩阵,它是一种评价和制定战略的分析工具,把创造价值和现金余缺联系起来。

财务战略矩阵假设一个公司有一个或多个业务单位。纵坐标是一个业务单位的投资资本回报率与其资本成本的差额。当回报率差为正数时,该业务单位为股东创造价值;当回报率差为负数时,该业务单位减损股东价值。横坐标是销售增长率与可持续增长率的差额。当增长率差为正数时,企业现金短缺;当增长率差为负数时,企业有剩余现金。

据此建立的矩阵有四个象限:处于第一象限的业务,属于增值性现金短缺业务;处于第二象限的业务,属于增值性现金剩余业务;处于第三象限的业务,属于减损性现金剩余业务;处于第四象限的业务,属于减损型现金短缺业务。

处于不同象限的业务单位,应当选择不同的财务战略。

1. 增值型现金短缺

处于第一象限的业务可以为股东创造价值,但是自身经营产生的现金不足以支持销售增长,会遇到现金短缺问题。

首先,应判明这种高速增长是暂时性的还是长期性的。高速增长是供不应求的反映,会引来众多竞争者,通常是不可持续的,增长率迟早要降下来。如果高速增长是暂时的,企业应通过借款来筹集所需资金,等到销售增长率下降后,企业会有多余现金归还借款。如果预计这种情况会持续较长时间,不能用短期周转借款来解决,则企业必须采取战略性措施解决资金短缺问题。长期性高速增长的资金问题有两种解决途径:一是提高可持续增长率,使之向销售增长率靠拢;二是增加权益资本,提供增长所需的资金。

(1)提高可持续增长率。提高可持续增长率的方法包括提高经营效率和改变财务政策两种:

第一,提高经营效率。这是应对现金短缺的首先战略,它不但可以增加现金流入,还可以减少增长所需的资金数额。但是,通常企业改善经营效率的努力从未停止过,绝大多数企业的经营业绩已经达到现有经营条件的极限,一般的降低成本或加快资金周转的措施很难解决面临的问题。需要改变经营战略,寻求突破性的改善。具体包括:①提高销售利润率。一是降低成本,进行作业分析,重构作业链,消除无增值作业。二是提高价格,改变价格形象,在维持利润的同时抑制销售增长,减少资金需要。②提高资产周转率。一是降低营运资金,重构价值链,减少资金占有;二是剥离部分资产,将资产利润率较低的资产剥离出去,用节省下来的资金支持核心业务增长;三是改变供货渠道。增加外购以减少自制,减少资产占有,提高资产周转率。

第二,改变财务政策。包括停止支付股利,增加借款的比例等。

(2)如果可持续增长率的提高仍不能解决资金短缺问题,就需要设法增加权益资本。不能因为资金短缺就降低增长率,那将不利于创造价值。增加权益资本的方法包括增发股份和兼并成熟企业两种:

第一,增发股份。在增发股份的同时按照目标资本结构增加借款,以维持目标资本结构。增发股份的必要前提是所筹集资金要有更高的回报率,否则不能增加股东财富。缺点是分散了控制权,而且会稀释每股收益。

第二,兼并成熟企业。兼并“金牛企业”,即增长缓慢、有多余现金的企业。

2. 增值型现金剩余

处于第三象限的业务可以为股东创造价值，但是增长缓慢，自身经营产生的现金超过销售增长的需要，出现现金剩余。因此，关键的问题是能否利用剩余的现金加速增长，使增长率接近可持续增长率。

(1)利用剩余现金加速增长。加速增长的路径包括：①内部投资。扩大产销规模，增加生产线，增加分销渠道等。②收购相关业务。收购与该项业务相关的业务，迅速扩大规模。不过，经过几次盲目乐观的收购之后，逐渐积累的证据表明，收购的增长并没有给股东带来多少好处。收购支付的大笔溢价，使买主得到的只是中等或较差的投资。

(2)如果加速增长后仍有现金剩余，找不到进一步投资的机会，则应当把多余的钱还给股东。分配剩余现金的途径包括：①增加现金股利支付，陆续把现金还给股东。②回购股份，快速把现金还给股东。

3. 减损型现金剩余

处于第三象限的业务减损了企业价值，但是企业现金有剩余。减损型现金剩余表明资源尚未得到充分利用，存在被收购的风险。减损型现金剩余的主要问题是盈利能力差，而不是增长率低，简单的加速增长很可能有害而无益。

首先应分析盈利能力差的原因，寻找提高投资资本回报率或降低资本成本的途径，使投资资本回报率超过资本成本。这是一个艰巨的过程，经常要增加开发费用，进行矛盾重重的组织结构变动等。提高投资资本回报率的常见途径有：①提高税后经营利润率，包括扩大规模、提高价格、控制成本等。②提高经营资产周转率，降低应收账款和存货等资金占用等。

在提高投资资本回报率的同时，审查目前的资本结构政策，如果负债比例不当，可以适当调整，以降低平均资金成本。

如果企业不能提高投资资本回报率或者降低资本成本，无法扭转价值减损的状态，不如把它出售给能够管理得更好的人。

4. 减损型现金短缺

处于第四象限的业务会减损股东财富，并且遇到现金短缺问题。这种业务不能通过扩大销售解决问题。由于股东财富和现金都在被蚕食，所以需要快速解决问题。

(1)彻底重组。如果盈利能力低是本公司独有的问题，应仔细分析经营业绩，寻找价值减损和不能充分增长的内部原因，对业务进行彻底重组。这样做的风险是：如果重组失败，股东将蒙受更大损失。

(2)出售。如果盈利能力低是由整个行业的衰退引起的，企业无法对抗衰退市场的自然结局，应尽快出售以减少损失。即使是企业固有的问题，由于缺乏核心竞争力，无法扭转价值减损的局面，也需要选择出售。在一个衰退行业中挽救一个没有竞争力的业务，成功的概率不大，往往会成为资金的陷阱。

主要概念

Financial Strategy：The process of planning and control on the financial activities that have long-term influence on the enterprise development，so as to achieve the strategic goals of the company，to improve the efficiency of financial activities，to strengthen the control on financial risk，based on analysis of the effect of internal and external environmental factors of financial activities.

思考与练习

1. 财务战略的概念和特征是什么？
2. 财务战略管理一般需要经历几个环节？举例说明。
3. 财务战略决策有哪几种方法？相互之间有何联系？
4. 企业制定财务战略需要考虑哪些因素？为什么？

案例阅读

案例阅读 1——开元旅业的财务战略管理过程

开元旅业是一个业务涉及酒店、房产和工业等多个领域，拥有 30 余家下属企业的全国性大型企业集团。2005 年开元旅业集团开始着手制定集团财务战略。开元旅业制定财务战略的一般程序如下：

第一，识别和分析集团现行的总体战略。识别和分析集团现行的战略是制定财务战略的前提。在集团运营过程中，随着外部环境的变化和集团自身的发展，集团的战略也会作相应的调整和转换。只有充分了解集团的总体发展战略，深刻理解集团总体战略中对产业发展的分析，才能制定出切实可行的财务战略，从而保证财务战略与集团总体战略保持高度一致，最终成为集团战略的重要组成部分。

第二，分析集团内、外部环境，了解所属产业及各企业具体情况。调查、分析和预测集团的内、外部环境是集团财务战略制定的条件。通过环境分析，认清集团所面临的主要机会和威胁，了解和预测产业经营环境和发展趋势，判断出财务战略中的各项预测是否与总体环境保持一致，制定的财务战略才具有可执行性，既符合集团发展的要求，也符合产业本身的发展规律。

第三，建立集团、产业、子公司数据库，做好行业数据汇总和分析工作，建立信息模型平台。制定集团财务战略需要收集大量业务和财务数据，需要对各产业和子公司历年的经营情况进行分析，利用信息平台工具，对大量的数据进行分析和模拟，找出其固有的发展规律，才能有效建立起财务战略中的各项预测模型，包括经营预测、财务预测和风险预测，这是集团财务战略制定的关键和基础。

第四，准备财务战略方案。根据集团的发展要求和总体经营目标，依据集团所面临的各种风险和机会，分别模拟出各项预测，列出所有可能达到经营目标的财务战略方案，最后形成集团财务战略报告。

第五，评价和比较财务战略方案。集团根据股东、决策层以及其他利益相关团体的价值观和期望目标，确定财务战略方案的评价标准，并依照标准对各项备选方案加以评价和比较。

第六，确定战略方案。在评价和比较的基础上，选择一个最满意的财务战略作为正式的战略方案。为了增强集团战略的适应性，往往选择一个或多个方案作为后备的战略方案，方案最终需要经过董事会批准并下发执行。

集团的财务战略模型出来之后，如何更好地将战略构想和计划转变为行动并且确保战略的顺利进行？该公司财务总监强调，在转化的过程中，要注意三个相互联系的重要阶段：一是战略执行化。集团应将财务战略与年度预算、年度工作分解和年度各层面的绩效考核有机结合在一起，财务战略才能最大限度地变成可以操作的业务。二是战略制度化。集团通过组织结构、资源配置等方式，使财务战略真正进入到集团的日常经营活动中，并逐步制度化和规范化。三是战略评估与控制。战略是在变化的环境中实施的。集团只有加强对执行过程的评价和控制，才能适应环境的变化，完成战略任务。因此要建立起控制系统、监控效益和评估偏差、协调与反馈三个方面的内容，并与集团、产业和子公司绩效考核关键指标（KPI）建立必要关联。

资料来源：崔伟. 运用财务战略　助推企业腾飞——访开元旅业集团副总裁褚国飞[J]. 中国总会计师，2007(6).

【思考与讨论】

1. 你如何评价开元旅业的财务战略管理过程？

2. 结合案例资料，谈一谈企业财务战略管理的依据有哪些？

案例阅读2——浙江传化集团的财务战略管理创新

浙江传化集团(以下简称传化)是知名的多元化现代民营企业集团，致力于化工、物流、农业、科技城和投资五大领域事业。

一、传化财务战略管理的环境分析导向

2006年年初，集团财务部对内部、外部环境做了冷静的剖析和论证，重点是分析在当时外部宏观形势背景下企业自身的优势与不足、制约企业发展的主要因素和可能存在的财务风险，在此基础上提出财务战略管理规划。

(一)传化环境分析

通过对集团资本积累、现金流量、投资结构等指标的分析，集团财务部认为集团主要面临着两点问题：第一，虽然集团拥有了大量的土地、品牌、股权、技术、市场网络等潜在资源，但由于没有通过交易行为，无法在财务账面得到价值体现。资本积累和现金流入问题，导致企业对外投资能力不足，成为影响集团持续发展的主要障碍。第二，企业财务管理缺乏与集团总体战略、项目投资方向及其资本筹划之间的有效联动，影响效率，因此，集团必须运用市场化、资本化、流动化等手段，对企业资源进行统一的财务战略谋划和策略运筹，确保资源效益，并逐步转向外延式发展。

(二)基于环境分析的财务战略规划

在分析企业集团自身的优势和劣势的基础上，集团财务部提出了“扭转劣势，发挥优势”的一系列财务战略规划。

(1)实施资源资本化工程。合理利用集团已有的资源，通过合理合法的途径和方法使其转化为资本，并使资本迅速得到增值，同时改善集团的现金流。

(2)调整财务结构。传化对财务结构优化的思路是：投资结构调整主要是合理地确定实业性投资与财务性投资的比重，加大对商业模式好、增值潜力大、预期回报高的财务性投资的比重，加快资本积累的速度。

(3)参与金融领域，进行适度的资本运营。集团的财务性投资应遵循风险低、回报高以及回收期短的要求，适时、积极参与金融市场。此外，企业集团还可以通过适度的资本运作，对产业上下游进行收购兼并等。

二、投资战略管理创新

传化以社会责任投资理念为特色的新产业选择，以高度前瞻性为特色的产业布局，以研究型投资为特色的投资节奏控制，以及以制度和信息保障为特色的投资风险控制共同构建了传化投资战略管理创新体系。

(一)传化的产业选择与产业布局理念创新

传化强调战略规划的指导作用，提出了“提前十年想，提前五年干”的理念。“提前十年想”，需要的是商业智慧和对宏观经济未来发展的良好判断，需要对行业进行深入的研究。无论你的公司经营什么，都必须了解行业及其竞争状况。“提前五年干”，要求企业在行业初步研究基础上，在行业处于起步阶段就介入该行业，争取行业的先发优势，在逐步加大投资的基础上，总结经验，形成相对固定的盈利模式，并逐渐成为行业的标准制定者。

(二)传化的资源资本化创新

传化的资源资本化要求企业经营理念从“实物”转向“价值”，将所有利用和支配的资产、资源等生产要素都当作经营资本，用最少的要素投入获得最大的收益。

1. 有形资源资本化

传化财务部门2007年提出了股权转投方案。在实施这一工作之前，集团公司拥有传化的股权相对较低，而三个自然人则拥有51%的控股地位，并同时拥有集团公司10%的控股权。传化实施了股权转投工作，将三个自然人在股份公司的19.92%的股权经依法评估后对集团公司进行增值，然后再增加集团公司对传化的持股比率，使之拥有第一大股东的地位。

2. 品牌资源资本化

传化物流具有较为先进的经营模式和巨大的品牌价值。传化将其品牌资源资本化，即在对外复制过程中，通常会寻求当地的企业参与物流园区的假设，并将其转化物流的品牌价值、管理模式以及核心的软件管理系统量化，在此基础上，向合作方收取一定的加盟费。

3. 客户资源资本化

基于对竞争环境的充分认识，以及自身行业的特点，传化在某些子行业逐步与客户结成利益链，将客户作为传化的资本来经营，以维护企业的竞争优势。

（三）投资风险控制创新

传化制定了详细规范的治理细则，在集团和产业分别设立了股东会、董事会、监事会、战略投资委员会、预算委员会和审计委员会，在各企业也建立了相应的股东会、董事会、监事会和经营管理委员会，明确了决策、执行、监督等方面的职责权限，设置了规范有效的议事规则和实施细则，制定了股东、董事、监事、总裁、财务负责人等的职责权限、绩效评价和激励激励约束机制，形成了科学有效的职责分工和制衡机制。

传化对外投资坚持把好"九道关口"、切实防范风险的原则，即准确把握宏观环境和国家政策、注意听取专业机构的意见、充分借鉴集团内部的经验教训、战略管理部门进行战略评估、法律部门进行法律风险评估、财务部门进行财务分析、人事部门进行人力资源评估、集团董事会集体决策、审计部门对投资过程和结果进行审计。

传化充分利用信息系统强化对投资风险的监控。为避免投资规模过大给企业集团带来严重损失的风险，传化注重在项目投资时把握投资节奏，创造了一种研究性投资新理念。即通过少量投资实现对拟投资行业的深入了解，待成熟后再加大对该行业的投资，如传化的物流产业。对于研究性投资，传化保持一定的行业选择性，关注"低碳"经济、生产性服务业以及部分第三产业，坚持社会有需求的、政府支持的、企业有能力做的基本原则。

三、融资战略管理创新

在有效控制风险的前提下，传化实现了多渠道、高效率、低成本获取资金和资本的目标。总结传化在融资战略管理的创新，主要有以下几点：

（一）融资战略管理的创新理念

集团财务部在"企业管理以财务管理为中心"的理念基础上，进一步提出了"财务管理以资金管理为重点"的新理念，树立了融资战略管理在财务战略管理中的中心地位，并得到了广泛认同；同时集团财务内部还提出了"以融资多元化应对筹资多元化"的理念，为融资战略管理提供了方向性、原则性的指导。

（二）以"融资多元化"和"产业融资平台"为核心的融资战略规划

集团的融资战略设计首先表现在融资多元化，在融资规划中应用了多样化的融资手段：增发融资、配股融资、信托融资、票据融资、项目融资等，应用了多种金融工具：股票、债券、短期融资券、银行承兑汇票、集合债等；其次，集团的融资战略还创新性地根据集团产业布局设计了四个产业融资平台，以产业替代集团或每个公司作为融资平台是其创新之处。

（三）构建融资风险控制体系

从体制保障、融资总量与结构控制以及融资渠道多元化等多个方面控制了融资风险，使企业集团的资金链具有很强的抗打击能力。

资料来源：裘益政，杨柏璋．民营企业集团财务管理创新：以传化集团为例[D]．2010年度中国总会计师优秀论文选，2011.

【思考与讨论】

1. 浙江传化集团是如何实现其财务战略管理创新的？

2. 财务战略管理创新对企业而言有什么重要意义？

第四章　财务管理流程再造

要点提示

- 企业流程再造的基本思想及其理论依据。
- 企业资源计划的内涵及其对财务管理的影响。
- 财务管理流程再造的目标及策略。

第一节　流程再造理论概述

一、企业流程再造的基本思想

（一）流程再造理论的诞生背景

19 世纪的工业革命以来，企业的管理方式一直遵循着亚当·斯密（Adam Smith）的劳动分工理论和泰罗（Taylor）的科学管理理论，强调劳动分工和专业化，并形成金字塔状的层级组织结构。在商品供不应求时期，它适应了经济增长发展的需要，取得了巨大成功。但随着信息时代的到来，企业外部环境发生了根本性变化，企业正处于以顾客（Customer）、竞争（Competition）和变化（Change）为主要特征的新格局中，市场由卖方市场向买方市场转移，技术更新速度加快，产品生命周期缩短。这些变化使得传统的管理模式已不能适应发展的需要。在这种背景下，迈克尔·哈默（Michael Hammer）和詹姆斯·钱皮（James Champy）提出了企业流程再造（Business Process Reengineering，BPR）理论。近十几年来，BPR 理论已被业界普遍接受，对企业的管理方式产生了广泛而深刻的影响。

（二）流程再造的概念

根据迈克尔·哈默和詹姆斯·钱皮在《企业再造》（*Reengineering the Corporation*）一书中的观点，企业流程再造是指对企业的业务流程做根本性的思考和彻底重建，其目的是在成本、质量、服务和速度等方面取得显著的改善，使企业能最大限度地适应以“顾客、竞争、变化”（3C）为特征的现代企业经营环境。在这个定义中，包含四个核心领域：显著性（Dramatic）、根本性（Radical）、流程（Process）和重新设计（Redesign）。值得强调指出的是，BPR 追求的是一种彻底的重构，而不是追加式的改进。

二、流程再造的理论基础

（一）流程管理思想

1. 泰罗制中的“流程”思想

最古老的流程思想可追溯到 19 世纪末、20 世纪初泰罗的科学管理理论。他首先倡导对工作流程进行系统的分析，这种思想成为工业工程的主要思想。泰罗的科学管理理论的主要内容包括：管理的根本目的在于提高效率，制定工作定额，选择最好的工人，实施标准化管理等。其最大的特点是从每一个工人抓起，从每一件工具、每一道工序抓起，在科学实验的基础上，设计出最佳的工位设置、最合理的劳动定额、标准化的操作方法、最适合的劳动工具。

2. 质量管理运动中的"流程控制"

对流程的改善和思考起源于质量管理运动。20 世纪 40 年代贝尔实验室的质量学家们提出"质量控制"的概念，由此要求企业对产品的制造流程进行严格的控制和分析。随后，20 世纪 70 年代以日本为先导的全面质量管理（TQM）理论进一步提出"流程持续改进"的概念，要求企业将工作重点放在流程的某一职能范围内，采取对现有流程最少变动的方式来谋求流程连续的、渐进的改善。

3. 与价值链管理融为一体的"跨职能流程管理"

20 世纪 80 年代末期，随着"价值链"概念的诞生，"为制造而设计"、"并行工程"等先进思想也相继产生，人们在施行价值链管理的过程中，逐渐将关注的焦点由某一职能范围内的流程（如制造流程）扩大到跨职能的流程，要求企业以信息技术和组织调整为整个流程变化的推动器，追求流程业绩的巨大改善，这种思想与 BPR 的本质特征是一致的。

（二）组织管理思想

根据西方现代组织理论，组织管理可以划分为组织结构管理与组织行为管理两个方面。

1. 组织结构管理

组织结构反映企业在一定的经营目标下，人与人之间合理分工与协作的工作关系。就组织结构而言，BPR 的组织思想集中体现在结构设计、工作设计、业绩评价中，如结构设计中组成工作团队或流程小组，在工作设计方面提倡工作内容丰富化，希望员工从"专才"向"通才"转化，在业绩评价方面提倡按工作结果来定薪、按能力晋升。

2. 组织行为管理

组织行为是指组织的个体、群体或组织本身从组织的角度出发，对内源性或外源性的刺激所作出的反应。它是一种重要的组织现象。组织行为管理则是以人在组织中的行为、生产效率、行为规则、组织的合理设计为研究中心，以建立良好的人际关系、提高士气为目标，研究人们在企业中的相互关系，以及如何激励、沟通和领导等问题。BPR 继承了组织行为管理的优秀成果，并把这些思想与流程管理结合起来。

（三）信息技术对组织的影响

信息技术的发展为流程的变化提供了有力的手段和工具。同时，先进信息技术的引入，需要组织管理上的变化才能真正发挥效益。先进的信息技术对组织的影响，如减少组织层级、降低管理成本，正是经济学和行为科学的研究成果，是 BPR 形成与发展的理论基础。信息技术对组织的影响主要表现在以下三个方面：

1. 企业组织结构向扁平化方向发展

信息与决策支持功能的开发与利用，促成了企业组织的重新设计、企业工作的重新分工和企业职权的重新划分，从而进一步提高了企业管理水平。传统的企业组织结构正在向扁平式结构的非集中管理转变。其特点包括：通信系统的完善使上下级指令传输系统上的中间管理层显得不再那么重要，部门分工出现非专业化分工的趋向，企业各部门的功能互相融合、交叉；计算机的广泛应用使得企业上下级之间、各部门之间及其与外界环境之间的信息交流变得十分便捷，可以随时根据环境的变化作出统一的、迅速的整体行动和应变策略。

2. 企业组织结构的灵活性与有效性提高

组织中各项活动表现为物流、资金流、事务流和信息流的流动。信息流伴随着以上各种流的流动而流动，它既是其他各种流的表现和描述，又是用于掌握、指挥和控制其他流运行的软资源。现代社会的一大特点是分工越来越细，对各种问题的影响因素越来越错综复杂，对情况的反应和作出决定越来越要求迅速及时，管理效能和生产、经营效能越来越取决于信息系统的完善程度，因此，对信息的需求不仅在数量上大幅度增加，而且在质量方面也要求其正确性、精确性和时效性等不断提高。而基于信息网络的信息交流与共享满足了这种需求，并且使得企业能够更加灵活地适应市场变化，组织各部门沟通时更加快捷和便利，组织决策更加高效、智能和科学，从而提高了企业组织结构的灵活性与有效性。

3. 企业过程重组及组织结构优化的成功率提高

信息技术的发展为业务的运营提供了更有效的交流手段、数据存取，以及组织内、外部的信息共享。而且，信息技术的使用确实可以为流程的变革提供新的解决方案，许多组织已经利用信息技术成功地对流程进行了改造。因此，信息系统一直被业界认为是企业的“使能器”(Enabler)。正是信息系统对企业变革的这种“使能器”作用，增加了企业过程重组及组织结构优化的成功率。

三、流程再造的关注点及其核心内容

(一)流程再造的关注点

BPR关注的要点是企业的业务处理流程，一切“重组”工作都是围绕业务流程展开的，而业务流程是指一组共同为顾客创造价值而又相互关联的活动。根据迈克尔・波特(Michael Porter)的理论，企业的业务流程可以被视为一个价值链(Value Chain)，竞争不是发生在企业与企业之间，而是发生在企业各自的价值链之间。只有对价值链的各个环节(业务流程)进行有效管理，企业才有可能真正获得市场上的竞争优势。因此，流程再造思想要求企业流程要面向顾客(包括组织外部的和组织内部的顾客)，要跨越职能部门、分支机构或子单位的既有边界，从而要求企业管理者将视野进一步拓展，要将以职能为核心的传统企业改造成以流程为核心的新型企业。

(二)流程再造的核心内容

1. 流程再造的出发点——顾客需求

流程再造是企业内、外部环境变化所共同作用的结果，但流程再造的直接驱动力是为了更快、更好地满足顾客不断变化的需求。从顾客的需求出发分析流程，站在顾客的立场上思考顾客希望得到什么样的产品和服务，这是流程再造的出发点。

2. 流程再造的对象——业务流程

业务流程不仅是BPR的关注点，也是其再造的对象。业务流程强调的是工作如何进行，而不是工作是什么，这是再造理论的精髓，是打破传统分工理论框架的基础。

3. 流程再造的主要任务——从根本上对业务流程进行重新设计

BPR再造的主要任务是对业务流程的根本性的改造。这种再造不是指表面改造或小修小补现有流程，而是以提高顾客附加价值为主要方向，放弃不适宜的原则和程序，进行彻底的重新设计，建立一个全新的流程及其相应的组织结构和运行机制。

4. 流程再造的目标——绩效的巨大飞跃

BPR所追求的不是渐进提高和边际进步，而是绩效的巨大飞跃。通过流程再造，使管理工作发生质的变化，大大提高工作效率，哈默将其称为“显著性”的提高。

第二节 流程再造与企业资源计划的结合

一、企业资源计划的思想与理论基础

(一)企业资源计划的概念

企业资源计划(Enterprise Resource Planning,ERP)既是一种新型的管理思想和模式,又是一套先进的计算机管理系统,它致力于在企业管理的各个活动环节中,充分利用现代信息技术建立信息网络系统,对企业经营管理活动中的物流、信息流、资金流、工作流加以集成和综合,实现资源的优化配置,加快企业对市场的反应速度,从而提高企业的管理效率和水平,并最终提高企业的经济效益和竞争能力。

(二)ERP 的发展过程

ERP 是由美国加特纳公司(Gartner Group Inc.)于 20 世纪 90 年代初提出的。它是在西方市场经济环境下,通过多年实践产生的科学管理概念、管理思想和管理方法的综合。随着经营环境的变化和技术手段的发展,企业管理思想和软件产品不断演进。ERP 的发展经历了以下三个历程:MRP(20 世纪 60~70 年代)、MRPⅡ(20 世纪 80 年代)、ERP(20 世纪 90 年代)。

1. MRP(Material Require Planning,物料需求计划)阶段

20 世纪 60 年代,制造系统的重心在于库存的控制和管理,大部分处理库存的系统是建立在传统的经济批量观念上的,运用订货点法进行库存管理。1957 年,美国为生产与库存控制工作者建立了美国生产与库存控制协会(APICS),开创了 MRP 的研究领域。1960 年前后,由 MRP 委员会主席约瑟夫·奥列基(Joseph Orlicky)等人运用 MRP 原理,开发了一套以库存控制为核心的软件。到 70 年代,MRP 发展成为一项成熟的企业管理新技术、新方法和新软件。它借助计算机对客户订单、在库物料、产品构成进行管理,实现依据客户订单、产品结构清单来计算物料需求计划,从而实现减少库存、优化库存的管理目标。计算机技术的运用使得计算物料需求量的时间大大缩短,使订货周期由季缩短到月、周甚至更短。从 20 世纪 70 年代起,MRP 被世界公认为物料需求计划管理的好方法。

2. MRPⅡ(Manufacture Resource Planning,制造资源计划)阶段

进入 20 世纪 80 年代后,随着企业管理的进步和 IT 技术的发展,MRP 得到了进一步发展,信息的共享程度提高,系统管理的对象从物料(Materials)扩展到制造资源(Manufacture Resource),生产、采购、销售、财务等结合得更加紧密,形成了一个借助信息流实现物流和资金流的生产管理系统。为便于区别,物料需求计划被称为狭义的 MRP,而制造资源计划则被称为广义的 MRP 或 MRPⅡ。

3. ERP(Enterprise Resource Planning,企业资源计划)阶段

1990 年,美国加特纳公司提出 ERP 的概念,它是在以下管理思想的基础上发展起来的:物流学(Logistics)、价值链理论(Value Chain)、企业流程重组理论(Business Process Reengineering)、敏捷生产(Agile Manufacturing)、准时生产(Just In Time)、精准生产(Lean Production)、全面质量管理(TQM)、约束理论(Theory of Constrain)、管理会计。其管理核心从"在正确的时间,制造和销售客户需求的合适产品"转移到"在最佳的时间和地点,获得资源的最大增值和企业最大效益"。

(三)ERP 的内涵

一般而言,对于管理界、信息界和企业界人士,ERP 分别有其特定的内涵和外延,对其可以分别从管理思想、软件产品和管理系统三个层次给出定义。

1. ERP 是一种管理思想

ERP 是在 20 世纪 90 年代中期由美国著名的计算机技术咨询和评估集团加特纳提出的一整套企业管理系统体系标准,其实质是在 MRPⅡ的基础上进一步发展而成的面向供应链(Supply Chain)的管理思想。

2. ERP 是一种软件产品

ERP 是综合应用了客户机/服务器体系、关系数据库结构、面向对象技术、图形用户界面、第四代语言、网络通信等信息产业成果,以 ERP 管理思想为灵魂的软件产品。它是当今管理软件的代表。

3. ERP 是一种管理系统

ERP 是整合了企业管理理念、业务流程、基础数据、人力、物力、计算机硬件和软件于一体的企业资源管理系统。

在这三个层次中,管理系统是企业最终受益的表现形式,也是管理思想和软件产品所服务的对象。这三个层次概念的关系如图 4—1 所示。

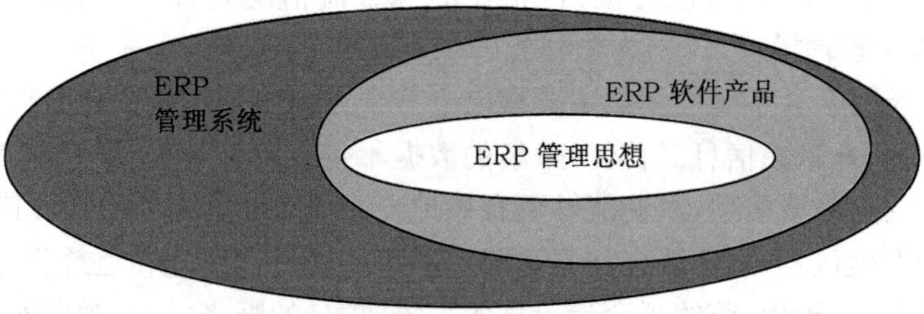

图 4—1　ERP 三层内涵之间的关系

二、ERP 环境下的信息处理

传统的会计工作经历了手工记账和计算机代替手工记账两个阶段,在这两个阶段中,会计部门与其他业务部门相对独立,各部门的信息系统处于割裂状态,会计工作主要是依赖业务部门传递过来的纸质凭证,然后对其进行分类、确认、录入,数据重复录入的工作量大。另一方面,由于手工处理出错的几率大,会计部门设置了比较严格的控制机制,如会计凭证要经过制单和审核才能记账,明细账和总账平行登记并相互核对,记账凭证由两人分别录入系统进行核对无误后才能记账等。这些制度虽然能够确保数据准确,但工作效率非常低。而在 ERP 系统中,财务模块与其他业务模块是基于网络集成的,借助于网络传输的速度和计算机的准确运算,ERP 环境下的信息处理发生了巨大的变化。信息处理主要包括信息收集、信息加工等过程。

(一)信息收集

传统的信息收集实际上是根据会计工作的目的汇集原始会计数据的过程。按数据的来源可分为内部信息收集和外部信息收集。前者是指对企业自身内部的生产、经营管理活动的原始数据的汇集和初步加工,如对材料入库单、工资汇总表等的收集。后者是指对来自企业外部的非自身经济数据的收集，如对市场公允价格、竞争者商品价格、原材料市场价格等的收集。

目前数据收集的方法有两种：业务方法和系统方法。业务方法是指根据某种管理业务的需要收集信息。系统方法是指根据整个系统的目标收集信息。传统会计工作主要采用业务方法，业务方法存在的主要问题是数据多次录入，工作效率低下。而且随着数据的不断加工，其信息含量呈衰减的趋势。

在 ERP 系统中，每一台终端就是一个数据采集点，所有数据只要一次录入就可以共享，在数据录入时，操作人员无需对数据进行加工，只需录入最原始的数据，包括时间(开始时间和结束时间)、货币量、实物量、相关供应商或客户的信息(如名称、地址、开户银行等)、交货地点、涉及的相关人员等。这样做，数据量虽然很大，但可以最大限度地保证数据的原始含义，便于以后多维度地对数据进行分析。同时，ERP 系统中的联机输入系统可以有效地减轻数据录入的工作量。

联机输入系统(Online Input System)是指有关的业务活动的数据被直接输入到计算机系统中，而不再需要或很少需要基于书面文档的键盘输入活动，人工干预明显减少。按是否需要人工干预，无纸化输入分为需要人工干预的无纸化输入和不需要人工干预的无纸化输入。前者是指通过手工录入或扫描条形码的方式将数据录入系统，在正式存储之前需要手工编辑和整理，如材料入库或手工编制会计凭证等情况。后者是指数据直接传入 ERP 系统中，中间不需要手工编辑整理，如 ERP 与银行接口，企业的现金流情况直接从银行的数据库传入企业 ERP 系统中的资金管理模块。

联机输入系统对会计系统的影响主要有以下三个方面：(1)克服了书面数据采集方式的不足，全面、及时、高效地采集信息。首先，采集的数据不仅仅局限于货币化的信息，而且包括非货币信息和未来的交易或事项，从而能够更有效地支持企业经营管理决策；其次，实时地记载了交易或事项的发生过程，而传统会计下需要对原始凭证进行整理和汇总后，交易或事项的信息才能进入会计系统；最后，节约了会计信息的采集成本，如纸张成本、对书面文档的管理成本等。(2)“会计确认”由系统自动完成。传统的会计软件主要解决了从会计凭证到报表的手工核算问题，但还是需要会计人员根据原始凭证编制会计凭证。而在 ERP 环境中，对于无纸化输入的数据，系统可以根据事先定义好的规则，自动生成会计凭证，从而完成“会计确认”的自动化。这个过程主要是通过规范交易的类型，即交易标准化来完成的。在 ERP 的实施过程中，咨询顾问要花 70%以上的时间跟客户沟通 ERP 系统的标准解决议案与实施企业现状之间的差异，找出解决差异的办法，而收集客户交易或事项的类型是其中一项非常重要的工作。(3)无纸化输入可以改善财务决策质量。如 SAP 系统中的资金管理模块，系统可以根据目前的现金存量、预期的现金流入和流出，自动产生投资或筹资的建议。

(二)信息加工

管理活动论认为根据会计信息所作出的管理活动才是会计系统的最终产品，但信息系统论认为会计信息就是会计系统的最终产品，并且是会计系统非常重要的工作成果。在实际工作中，由于企业各利益相关方对会计信息的需求各不相同，传统的会计系统在满足这些不同的信息需求时显得力不从心。

ERP 系统拥有一个大型的中央数据库，所有的应用模块都可以从中提取数据、处理数据和更新数据。内部相关业务人员可以在授权的范围内按照在系统配置时设好的工具随时对数据进行加工，并且每次加工都是基于最原始的基础数据，从而可以保证数据之间的一致性。外部信息使用者可以通过 ERP 系统与企业门户的集成，直接通过网络访问企业的数据库，并按照各自的需要提取信息。会计信息的对外报告由会计人员的主动提供转化为信息使用者的自助式服务。这在一定程度上实现了20世纪90年代末一些会计学者提出的为满足不同的会计信息使用者的需要而建立多元"会计频道"的构想。

三、ERP对财务管理理念的影响

(一)财务管理成为企业管理模型的核心

随着具有网络化、数学化、信息化三大特征的知识经济时代的到来,企业资源的综合运营能力已经成为市场竞争力的主要标志。因此,运用ERP,建立新的企业管理模型和流程,调配、控制、平衡企业各方面资源,规范业务流程,有效降低企业生产、营销成本,缩短设计周期,提高企业快速响应能力,成为企业的当务之急。基于ERP的企业管理模型,能很好地体现ERP的理念和流程特点,如图4—2所示。

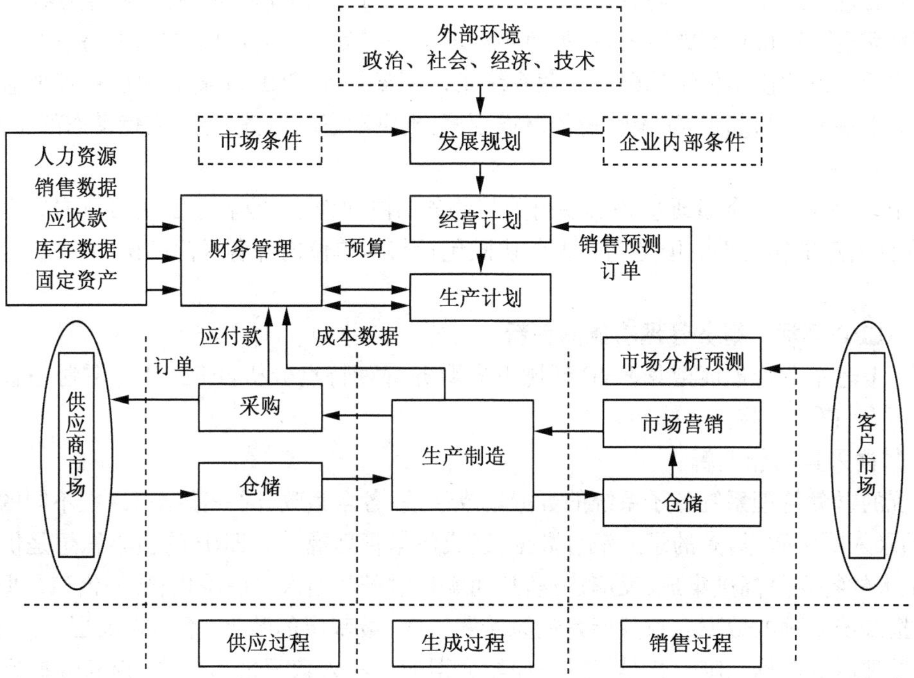

图4—2　基于ERP的企业管理模型

针对ERP的企业管理模型,从纵向看,充分体现了ERP的业务流程,以面向市场和顾客的销售订单、销售预测为起点,根据综合各种环境因素的发展规划,确定经营计划、生产计划,直至具体生产制造。从横向看,又完全是一个供应链管理过程,包括供应、生产和销售过程,具体包括供应商管理、企业流程再造、库存管理、物流配送、客户关系管理等。从总体上看,它们是紧密相连的一个整体。供应链管理过程是以纵向业务流程的计划为依据的,纵向业务流程的计划制订又是通过市场与横向供应链管理相连的,而纵向业务流程的计划制订受财务资金能力的约束,横向供应链管理伴随着物流和资金流的同步。所以,在基于ERP的企业管理模型中,以资金运动为研究对象的财务管理处于中心枢纽地位。财务管理不再只是一个信息的终结者,它将财务预算、计划和价值控制功能集成到了整个供应链和业务过程上,如何充分发挥财务管理的综合作用对于成功实施ERP、有效整合企业资源是至关重要的。

(二)基于 ERP 的财务管理的特点

ERP 是一个高度集成的信息系统或管理平台。它统领企业整个业务过程,围绕价值链管理,运用网络信息技术,集成物流、资金流和信息流,这些都对其核心功能之一的财务管理产生深刻影响。与传统的财务管理相比,在 ERP 环境下的财务管理功能具有以下特点:

1. 高度集成性

传统的财务管理系统与其他系统一般是分开的,大部分数据是重复输入经过加工处理后的数据,并不是对最原始数据的直接采集和处理,容易形成信息“孤岛”。而在 ERP 环境下,数据的采集和获得是高度集成的,财务管理是对本系统和其他系统的所有最底层数据的直接处理,即所谓的数据采集“化整为零”。集成不仅包括财务管理内部各模块的充分集成,还包括与供应链和生产制造的无缝集成。

2. 动态性

财务管理通过预算管理与企业经营计划和主生产计划密切相连,而企业经营计划和主生产计划是完全面向市场与顾客的,可见市场需求也是财务管理的最根本拉动。然而,市场与顾客需求的千变万化使得传统的财务管理系统难以招架。而 ERP 环境下的财务管理应该以频繁变化的市场需求为起点,实施快速的财务预算,提供动态的财务信息,支持动态的企业管理。

3. 实时性

ERP 环境下的财务管理应该实现财务与业务的协同作业,即业务发生与数据处理同步进行,以保证信息的实时性。财务与业务的协同包括与本单位内部各部门的协同、与供应链的协同等。

(三)ERP 环境下财务管理功能的创新

基于上述企业管理模型及 ERP 环境下的财务管理特点分析,ERP 环境下财务管理功能应在以下方面有所创新:

1. 数据采集功能创新

传统的财务管理系统各子系统的数据集成性差,各自为政,同一数据可以在不同的模块录入,有的录入明细数据,有的录入汇总数据,造成数据管理混乱。ERP 的核心思想是供应链管理,其最大的特点是高度集成、反应快速,从而实现财务数据入口底层化、唯一化和合理化。底层化是指系统处理的数据入口只能是最原始发生的、最基层的数据,不能在高层录入经分类、汇总等处理后的数据。唯一化是指同一原始数据的采集入口只能有一个,提高数据反应的准确性。合理化是考虑系统高度集成的特点,合理确定原始数据采集的归属子系统或模块,满足反应快速的要求。只有这样,财务管理的数据起点才是最可靠的,才能保证财务计划、预测、决策、分析等的正确性。

2. 财务预算功能创新

传统的财务预算主要是把销售数据视为已知数据,以销售预测为起点进行的。为了反映不同情况下的预测结果,一般编制弹性预算。但由于在实际工作中对财务预算重视不够,很多财务管理软件连最基本的财务预算功能都没有。另外,财务预算的数据起点是固定的,就算是弹性预算,也只是对业务量按一定的间隔所作的几种情况下的预算,预算的结果同样是静止的、不变的。而 ERP 是完全以市场为驱动的、以主生产计划为起点的管理思想和信息系统。基于 ERP 的财务管理系统的财务预算相对于传统的财务预算,创新主要表现在两个方面:一是地位创新,是指 ERP 的财务预算居于统领财务管理的地位,财务预算成为财务管理的起点;二是数据来源创新,是指基于 ERP 的财务预算的数据不是固定的,而是可变的,可以根据市场需求、客户订单、市场价格变化、供求变化等信息进行随机预算，随时为投资决策和融资计划提供可靠、及时的信息。

3. 资金管理功能创新

传统的资金管理是分散的、迟缓的，特别是对于集团公司而言，要想及时知道企业的资金使用情况、及时集中并调配使用资金是相当困难的。而基于 ERP 的财务管理系统不仅在内部的各模块充分集成，与采购、生产、销售等系统也达到了无缝集成。财务管理已不再是一个单纯的价值管理系统，而是物流、资金流、信息流的综合，实现集团内、外部资源的协同运作以及物流、资金流等的一体化管理，企业集团对资金的结余、流入、流出、使用等情况可以了如指掌，所以基于 ERP 的财务资金管理应该是凝聚的、快速的。

4. 内部控制功能创新

传统的财务管理系统的内部控制主要体现在人员分工、权限划分上。从经济业务发生到形成相应会计信息和财务信息的过程中，授权、批准是一种常见也可以说是唯一的内部控制手段，权限分工的主要形式是口令授权，通过系统管理人员增加某权限系统人员，由合法的系统人员再设置自己的口令。

5. 财务核算功能创新

财务核算主要包括财务处理和财务报表等内容。传统财务管理软件的账务处理主要指凭证的录入、审核、记账、结账等工作，结账后不能再进行已结账月份的会计处理。结账后，可以输出结账月份的会计报表。这种含有结账功能的财务核算体系，只能死板地反映固定时间段的财务信息，不能满足各财务信息需求者对动态财务信息的需要。所以，基于 ERP 的财务核算应该取消结账功能，在出具利润表、现金流量表时，应该增加报表起始时间和终止时间的选项，由系统自动生成动态报表，满足 ERP 对动态财务信息的要求。

四、ERP 在会计及财务管理中的应用

(一)ERP 系统在会计中的应用

在 ERP 系统中，会计核算功能是由总账、应收账、应付账、现金管理、固定资产核算、多币制、工资核算、成本等多个具有不同功能的子模块共同实现的。

总账模块的功能是处理记账凭证，输入、登记、输出日记账、一般明细账及总分类账，编制主要会计报表。它是整个会计核算的核心，应收账、应付账、现金管理、固定资产核算、多币制、工资核算等各模块都以其为中心来互相进行信息传递。

应收账模块里的应收账是指企业应收的由于商品赊销而产生的账款，包括发票管理、客户管理、付款管理、账龄分析等功能。它和客户订单、发票处理业务相联系，同时将各项事件自动生成记账凭证，导入总账。

应付账模块里的应付账是指企业应付未付的购货款等账，包括发票管理、供应商管理、支票管理、账龄分析等功能。它能够和采购模块、库存模块完全集成，以替代过去繁琐的手工操作。

现金管理模块主要是对现金流入、流出的控制以及零用现金及银行存款的核算，包括对硬币、纸币、支票、汇票和银行存款的管理。在 ERP 中提供了票据维护、票据打印、付款维护、银行清单打印、付款查询、银行查询和支票查询等和现金有关的功能。此外，它还和应收账、应付账、总账等模块集成，自动产生凭证，过入总账。

固定资产核算模块的功能是完成对固定资产的核算工作，包括录入固定资产卡片和明细

账、计提折旧、编制报表、自动生成转账凭证并转入总账等。它能够帮助管理者对目前固定资产的现状有所了解，并能通过该模块提供的各种方法来管理资产，以及进行相应的会计处理。它和应付账、成本管理、总账等模块集成。

多币制模块将整个企业财务系统的各项功能以各种币制来表示和结算，且客户订单、库存管理及采购管理等也能使用多币制进行交易管理。多币制和应收账、应付账、总账、客户订单、采购等各模块都有接口，可自动生成所需数据。

工资核算模块自动进行企业员工的工资结算、分配、核算以及各项相关经费的计提。它能够登录工资、打印工资清单及各类汇总报表，计算计提各项与工资有关的费用，自动做出凭证，导入总账。它与总账、成本模块集成。

成本模块依据产品结构、工作中心、工序、采购等信息进行产品的各种成本的计算，以便进行成本分析和规划，还能用标准成本或平均成本法按地点维护成本。

(二)ERP 系统在成本管理中的应用

典型的或高层次的 ERP 成本管理涉及以下几个方面：

1. 成本预算和成本差异分析

成本预算和成本差异分析是指有关成本发生都记录到相应的成本中心以分别核算，有关数据则同时或定期成批地传送到产品成本模块以及获利分析模块等进行进一步处理。与传统成本核算的区别在于，这种在 ERP 系统下的成本控制和成本预算的差异并不是逐项计算确定和分析原因等，而是由系统自动生成和确认，并能按不同时间、地点、部门和产品等发表分析，不但便于及时控制和预防，而且对其产生的原因和责任的划分等都能随时认定和全面地掌控。

2. 成本数据收集

成本数据收集主要是指订单和项目会计，并带有订单成本结算，通过用计划与实际结果之间的对比来协助对订单与项目的监控。它是一个全面网络化的管理会计系统，带有订单成本结算的详细操作规程。系统提供了备选的成本核算及成本分析方案，从而有助于优化一个企业对其业务活动的计划与执行。

3. 成本核算

成本核算一般用于对成本结构、成本要素及运营过程进行监控，并生成对单个对象或对整个一段时期的预测。ERP 系统下的成本核算是一个自然且十分精确的过程，而且完全可以根据不同的管理目标和不同的成本核算对象来计算成本管理者所期望获得的所有可能的成本数据，这些数据不但精确完整，而且能随时与其目标成本、标准成本、历史成本和同行业水平等进行比较分析，提供各种成本具体内容和项目变化的原因，为企业管理者真正全面掌握企业的成本信息提供重要的依据。

4. 获利能力分析

通过获利能力分析，可以明确企业所提供的各种产品或服务的经济效益，从而找出其中效益最好的那部分，可以更清晰地了解一个特定订单利润的构成。同时，获利能力分析所提供的来自市场的第一手信息也可以进一步为销售、市场、产品管理、战略经营计划等模块所用，从而为公司判断自身所处的市场位置以及对新市场的潜力评估提供帮助。实际上，销售、市场、计划等部门往往根据获利能力分析的结果来确定市场开发的方向。对于需要进行定期获利能力分析的企业，还可以利用利润中心会计技术来收集业务活动成本、运营费用以及结果，分析这些信息可以确定每个业务领域的获利效能。

(三)ERP 系统在财务管理中的应用

1. 为企业提供多层次、一体化的财务管理支持

财务管理的功能主要是基于会计核算的数据，再加以分析，从而进行相应的预测、管理和控制活动。它侧重于财务计划、控制、分析和预测，强调事前计划、事中控制和事后反馈。然而，ERP 中的财务管理模块与一般的财务电算化软件不同，它涵盖了企业所有的经济业务，并与 ERP 中的其他子系统有相应的接口，实现了高度集成，从而能为企业提供多层次、一体化的财务管理支持。它继承和完善了 MRP Ⅱ，可将生产活动、采购活动、销售活动等输入的信息自动记入财务系统，生成总账、财务报表，取消了输入凭证的繁琐过程，几乎完全替代了以往传统的手工操作。通过对企业业务流程的规范化，经营管理的各项数据真正形成信息流，每个部门是信息流上的一个环节，依靠统一的系统数据，按既定流程规则运作。

2. 实现准确化、实时化的财务

在以往的财务系统中，由于采集数据的时点以及数据在不同子系统中的重复录入和存贮，财务、生产、库存、销售等部门的数据往往对不上。这时，财务就不得不把原始凭证找出来核对，这就降低了最终所需数据的时效性和可靠性，导致工作效率的低下，甚至决策的失误。而 ERP 系统的数据来源唯一，只有销售订单和采购订单，订单上的原始数据成了公司信息流、物流和资金流的源头。数据生成和传输是基于每一个业务动作而不是成批处理，采购、生产、销售、库存等环节的业务数据可以自动生成财务凭证，实时转换成应收款、应付款等数据。每个作业都会实时地反映，每项控制都会实时地得到结果，每份报表都会实时生成，从而实现了准确化、实时化的财务。

3. 利用计算机信息系统将财务管理渗透到企业的各个部门

传统的财务管理多由企业的财务部门实施。而 ERP 以供应链为基础，集成了支持性价值链(财务、成本、人力资源、质量控制等)和决策性价值链(产品开发、市场定位、销售预测和利润分析等)，为企业财务管理提供了一个全面的解决方案，并充分利用计算机信息系统，将财务管理渗透到企业的各个部门。这样一来，能更好地加强对企业各环节的管理，从而更好地实现财务管理目标。

(四)ERP 导入对会计人员角色的影响

1. 许多原本由会计人员完成的基础工作被计算机系统替代

ERP 系统的导入，使得许多资料直接由资料产生处的人员来键入，会计信息在交易完成后自动入账，同时进入相关分类账，并自动产出报表，且许多资料直接在系统中即时存取，从而使得许多原本由会计人员完成的基础工作被计算机系统取代，同时，工作的质量和效率都得到了提高。

2. 会计人员工作重心的转移

从表面上看，ERP 的导入对会计人员而言会带来一场“会计人员无事可做”的危机。但从深层次看，ERP 的导入本质上会促使会计工作内涵的新发展以及会计人员工作重心的转移，即从以往对数字的计量与记录，转向对信息的加工、再加工、深加工。同时，会计人员提供企业咨询、分析的价值将越来越受到重视，会计人员在组织中所占的地位也日益重要。

第三节 ERP 环境下企业绩效评价体系

ERP 是一个庞大的系统，不仅包括财务管理模块，而且包括生产控制管理模块、物流管理模

块和人力资源管理模块等，其成功实施的关键因素不只在于企业的财务因素，更重要的是在于高层管理人员的支持、企业的内部流程以及企业员工的素质等非财务因素。因此，ERP 环境下的企业绩效评价，不仅要评价企业的财务指标，更重要的是评价非财务指标。平衡计分卡是一种平衡兼顾战略与战术、长期与短期目标、财务与非财务衡量方法、滞后与先行指标的业绩评价系统，ERP 环境下的绩效评价体系最好在平衡计分卡的基础上结合 ERP 的特征加以扩充。

一、ERP 系统与平衡计分卡的联系

（一）平衡计分卡简介

平衡计分卡（Balanced Score Card，BSC）于 20 世纪 90 年代由美国哈佛大学教授罗伯特·卡普兰（Robert Kaplan）与大卫·诺顿（David Norton）首次提出。它是从财务（Financial）、客户（Customer）、内部业务流程（Internal Business Processes）、学习与成长（Learning and Growth）四个角度，将组织的战略落实为可操作的衡量指标和目标值的一种新型战略管理工具和绩效管理工具。设计平衡计分卡的目的就是要建立“实现战略制导”的绩效管理系统，从而保证企业战略得到有效的执行。

（二）ERP 的功能模块与 BSC 的四个方面之间的映射关系

ERP 系统的主要功能模块包括生产管理（计划、制造、质量）、物流管理（采购、库存、销售）、财务管理（会计核算、财务管理）和人力资源管理。这几个功能模块刚好可以与 BSC 的四个方面建立映射关系，如图 4—3 所示。

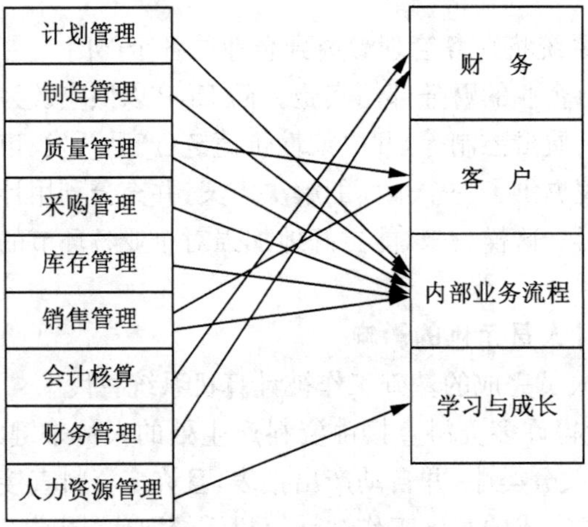

图 4—3 ERP 与 BSC 的映射关系

从图 4—3 可以看出，计划、制造、质量、采购、库存、销售管理属于企业内部生产经营流程的各个环节，因此，对应 BSC 的内部业务流程，质量和销售管理不仅对应内部业务流程，而且也对应客户方面。这样，企业 ERP 系统各模块的执行效果和企业各个部门的业绩就可以通过平衡计分卡的四个方面得到一个比较综合的评价。同样，平衡计分卡在实施过程中，其业绩评价指标往往会涉及企业的财务数据，如生产制造过程中的成本、质量以及计划数据，以及销售、利润数据和员工资料等。各个考评指标大多是在大量数据统计的基础上得到的。因此，平衡计分卡要求与现代化管理信息系统集成，并实现数据共享。ERP 环境下的企业管理在用平衡计分卡进行绩效评价时，可以从 ERP 的各模块中读取相关数据，从而使 ERP 系统与平衡计分

卡系统实现有机集成。需要注意的是，ERP 系统不能满足评价所需的全部数据，所以建议建立专门的评价指标数据库。

二、BSC 在 ERP 环境下企业绩效评价中的应用

(一)ERP 环境下的企业绩效评价实质上是供应链绩效评价

ERP 贯穿着供应链管理的思想，将企业内部经营所有的业务单元如订单、采购、库存、计划、生产、质量、运输、市场、销售、服务等以及相应的财务活动、人事管理均纳入一条供应链之内进行统筹管理，形成以客户及客户满意度为中心的“拉动式”内部供应链。同时，企业作为一个整体与其上下游企业之间形成一条以经济利益和业务联系为纽带、环环相扣的动态联盟。企业供应链上的任何一个环节出现问题，都会影响整个企业的生产经营。因此，ERP 环境下有必要对企业的供应链绩效进行评价。供应链研究的权威机构 PRTM 供应链运作参考(Supply Chain Operation Reference，SCOR)模型中提出了度量供应链绩效的 13 项指标，它们是：面向客户的交货情况、订货满足率、满足订货的提前期、完美的订货满足情况、供应链响应时间、生产柔性、面向企业内部的供应链管理成本、产品销售成本、附加价值生产率、担保成本、现金流周转时间、供应周转的库存天数和资产周转率。目前，供应链委员会(Supply Chain Council)的 170 多个成员企业在使用该评价指标。

(二)BSC 的四个方面涵盖了供应链绩效评价的要求

BSC 的四个方面涵盖了供应链绩效评价的要求，而且是根据企业的总体战略由一系列因果关系链贯穿起来的一个整体。根据这些因果关系链，可以把企业的战略目标划分为各个部门的子目标，进而继续细分，形成指导人行为的绩效指标和目标。所以，可以把企业内部供应链与平衡计分卡因果链对应起来，分析企业的最终财务成果、经营业绩和发展能力的变化是由于供应链的哪个环节引起的，以便于找出原因和分析对策。下面，以提高投资回报率为例说明这种对应关系(如图 4—4 所示)。

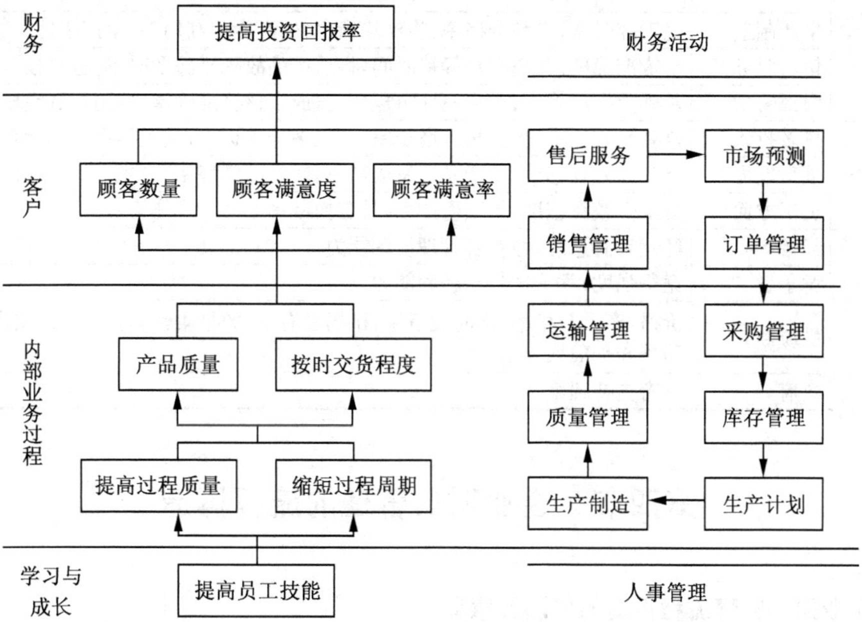

图 4—4　BSC 的四个方面与供应链绩效评价的关系示意图

三、在BSC四个方面基础上增加其他利益相关者

ERP环境下，企业不仅要优化内部供应链上各个环节的流程，而且要强调产业供应链上的“合作”，即企业与其供应商、批发商、零售商之间要协调经营和互相沟通，建立相对稳定的关系，充分利用外部资源。为了取得竞争优势，企业必须密切关注竞争对手的情况，将竞争对手与本企业进行比较，分析行业集中度和平均利润率以及本企业在行业中的地位和影响等。同时，在企业内部要充分调动受托经营管理层的积极性，鼓励他们为企业的长远发展而努力。平衡计分卡虽然已经从股东、客户和内部员工等利益相关者的角度来思考企业绩效指标体系，却缺乏经营者、供应商、竞争者以及国家角度的指标，不能完全满足ERP环境下绩效评价的要求。所以，ERP环境下的企业绩效评价体系应该在平衡计分卡四个方面的基础上增加企业其他利益相关者方面，将企业置于一个相互联系的大环境系统中进行评价。可以建立如表4－1所示的绩效评价指标体系，并在具体实施评价时根据本企业的实际情况进行适当增减或调整。

表4－1 ERP环境下企业绩效评价指标体系

财务指标	存量水平	资产总额，销售收入，利润总额
	盈利能力	净资产收益率，总资产报酬率，销售利润率，成本费用利润率
	运营能力	资金周转率，存货周期率，应收账款周转率，固定资产周转率
	偿债能力	流动比率，速动比率，资产负债率，财务杠杆系数
	发展能力	销售收入增长率，总资产增长率，利润增长率，资本积累率
客户指标	客户满意度	质量满意度，设计满意度，服务满意度，价格满意度，产品交货及时率，订货满足情况（数量、时间），客户保留率，新客户获得率
	市场份额	市场占有率，相对市场占有率
	客户忠诚度	重复购买率，新产品购买率，产品推荐率
	客户利润率	客户利润率
内部业务过程指标	计划控制	物料清单准确率，工艺路线准确率，主生产计划实现率，库存记录准确率，成本差异率，材料差异率，工时差异率
	生产制造	完工准时率，产品合格率，生产均衡率，生产能力利用率，生产柔性
	售后服务	交货准确率，客户平均等待时间，售后产品故障排除及时率，客户投诉率
	内部管理	基础数据准确率，供应商评审规范度，成本核算准确率，费用控制完成率
学习与成长	科教投入	科教投入比率，科教投入增长率，员工平均培训率，员工培训费用增长率
	创新能力	新产品开发速度，新产品开发成功率，新产品销售率，自主知识产权比率
	员工方面	员工受教育程度，员工生产率，员工换留率
其他利益相关者	经营者	经营者满意度，经营者管理协调能力
	竞争者	竞争强度，竞争优势与获利能力
	供应商	价格，产品合格率，准时交货率，市场占有率，数量柔性，时间柔性，新产品开发成功率和提前期
	政府	政府支持程度

第四节 企业财务管理的流程再造

一、企业财务管理流程再造的内涵及意义

企业财务管理流程再造是指通过对财务过程及财务系统的根本性再思考和再设计，从而

优化企业的财务资源，改善企业的财务职能，提高企业抗风险能力、盈利能力和创新能力。

企业财务管理流程再造的意义在于：使企业的财务资源重新优化配置，使企业的财务管理系统更好地适应其所处的内、外部环境，从而改善企业的财务职能，增强企业的抗风险能力，提高企业盈利能力和创新能力，从而获得持续的发展。

二、企业财务管理流程再造的目标

（一）改善财务职能

财务职能是指财务管理本身所具有的功能。企业财务的基本职能是组织、协调和控制。在企业财务工作中，人们往往重视其中的一部分职能而忽视其他职能。例如，有一部分企业特别重视协调"勾兑"与银行的关系，重视引资"圈钱"的资本来源组织，而忽视资本投放的科学决策、使用和存量调整等控制职能的发挥。因此，企业财务管理流程再造应将财务职能作为一个完整的系统进行模块整合，以使财务职能得以优化，更好地发挥财务的作用。

（二）强化财务的"造血"机制

资本是企业的"血液"，也是财务管理的对象。一个企业应主要依靠自身的积累实现企业资本的不断扩张，而不是主要依靠外部投资者经常性的资本投入。这就像一个健康人是靠自身的造血机制来维持生命的，而不是靠输血来维持生命的。因此，企业财务管理流程再造的目标应使企业的资本周转循环顺畅，这就要求企业强化投资决策，减少决策失误，减少资本的闲置和低效使用状况，强化应收账款管理，跨越"惊险的跳跃"，增收节支，多留利润。

（三）增强企业的抗风险能力

在市场经济条件下，企业所处的外部环境千变万化，风险无处不在。这就要求企业通过财务管理流程再造提高对环境的适应能力，增强其应变能力和抗风险能力。规模较大的企业应成立环境研究中心以对未来财务环境的变化作出预测，并制定相应的财务对策。企业应重视人力资源的开发、投资、激励和保护，提高产品的技术含量，重视无形资产的开发和投入。在突出主营业务的同时，企业还应开拓一些副业多种经营，以分散非系统性风险。

（四）提升企业财务的协调能力

盈利能力与偿债能力既有统一性，又有矛盾性。在实务工作中，牺牲偿债能力来换取盈利水平的现象时有发生。例如，忽视对客户的信用调查而盲目发货，将短期贷款用于长期项目上，等等。这些行为必将给企业带来较大的风险，从而影响企业的长期盈利能力。另一些企业甚至是上市公司把股东的股本通过配股、增发股票等方式取得后却没有较好的投资项目，从而导致股东的每股净利下降，这种行为同样不利于企业的长期发展。企业财务管理流程再造应该使企业的盈利能力和偿债能力趋于协调和统一，减少它们之间的冲突与矛盾，从而提高企业的长期盈利能力和可持续发展能力。

（五）增强财务的全面控制能力

财务管理的基本要求是能对企业经营和资金运作过程中各项能以货币计量和反映的活动进行全过程和全方位的系统控制。而这种控制能力与企业的财务管理流程的有效性具有直接的关系，其中最基础的是企业会计信息系统控制的流程再造，其次是企业财务管理机制的流程再造，最后是企业财务管理人员的再造。如果能将整个企业的财务管理流程按照企业一定经营管理战略目标的要求进行重新整合，并与企业具体管理特点相结合，就能真正有效地发挥财务管理在企业整个经营活动中的控制能力。

三、企业财务管理流程再造策略

(一)会计业务流程再造

传统的会计信息系统需经过一系列顺序的循环活动,会计核算严格按照“填制凭证—登记账簿—编制报表”的顺序,一层层地进行。这种会计流程虽然在内部牵制方面能发挥一定的作用,但是会延长时间,降低会计报告的及时性,且使得会计信息内容单一化。目前比较流行的电算化会计信息系统虽然替代了手工操作,但大部分电算化商品软件一般将会计系统分解为原材料核算子系统、工资核算子系统、销售核算子系统、固定资产核算子系统、成本核算子系统、账务处理子系统、报表编制子系统等相对独立的模块,各模块下再进行细分,形成一个名副其实的“金字塔”式结构。因此,各核算子系统之间彼此分割,成为一个个独立的信息“孤岛”,会计数据传输往往是滞后的、零散的。这种财务会计流程并没有改变传统会计信息系统结构的本质,也没有消除其缺陷。总之,传统的会计业务流程由于只记录经济业务的资金流信息而不是全部数据,并且所提供的信息与其他系统数据有可能不一致,形成信息隔阂或信息重复,从而难以满足企业经营管理的需要;同时,即使是会计电算化方式下的会计信息系统,其实质仍然是事后算账,并没有充分发挥网络的优势,传统会计业务流程所反映的资金流信息往往滞后于物流信息,财务账目和财务报告上的数据体现的不是当前时点的余额,以至于企业无法从效益角度对生产经营活动进行实时控制。

将流程再造思路应用于会计信息系统,有助于克服传统会计业务流程的上述缺陷。与传统的会计信息系统账表驱动不同,新的会计信息系统以会计信息使用者的信息需求为驱动力,其基本思想是:将实时信息处理嵌入业务处理的过程中,在执行业务活动的同时将业务数据输入管理信息系统中,通过业务规则和信息处理规则,生成集成信息,基于这种模式构建的会计信息系统称为“事件驱动”的会计信息系统。这种基于事件驱动的会计信息系统的特点如下:

1. 实现了源数据库的共享

系统结构将使物理上分散的企业的多个数据库在逻辑上集中,支持不同层次、综合性的信息需求。按业务事件规则对业务数据进行综合采集和存储后,可建立共享的综合业务数据库。经过标准编码的源数据信息,可以满足企业外部所有的信息使用者使用,使数据真正做到同出一源,实现共享。

2. 业务流程与信息流程、管理流程紧密结合,信息“孤岛”现象得到缓解

在基于事件驱动的会计信息系统中,业务流程、财务会计流程(信息流程)、管理流程之间能够紧密合作,各部门信息“孤岛”的不协调和低效状态可以得到缓解。信息处理规则能够打破职能壁垒,根据信息使用者的决策需求进行信息加工;会计人员也可以根据自己的规则进行信息加工,输出财务会计报表。

3. 实时财务报告,提取信息与企业处理信息同步

信息处理与业务活动的执行过程是同步的,将各业务事件的会计控制规则嵌入,能够实施会计的事中控制,系统能将违反规则的活动实时地向负责人发送异常情况报告,或者阻止舞弊活动的执行,系统预防风险的能力将大大提高。

(二)财务人员再造

财务人员再造包括财务人员职能再造和财务人员素质再造。传统观念中的生产管理是企业管理的中心,居于主导地位,企业财务人员缺乏管理自主权,成了“要钱”和“报销”的代名词。财务人员的这种地位与市场经济的要求极不相称。因此,对财务人员职能的再造已迫在眉睫,

而与之相配套的财务人员素质的再造也必须及时跟进。

1. 财务人员职能再造

财务人员职能再造的主要思路如下：确定财务管理在企业中的核心地位；财务管理从“核算型”向“经营型”转变；由“以物为本”向“以人为本”管理转变；理财手段的虚拟化；风险理财成为财务管理的重点。

2. 财务人员素质再造

财务管理工作是一项主观见之于客观的管理工作。企业财务管理水平的高低主要由财务人员的知识结构、理财观念和理财能力决定。财务人员的知识结构应涉及管理科学与工程、企业管理、经济学、会计学、财务管理等，应具备效益观念、资本成本观念、协调服务法制观念，应具备信息处理与分析能力、财务环境预测能力、行动方案的提出与决策能力、公共关系能力（谈判与协调能力）、资本调度能力等。

（三）财务机制再造

企业财务机制再造包括融资机制再造、投资机制再造和收益分配机制再造三个方面。

1. 企业融资机制再造

目前企业融资机制存在的主要不足有：融资渠道狭窄、融资方式单一、所有权融资与债务融资不分、融资成本观念淡薄、融资信誉差、融资效益低等。再造融资机制应做到：明确企业的所有者财务主体，规范政府与大型国有企业的财务关系；加强相关法律规范的建设，并强化执法环节，实现融资机制保优限劣、优化资源配置服务；加强金融体制改革，加快专业银行商业化进程，大力发展金融市场，切实改变国有企业的融资过度依赖银行的局面。

2. 企业投资机制再造

当前企业投资方面存在的主要问题是投资效益差、科学投资决策机制未形成。再造投资机制应做到：建立会计信息系统和充分发挥财务人员职能；财务人员对外部环境变动进行研究、预测和分析；建立企业内部决策支持系统、专家咨询辅佐系统和内部各部门的配合系统；提高投资决策者的素质。

3. 企业收益分配机制再造

当前我国企业收益分配方面存在的问题主要有：国家股、法人股与个人股股东在利润分配上的不公正待遇，分配政策变化大、不连贯，股利分配和公司经营业绩脱钩，利润分配与内部积累协调不当，收益确认不够稳健，经营者、高层管理者和科技人员的奖励少，等等。鉴于这些问题，对我国企业收益分配机制的再造应从以下几个方面展开：收益格局规范化，政府努力打造一个公平的税务环境，清理不合理收费现象；完善公司法、证券法，进一步保护债权人和中小股东利益；完善对经营者的激励与约束机制；利润分配方面尽可能按照国际惯例办事，采取按劳分配、按资分配、按智分配等多元化的分配形式；兼顾国家、集体和个人三方的利益；国家加强对会计信息质量的管理力度，确保可分配利润的稳健性和真实性。

主要概念

Business Process Reengineering: With the business process as the core, fundamentally rethink of business process and radically redesign business process, so as to make enterprise leap development.

Enterprise Resource Planning: Make full use of modern information technology to establish information network system, to integrate the information flow, capital flow and workflow, and optimize the allocation of resources, accelerate the reaction speed of enterprise to the market, improve the efficiency and the management level of enterprises, and then improve the economic efficiency and competition ability of enterprises.

Financial Management Process Reengineering: The fundamental rethinking and redesign of the financial process, so as to make full use of the enterprise's financial resources, to improve the enterprise's functions, and to strengthen the anti-risk ability, profit ability and innovation ability of the enterprise.

思考与练习

1. 简述流程再造的概念及关注点。
2. 如何理解 ERP 的内涵?
3. ERP 对企业财务管理以及企业绩效评价的影响有哪些?
4. 简述企业财务管理流程再造的目标及策略。

案例阅读

案例阅读 1 ——海尔集团的业务流程再造

一、背景资料简介

海尔作为中国最大的家电制造商,在 2007 年开始了一场低调但却是史无前例的大规模组织变革。海尔持续了近十年之久的矩阵式结构,在 2007 年彻底再造。

从 2007 年 4 月底开始,整个海尔集团的物流、供应链、市场营销、产品研发、产品制造甚至资金流部门、人力资源部门,几乎所有的流程都进入一个完全再造状态,人人都开始扮演再造的角色,几乎每个事业部都成立了"再造委员会",全力推进流程和组织再造。在一份文件中,海尔简单阐述了此次变革的目的:"实现海尔全球化品牌战略目标,在全球化、信息化时代建立全球第一竞争力,实现可持续发展。"

二、海尔的业务流程再造

全体动员之下,一场牵扯到 5 万人的调整在 3 个月内迅速到位。海尔此前一直按照产品品类组成的事业部,调整为根据产品线运营模式的差异划分的六大子集团,包括白电运营集团(冰箱、洗衣机、空调)、黑电运营集团(彩电、AV 产品等)、数码及个人产品运营中心(电脑、MP3 等)、全球运营中心(海外推进本部,即海外市场部)、创新市场中心、金融运营中心,并且砍掉了包括微波炉在内的一些盈利状况不佳的产品线。

"这次到位后,估计很长一段时间内都不会调整了。"海尔集团高级副总裁周云杰表示。

海尔对改革的具体内容不愿透露过多,但仔细分析可以发现,此次改革可谓"伤筋动骨"。六大集团中的主要业务群,即白电、黑电、数码及个人产品三个从事产品经营的子集团,本身拥有从研发、供应到生产、销售的完整功能。

1999 年开始的一次"市场链"改革,将海尔各事业部和本部的资源剥离,成立产、供、销三大体系,这种名义上的事业部实际上是典型的矩阵式结构。这种企业内部市场化的变革曾受到很大质疑。此次成立的六大集团,均有自己的产、供、销资源,曾手握供与销两大头资源的商流集团原有功能被显著削弱。海尔这次的架构调整,实际上是把按产、供、销划分的横向切割模式,改变为按不同产品线划分的纵向切割模式。

海尔的"事业部"发端于 8 年前"市场链"再造,从这层意义上讲,此次改革是对这几年名声大噪的海尔式"市场链"的一次矫正。管理学者秦合舫指出,原来在海尔集团体系下,尽管每个事业部都有研发、生产、销售、宣传等部门,但由于在前端有集团的统一物质供应平台,后端有工贸公司形式的销售平台,每个事业部更多发挥的是一个制造中心的职能,而不是完整的经营单元。

在渠道和终端资源比较零散的市场状况下,海尔的工贸公司体制通过区域市场上的统一渠道管理、终端促销、服务管理等,极大地提升了海尔的终端营销能力。但面对越来越趋于整合的终端格局,工贸公司越来越形同鸡肋。同时由于工贸公司的存在，更加拉远了各个产品事业部和终端用户之间的距离。

“海尔以前的指导策略是多推新品，设计人员与市场脱节，由此导致单一型号销量较少，而研发开模费用投入较大，盈利低下。”在一份文件中，海尔对此进行了反省，继而提出将遵循“人单合一”的思想，把产品市场销量与设计人员利益挂钩，避免过多型号的推出，提高单型号的销量和盈利能力。

海尔集团表示，整个海尔集团处于新一轮变革期，集团上下均在重新思考如何变革才能在未来保持领先。海尔认为，目前已经摆脱长期的体制约束，接下来要大量引进高级人才，聘请全球领先的咨询机构进行信息化流程再造，整合业务架构。

“能阻挡我们的只有我们自己。”在最近撰写的一篇文章中，张瑞敏直截了当地以此为题告诫海尔全体员工。

资料来源：网易财经.

【思考与讨论】

1. 简述业务流程再造的概念及意义。

2. 结合案例资料，谈一谈业务流程再造的特点以及再造成功的要素。

案例阅读 2——中兴通讯从优化财务管理向全面财务共享服务的跨越

一、案例背景

中兴通讯成立于 1985 年，是全球领先的综合通信解决方案提供商和最大的通信设备上市公司，公司自 1997 年开始实施全球化扩张战略，目前业务遍及全球 140 多个国家和地区。中兴通讯现有员工近 7 万多人，年差旅费用大概为 20 亿元，机票酒店费用大概为 4 亿多元。随着世界经济一体化步伐的不断加快，企业跨国、跨地区的业务往来日趋频繁，企业差旅费用不断增加。特别是 2008 年爆发的全球性金融危机，对企业产生了巨大冲击，企业面临着很大的成本压力。

二、中兴通讯对优化财务管理的探索

在新的市场经济环境下，财务管理毫无疑问是企业管理的中心环节。中兴通讯一直致力于优化公司财务管理的探索。2008 年，中兴通讯开始构建一个基于商旅服务软硬件综合资源共享服务平台。借助于中兴在国外的 107 个分支机构，与国内 3 万家酒店、国际 10 万家酒店，以及几乎所有国内、国际航空公司形成了合作关系的资源优势，通过 2009 年一年的运行，企业差旅费用降低了近 30%，为公司节约了 1 亿多元。

中兴商旅云服务平台通过差旅集中化管理，并交由统一的服务中心来进行处理，从而让企业专注自身的核心业务，使得重复岗位减少、人员要求降低、分散的资源得到整合，达到降低成本、提升内部客户满意度、提升业务处理效率的目的。

三、中兴通讯向全面财务共享服务的跨越

为了让更多集团企业能够分享中兴通讯差旅集中管理的经验和收益，中兴通讯对外推出了“商旅 e 路通”云服务平台，截至 2012 年年底，已有 120 多家大型企业集团通过“商旅 e 路通”云服务平台获取企业商旅管理服务、分享经验、共享资源，包括海尔集团、太钢集团、中国银联、吉利集团、创维集团、TCL、比亚迪、步步高、远东控股等多家知名企业，一个大型企业集团商旅管理超级俱乐部浮出水面。

中兴“商旅 e 路通”云服务平台的成功，得益于中兴通讯十余年建立的一套完整的全面的财务共享服务中心(SSC)的实际创新、理论体系、流程咨询、IT 体系。中兴通讯借助信息化手段，将订票、报销、支付等重复性的财务业务进行标准化、简单化与流程化，实施财务共享，从而规避了企业内部财务风险，降低了企业运行成本。中兴通讯财务共享实施经验在以下几个方面为我国国内大型企业集团提供了有益的借鉴：

首先是财务制度标准化。财务管理制度创新主要体现在整个集团财务管理制度的标准化，这是财务共享服务模式构建的基础。财务共享服务最终的目的之一是建立高效低成本的运作流程。标准化的过程能够使各地的财务组织按照同样的标准和方式做一件事情，从而使得本来各具差异的工作出现专业化分工的可能性。

其次是财务人员的集中化。财务共享服务是一种典型的集中式组织模式，它通过将服务端(共享服务中心)和客户端(企业集团成员单位)分离的方式，重新定位了集团和基层业务及子公司之间的业务界面和业务

关系，并将从事标准化财务工作的财务人员从成员单位分离出来，并归属到财务共享服务中，实现财务人员的集中化。

再次是财务管理流程化。在中兴通讯的实施过程中，流程再造遵循了六个原则，通过流程再造实现了财务管理向流程化和业务化分工的转变。在操作过程中，中兴通讯实施了包括费用报销流程、资金收付流程、应付流程在内的流程再造。

最后是财务管理网络化。在对传统会计业务流程进行共享服务流程再造后，中兴通讯建立起了基于共享服务系统平台的集成网络财务系统，以网上报销模块、票据实物流、票据影像模块、过程绩效测评模块和综合管理模块为核心的共享服务系统平台为中兴通讯的实施奠定了强大的信息系统基础。

中兴通讯的这一项创新性改造工程所带来的优势是有目共睹的。2010 年，中兴通讯凭借在领先的财务转型理念及财务共享服务上的持续创新力压群雄，荣获“中国管理模式杰出奖”桂冠，是目前中国管理界第一个针对境内企业管理实践成就的荣誉奖项；同时，中兴通讯在财务共享上的持续不断的创新也得到了外界的广泛认可。并且，中兴通讯 SSC 十年的成长，为公司带来了可观的收益。相关数据表明：成立 SSC 后，业务处理成本显著下降，在全球拥有 7 万多员工的中兴通讯集团，负责基础财务核算的仅有 150 多人，效率提升 4 倍以上，每单据处理成本由 2005 年的 14.98 元下降到 2007 年的 7.34 元，财务审批时间从 15 天降到 3 天。

资料来源：中国经营报，2013 年 1 月 14 日.

【思考与讨论】

1. 中兴通讯为什么要进行财务管理流程再造？

2. 结合案例资料，谈一谈企业财务管理流程再造成功的要素有哪些？

第五章　企业价值评价

要点提示

- 企业价值评价的概念与内容。
- 经济增加值评价法的原理及其特点。
- 客户关系价值的概念及其在企业价值评价中的应用。

第一节　企业价值管理与评价概述

一、价值管理的概念

以股东价值为核心的管理理念在北美和欧洲迅猛发展20多年之后，于20世纪90年代后期传播到亚洲。北美和欧洲学术界的价值管理专家以及实施价值管理企业的高级管理人员，将价值管理(VBM)定义为：采取一系列有效的管理方法和手段进行企业管理业绩衡量，并进行管理层激励，以有利于股东价值创造的管理活动。

价值管理并不意味着只要采取价值管理方法就能马上取得成功。价值的持续增长还需要明确的战略，以价值提高为基础的业绩考评系统，职责分明、奖惩分明的责任机制，以及可以帮助管理人员权衡不同因素以作出最佳决策的分析工具。这种方法还包括在全企业范围内推广教育培训，提高企业管理者的管理知识。

专家学者们认为，许多股票分析师和企业用来评估企业业绩的传统会计指标“盈利”或“每股盈利”，在表达股东价值增值方面是误导的指标。价值管理一定要适应当地的文化、顾客、法律监管等的需要。并且，价值管理同时也会改变当地的运营环境，包括企业内部不同业务、部门之间信息的流通以及企业与外部的业务关系，包括与供应商、监管者、借贷者、投资者的关系。在实施价值管理的初期，企业一般主要集中于企业治理实务的改善，组织结构的重组，职责的重新定位，以及诸如计划、业绩评价、奖金报酬等业务流程的改善。

二、企业价值评价的概念与内容

(一)企业价值评价的概念

1. 价值评价

价值评价是指在一定的假设条件下，运用金融、财务理论、模型与方法，对各种资产的价值进行评价的过程。任何资产都是可以进行价值评价的，但不同类别资产的价值评价难易程度不同，价值评价过程也各异。尽管不同种类资产的价值评价技术和方法各有不同，但它们具有相似的基本价值评价原理。同时，价值评价存在着很大的不确定性，并且不确定性的主要来源是被评价资产本身，但价值评价模型可能会减少这种不确定性。

需要注意的是，在价值评价过程中应分辨并摒弃一些错误观念。例如，认为市场总是错误的；认为好的评价能够得出价值的准确估计值；认为充分研究、合理实施的价值评价永远是正确的；认为价值评价模型是数量化的，所以价值评价是客观的；认为模型数量化的程度越高，计算的结果越准确；认为价值评价的过程并不重要，价值评价的结果才是关键；等等。

2. 企业价值评价

企业价值评价是将对企业的预测转变为对某公司或公司一部分的价值评价过程。而且，在当前市场经济条件下，企业价值评价主要是指对“公司”这一类企业的价值评价。

从本质上来讲，最大限度地增加股东的财富是所有企业的基本目标。经验数据证明，增加股东价值与其他利益相关者的长远利益并不矛盾。成功的公司一般会为所有利益相关者都创造较高的价值，包括客户、劳动者、政府和资本提供者；而绩效不佳的公司会看到资金流向其竞争者。

价值之所以是最佳衡量指标，在于它是必须具备完整信息才可以进行判断的标准，而其他衡量公司绩效的标准，都不需要完整的信息；同时，其他绩效标准都不如价值标准全面，而且与公司的实际市场价值相互关联比较少。因此，在当前市场经济条件下，将价值作为评价企业管理业绩的标准是非常合理的。

(二)企业价值评价的内容与使用范围

1. 企业价值评价的内容

在进行企业价值评价以前，我们首先应该明确的问题包括：我们需要知道的是企业资产价值还是资本价值？是在怎样的财务假设下进行价值评价——被评价的对象企业是持续经营还是清算中？所评价的价值是公司的少数股权还是控股股权？问题的答案不同，企业价值评价的具体内容也会有所不同。

(1)当一家公司收购另一家公司时，可以通过购买卖方的资产，也可能通过购买它的股份来完成。当买方购买卖方的股份时，买方必定要承担卖方的债务。因此，尽管评价的最终目标和谈判的焦点是卖方的净资产价值，但无法忽视的事实是：此时，买方的实际收购成本等于所有者权益加上承接的所有债务。所以，收购来的公司的财产最好都能产生价值，至少为实际收购成本的未来现金流量，否则就是进行了不良投资。

(2)收购来的公司能为所有者产生价值的情形有两种：清算或持续经营。清算价值是以停止经营或分别售出资产的方式生成现金，而持续经营价值是由营业所产生的未来现金流量期望值的现值。在大多数情况下，收购的目的是公司的持续经营价值。

一个公司资产的公平市场价值(FMV)通常是它的清算价值与持续经营价值中较高的一个。然而，当控制公司的个别人在即使公司消亡比存活更有价值的情况下也不选择清算时，就会出现例外。这时，由于少数股权不能强制清算，少数股权的 FMV 可能降到清算价值之下。在这些情形中，少数投资者确定的价格不反映全部价值。

在涉及控制时，公司股份所有权与公司控制权是极为不同的两回事。除非一位股东拥有或能影响公司至少 51%的有表决权股票，否则他对公司事务发表任何意见都毫无保证。特别是在股权分散的公开上市公司中，常常无股东或牢固的股东集团拥有数量足以实行表决控制的股份，这时，有效控制权被授予董事会和在职管理人员，股东只是前来“搭车”而已。

(3)若价值与价格是同义的，则公司价值的一个明显指标就是它的市场价值，即它的股权与债务在金融市场上的价格。公司的市场价值是公司业绩的重要指标和公司资本成本的主要决定因素。然而，市场价值衡量的是公司对少数投资者的价值。用于计算公司市场价值的股票价格，是少数已交易股票的价格，因而不是控制股权可以交易的可靠价格指标。

市场价值不适合公司价值评价工作的其他情况有：目标公司是私人拥有的，因而不存在市场价值；目标公司的股票交易非常频繁或数量有限，以致价格不能作为可靠的价值指标；虽然目标公司的股票交易活跃，但分析者想将市场价值与独立的价值估计值对比，以寻求被低估的股票。总之，市场价值仅在以评价公众公司的少数股权为目的时才与公司价值评价直接有关。

2. 企业价值评价的使用范围

企业价值评价的使用范围可以是企业内部，也可以是企业外部。资本预算包括对一个项目影响企业价值的考虑；在企业外部，企业价值评价是多种多样重要财务活动的基本行为准则。企业评价的原则可以指导证券分析师寻找价值被低估了的股票；投资银行家利用价值评价概念为公开销售的原始股定价；投机资本家依靠企业价值评价信息寻找新的投资机会；致力于回购自己股票的公司也经常利用评价技巧选择购买时机；信用分析家为了解贷款的风险，也需要考虑企业的权益价值；另外，在机构合并和杠杆收购中都需要进行企业价值评价。

三、企业价值评价的历史沿革

当人类社会有了共同劳动，就有了管理，同时，也就随之形成了简单的业绩评价。即使在生产力水平很低的原始社会，亦是如此。不过，在科学的管理理论体系形成之前，业绩评价也只是一个模糊的概念，还处于比较原始的萌芽状态。真正的管理科学是在管理实践中，随着资本主义企业生产的兴起才逐步形成和发展起来的。从历史上看，资本主义企业管理的发展过程大体上经历了以下三个阶段，而业绩评价的思想也正是在这个过程中逐步形成的。

(一)经验管理阶段(18世纪80年代到19世纪末)

该阶段的经济背景是在产业革命以后，机械化生产的大型工厂替代了手工操作的小型工厂；企业的所有权与经营管理权高度集中，“老板就是经理，经理就是老板”，但企业管理却显得越来越重要。

这个阶段企业管理的特点是资本家凭自己的经验和惯例行事，工人靠自己的经验和直觉去操作。管理的目标正如18世纪古典经济学家所揭示的那样，就是千方百计地去维护和扩大资本家的利润。

在这种管理水平条件下，企业的业绩评价存在如下特点：业绩评价的执行存在任意性、主观性，且业绩评价客体、业绩评价指标单一。但是，对工人工作效率和成绩进行评价并根据评价结果支付薪酬、激励员工的思想已经开始扎根于企业主的思想中了。

(二)科学管理阶段(19世纪末到20世纪30年代)

该阶段的经济背景是企业的生产规模日益扩大，资本高度集中，企业的所有权与经营管理权开始分离，竞争日趋激烈，管理工作日益复杂，并成为一门专门的职业。

这个阶段企业管理的特点是专门管理人员按照资本家的意图办事，用精确的调查研究和科学知识代替过去的那种凭经验进行管理的传统做法，整个管理工作向科学化、系统化和标准化方向发展，并逐渐形成一门科学——科学管理。科学管理的两个代表人物是美国的泰罗(Frederick W. Taylor)和法国的法约尔(Henri Fayol)。

泰罗主要是从车间工人工作的时间、动作的合理和配合方面进行研究：一方面，在科学试验的基础上按不同工种测算出工人们每一步、每一个动作、每道工艺流程所需花费的时间，制定出在标准时间内的标准工作量；另一方面，要求他们把劳动中不必要的动作去掉，并制定出标准的工作方法和有刺激性的计件工资制度，使工人的操作科学化、合理化，力争以最简洁的操作、最快的速度、最小的投入，完成既定的任务。泰罗的这一“科学管理”学说（也称泰罗制）的目标很明确，就是为了提高劳动生产率。

法约尔在泰罗制的基础上进一步加以发展，不仅考虑了基层各车间工人的操作过程，而且重视研究上层各个职能科室的管理，从企业全局的观点创建其“职能管理”学说。他认为，“管理”是企业主管当局为完成既定目标，在生产、销售、财会、人事、研究开发等各个经营活动方面，运用计划、组织、指挥、协调、控制五项管理职能，对资源的配置和应用进行最优决策，其目标是通过提高经营活动的工作效率来获取最佳经济效益和社会效益。

在这种企业管理背景下，企业的业绩评价将重点转向了对部门和业务单位的评价，其特点包括：业绩评价模式由组织机构确定，呈现出高层对低层的评价模式。业绩评价的指标主要是该车间、部门实际成本费用发生额与标准额或预算数的差额以及重要的财务比率（以 20 世纪 20 年代的杜邦体为代表）。业绩评价主要有两类用途：一是对车间或部门整体进行工作效率的评价，用以决定资源配置和改进管理流程；二是用来奖惩各组织阶层（车间或部门）的管理者。与此同时，对于一线工人绩效的评价也在不断改进，但它逐渐被融入人力资源管理研究的范畴。

（三）现代管理阶段（20 世纪 40 年代至今）

这个阶段的背景是科学技术迅猛发展，生产高度自动化和社会化，跨国公司大量涌现，国际、国内市场竞争激烈，资本利润率下降，经营风险增大。在这期间，管理科学为了适应形势发展的要求，涌现了许多现代管理学派和新的理论。

20 世纪 40 年代产生了行为科学管理学派。该学派认为，人际关系和人的行为是管理工作的关键因素；要提高企业的经济效益，不应以产品为中心，而应以人为中心来充分调动广大职工的生产积极性和创造性。这就要求对组织的行为以及组织中人的行为进行广泛的调查研究，探讨如何调整并改善人与人的关系（如让职工参与管理、参与决策），引导并激励人们在生产经营活动中充分发挥人的内在动力，借以提高工效，降低成本，扩大利润。

20 世纪 50 年代产生了数量管理学派。该学派把管理视为数学的程序、概念、符号和模型的运算。因此，人们可以首先根据会计、统计所提供的信息，应用运筹学和数理统计的原理和方法，把复杂的经济现象建成各式各样的数学模型；然后通过电脑求解，帮助企业管理人员进行最优化的经济预测和经济决策，加强事前的规划和日常的控制，借以提高管理水平，争取最佳经济效益和社会效益。

20 世纪 60 年代产生了系统管理学派。该学派认为，企业是由人和物所组成的完整系统，而系统是具有一定目标的、由相互联系和相互作用的各个部分所组成的复杂整体。因此，管理人员在执行各项管理职能时，绝不能从局部的、个体的最优出发，而应从全局的、从经营管理的各个组成要素的总体出发，实现对经济活动进行规划和控制的最优化。

20 世纪 70 年代产生了灵活管理学派，或称权变管理学派。该学派认为，当今世界的经济形势不肯定因素太多，瞬息万变。因而企业管理不可能依靠一套固定的数学模式，也不是简单地归纳几条原则就能应付自如；必须把以上各种管理学派的理论取长补短、兼收并蓄，并根据企业所处的外部环境和内部条件，权宜应变，灵活掌握。

20 世纪 80 年代至今，现代化管理还广泛吸收“信息经济学”和“代理理论”的有益内容为其服务。随着现代管理学派和新的理论发展，各时期企业业绩评价的理念与技术方法有了不断的演进。进入 21 世纪以来，信息技术高速发展，经济全球化加速，企业的外部环境和内部结构都发生了深刻的变化。企业管理进入了以战略管理为主体的时代，同时，体现战略的业绩评价指标已势在必行。

这个阶段企业业绩评价的特点是：企业价值评估作为外在的压力存在，并对企业融资产生了重大影响；企业内部业绩评价模式仍旧以高层对低层的评价模式为主；重视对高级经理层的评价，且由董事会执行；业绩评价指标体系虽然比以前趋于成熟，形成了预算与实际利润比较、投资报酬率、现金流量等以财务指标为主的比较完整的业绩评价方法体系；在计算评价业绩的财务指标时已考虑到汇率变动、通货膨胀、转移定价及其他环境因素的影响，使业绩评价方法更为合理；区分了子公司的业绩与公司经理人员的业绩评价。例如，主要采用投资报酬率评价子公司业绩，在评价经理人员业绩时偏重于以预算为标准；在财务指标的基础上增加了其他非财务指标作为业绩评价系统的补充组成部分。

第二节　企业价值评价的基本理论

一、价值评价的目的和作用

价值评价无处不在，但在不同的环境中对于不同的人来说，价值评价扮演的角色是不同的，价值评价的目的和作用也具有显著的差异。

（一）投资组合管理的需要

在投资组合管理中，价值评价的角色在很大程度上取决于投资者的投资哲学。对于消极的投资者而言，价值评价在投资组合管理中的意义不大，而对于积极的投资者来说，价值评价则意义重大，并且对于不同类型的积极投资者，价值评价所发挥的作用也不相同。积极的投资者可以分为技术分析型和基本分析型。技术分析型的积极投资者相信自己具有预测整个股票市场或债券市场未来变化趋势的能力，而基本分析型的积极投资者确信自己有挑选价值被低估或高估的证券的技能。对于技术分析型投资者而言，价值评价并不具有很强的实际意义，他们更关心整个市场而不是某家公司证券的价值；但对于基本分析型投资者来说，价值评价在投资组合管理中扮演着核心角色，因为他们更注重基本分析而不是技术分析。

（二）公司购并业务的需要

价值评价在公司兼并收购分析中具有核心作用。购买方（公司或个人）在报出收购价格之前，必须估计出目标公司的公平价值。而被收购公司也必须定出自身合理的价值，以决定是接受还是拒绝收购要约。

在兼并收购价值评价中存在几项特别的因素。首先，在决定收购价格之前，必须考虑收购公司和被收购公司（又称为目标公司）合并之后所产生的协同作用对价值的影响。那种认为协同作用无法估计、不能进行量化考虑的观点是错误的。其次，在确定公平价格的时候必须考虑目标公司重组和管理层变更对价值的影响，这一点在敌意收购中尤为重要。最后，收购价值评价中往往存在着严重的主观偏见问题。目标公司可能会对自己作出过分乐观的价值评价，这在出现敌意收购的情况下更为明显。同样，当购买方出于公司战略的原因已作出收购决策的时候，分析人员会承受巨大的压力，以致不得不违心地给出支持收购决策的价值评价结果。

（三）公司内部管理中的需要

公司的价值与公司的重大决策——公司新的投资项目、融资策略和红利政策等密切相关。理解它们之间的关系对于进行增加公司价值的决策和企业资本结构决策都是至关重要的。例如，公司决定投资新项目，不仅要对该项目的行业、市场、技术等方面进行周密、详细的了解，还要根据该项目未来现金流量的预测来对该项目进行价值评价,并与融资成本和股权资本成本进行比较,从而判断该项目是否值得投资。

二、价值评价的分类

(一)按评价主体分类

按评价主体分类,可以分为内部评价和外部评价。内部评价是指由资产的占用者自己或者聘请中介机构进行的评价,其评价结果主要是为企业内部的经营管理服务;外部评价是指企业外部的专业评价机构独立进行的评价,其评价结果是为外部投资者和研究人员服务。

(二)按评价客体分类

按评价客体分类,可以分为公司价值评价、股票价值评价、债券价值评价、不动产价值评价、自然资源价值评价以及无形资产(专利等)价值评价等多种。由于这些资产具有不同的特点和运行机理,因而对它们进行估价的假设以及适用的模型、方法也表现出较大的不同。

(三)按评价的范围分类

按评价的范围分类,可以分为整体资产评价与单项资产评价。整体资产评价是指对某一公司(企业)或企业集团的全部资产(包括公司整体、股票、债券等)进行的评价;单项资产评价是指对某一公司(企业)的某一项或若干项资产(如专利、自然资源、不动产等)进行的评价。

(四)按评价的方法分类

按评价的方法分类,可以分为现金流贴现估价法、相对比较估价法、EVA 估价法等几种。这些方法所运用的原理及估价模型各不相同,因而其适用的场合和范围也各不相同。例如,现金流贴现估价法主要应用于有现金流入的资产;相对比较估价法主要应用于能找到多个价值已知的相似资产的资产;EVA 估价法与现金流贴现估价法原理相同,但主要是从股东的价值增值角度来考察的。

三、价值评价的前提假设

由于同一资产的价格在不同的用途和经营环境条件下会有所不同,因此,在评价时,评价人员必须对资产的未来用途和经营环境作出合理的判断。一般将评价人员对资产未来用途及经营环境的设定规范称为资产价值评价的前提假设,具体又可以分为以下三种情况:持续经营假设、公开市场假设和破产清算假设。

(一)持续经营假设

持续经营假设是指假设资产未来的用途和经营环境不变,将以当前正在使用的方式和目的继续使用下去,投资者仍采取原来的资产利用方式并从中获益。适用这一前提假设的价值评价,要求待评价的资产具备三个条件:资产将按原来用途使用下去;资产的性能仍能发挥作用;资产所提供的服务正在而且可以继续满足某种经济需要。或者说,资产有剩余使用年限;改变资产的用途从经济上看不可行,从法律上看不允许;市场对这种资产有需求,由现有的和类似的用户继续使用该资产比较切实可行。

(二)公开市场假设

公开市场假设是指假定资产都可以在公开市场上出售,资产交易是在理想的环境下进行的,是在有组织的市场上发生的。资产买卖双方地位平等,买者想买而不急于买,卖者想卖而不急于卖,双方有足够的时间搜集信息。投资者不再局限于原有的经营方式,而考虑资产的最大、最佳效用,考虑在允许的范围内将资产用于最佳用途时的资产价格。在这种情况下,资产的价格取决于资产的交换能力，也取决于潜在的投资者使用该项资产获利的可能性和潜在的投资者的多少。

（三）破产清算假设

破产清算假设是指资产在某种压力下，被强制进行整体或拆零，经协商或拍卖方式在公开市场上出售（强制出售）。在这种情况下，资产交易双方地位不平等，交易时间短，资产价格大大低于继续使用或公开市场假设条件下的价格。

评价人员在评价前必须全面了解和把握资产交易变动的背景，以及评价结果使用者准备如何使用价值评价报告。在评价的前提假设确定之后，才能确定用什么方法来进行评价。

四、价值评价的原则

为了保证价值评价结果的真实性与准确性，在评价过程中必须遵循以下基本原则：

（一）客观性原则

客观性原则要求：评价人员在评价前对评价对象进行深入细致的调查，全面准确地掌握被评价资产的真实数据资料，在分析整理时从实际出发，对占有的大量数据资料进行去粗取精、去伪存真的综合分析，然后进行科学的计算，实事求是地进行分析。

（二）科学性原则

价值评价必须采用科学的评价规范、标准、程序和方法。一般来说，价值评价的规范、标准、程序和方法是统一的。但由于评价对象的不同和评价目的与要求的差异，也要相应地调整评价的标准、程序与方法。各类资产不仅存在数量的差异，而且还存在质量的差异。因此，在对资产进行评价计算时，要把定量分析与定性分析结合起来，把静态分析与动态分析结合起来，这样才能使评价结果具有科学性与真实性。

（三）公正性原则

公正性原则要求：无论是内部评价还是外部评价，评价人员都要保持以公正的态度进行，不能偏袒和倾向当事的任何一方，更不能为个人或本机构私利任意更改评价的数据、方法和结果，否则，可能使评价人员和机构丧失信誉和从业资格，甚至会陷入诉讼。

（四）独立性原则

价值评价的独立性原则是指价值评价机构及其人员应该依据可靠的资料数据，坚决排除来自各方面的干扰，对被评价资产的价值独立地做出评定。坚持价值评价的独立性原则，是保证评价结果具有客观性的基础。

（五）系统性原则

资产价值是一个复杂的系统，因此，价值评价人员必须树立系统性观点，坚持系统性原则。系统性原则要求：在进行价值评估工作时要注重从全局的角度看问题，注意观察和评估不同资产价值之间的影响，以及它们经过整合后的整体功能与价值。

（六）可行性原则

可行性原则要求：评价机构及其人员是合格的、具有较高的素质，评价中利用的资料数据是真实可靠的，并且，评价工作的程序与方法是合法的、科学的。

五、价值评价的标准

确定目标企业价值的关键是选择合适的资产评估价值标准。目前，国际上通行的资产评估价值标准主要有以下几种：

(一)账面价值

账面价值是指会计核算中账面记载的资产价值的方法。例如,对于股票来说,资产负债表所揭示的企业某时点所拥有的资产总额减去负债总额即为公司股票的账面价值(账面净资产),再减去优先股价值,即为普通股价值。这种估价方法是一种静态的估价标准,既不考虑现实资产市场价格的波动,也不考虑资产的收益状况。

(二)重置成本

重置成本是以评估基准日为前提,以资产处于在用状态所耗费的成本作为资产估价的依据。其适用条件是资产处于在用状态。决定重置成本的两个基本因素是重置完全成本及其损耗(或称贬值、折旧)。

(三)现行市价

现行市价是以评估基准日市场上公开买卖的价格作为价值评价的依据。其适用条件是完全公开的市场和正常的交易行为。决定现行市价的三个基本因素是资产的生产成本价格、市场供求关系和资产质量因素。

(四)公允价值

公允价值又称收益现值,是指将目标企业在未来持续经营情况下所产生的预期收益,按照设定的折现率(市场资金利率或平均收益率)折算成现值,并以此确定其价值。它把市场环境和企业未来的经营状况与目标价值联系起来,是目前评价目标企业价值最常用的方法。其适用条件是资产存在预期收益并可从量上进行衡量。决定收益现值的三个基本因素是年预期收益额、收益期及折现率(即资本化率或投资者要求的股权资本收益率)。

(五)清算价值

清算价值是指企业出现财务危机破产或歇业清算时,把企业中的实物资产逐个分离而单独出售的资产价值,是在企业作为一个整体已经丧失增值能力情况下的资产估价方法,是以假定资产在非正常市场上限期拍卖的价格作为资产估价的依据。对于股东而言,公司的清算价值是清算资产偿还债务以后的剩余价值。其适用条件是资产受某种压力被强制在非正常市场上限期拍卖。决定清算价格的因素较复杂,一般包括资产的数量和功能、拍卖期限、市场供求关系、有关法律规定、国家机关干涉程度等。

第三节　企业价值评价方法

一、企业价值评价的传统模型

(一)传统的企业价值评价方法

企业价值评价的传统模型主要有三种:资产价值基础法、收益法以及现金流量折现法。

1. 资产价值基础法

资产价值基础法是指通过对目标企业的资产进行评估来评价其价值的方法。确定目标企业价值的关键是选择合适的资产评估价值标准。目前,国际上通行的资产评估价值标准主要有以下四种:账面价值、市场价值、清算价值以及公允价值。相关内容在本章第二节中已有相关介绍,在此不再赘述。

2. 收益法(市盈率模型)

收益法是指根据目标企业的收益和市盈率确定其价值的方法,也可称为市盈率模型。市盈率的含义非常丰富，它可能暗示着企业股票收益的未来水平、投资者投资于企业希望从股票中得到的收益、企业投资的预期回报、企业在其投资上获得的收益超过投资者要求收益的时间长短。

3. 现金流量折现法

现金流量折现法是指在估计由并购引起的期望的增量现金流量的基础上，将它们按照一定的贴现率折现，从而确定被收购企业价值的方法。评估得到的被并购企业的价值是并购企业可以接受的最高并购价格。

(二)传统的企业价值评价方法的缺陷

1. 历史成本原则下很难对企业现有价值作出合理判断

随着市场竞争的加剧和科学技术的迅速发展，新会计准则使用之前，会计采用的历史成本原则使报表使用人很难对企业现有价值作出合理判断。账面价值法显然不能反映企业在经营过程中技术进步造成的设备损失，也不能反映企业在经营过程中所形成的无形资产的价值，因此，该种方法在当今实践中一般不采用。而清算价值法则是针对企业解散和破产的特殊情况下使用的(一般是资不抵债)，因此，不具有一般性和广泛使用的价值。

2. 建立在一种可望而不可即的“具有完全效率的资本市场假设基础之上”

所谓的完全效率的资本市场，是指在不存在交易成本的前提下，资本市场的价格可以反映存在的关于资产价值的全部信息，从而使企业具有的包括无形资产价值在内的所有资产价值全部被市场所接受和认同。例如，上述资产价值法中的市场价值基础法、市盈率模型都是建立在这一假设的基础之上，这两种模型认为，在股票市场上，企业的股票价值和市盈率都反映了所有有关企业价值的信息，因此，可以通过应用上述两项指标对企业价值进行简单直接的评价，但是现实生活中，由于交易成本的存在和资本市场的半强式效率或弱式效率的存在、宏观经济的整体影响(且不讲利益相关者制造的虚假信息等人为因素的影响)，利用股票价值和市盈率这两个指标估计的企业价值往往与其实际价值相差很大，并且在实际操作中，选择什么时点的股票价值和市盈率数值，也是一个令人头痛的问题。

3. 没有确切地说明企业净现金流量的来源

公允价值法和现金流量折现法是在预期企业未来净现金流量基础之上确定企业价值的两种方法。两者的主要区别是：前者主要考虑一个企业在不发生大的变动(如被兼并和收购)的情况下，企业未来净现金流量的现值；而后者主要是指兼并收购时兼并收购企业将被兼并收购企业纳入自己经营管理范围之后所预计未来现金流量的现值，是兼并收购企业所能接受的最高价格。然而，上述两种模型并没有揭示企业净现金流量的源泉——企业的顾客，一方面造成净现金流量的确定缺乏根据，另一方面与企业的各种经营管理活动相脱离，无法解释企业经营管理对企业价值的重大影响。

二、经济增加值评价法

(一)经济增加值评价法的原理

经济增加值(Economic Value Added, EVA)是指从经营利润中扣除包括权益资本的机会成本在内的全部资本成本之后的余额。该概念的理论渊源出自于诺贝尔奖经济学家默顿·米勒(Merton Miller)和弗兰克·莫迪利亚尼(Franco Modigliani)于1958年至1961年关于公司价值的经济模型的一系列论文。20世纪50年代，通用汽车公司采用了剩余收益的方法评价企业业绩。剩余收益比较接近于经济学家定义的收益，而不是会计意义上的收益。其计算公式为：

剩余收益＝净收益－投资额×投资成本率

美国Stern Stewart公司把理论和实践结合起来，在1982年提出了与剩余收益理念类似的经济增加值——EVA概念。1991年，美国人贝内特·斯图尔特三世(G. Bennett Stewart Ⅲ)在其著作《追寻价值》(*The Quest for Value*)一书中，首次系统地阐述了EVA的框架。该书的出版，标志着EVA管理体系的确立。

运用经济增加值衡量企业业绩和投资者价值是否增加的基本思路是：公司的投资者可以自由地将他们投资于公司的资本变现，并将其投资于其他资产。因此，投资者从公司至少应获得其投资的机会成本。这意味着，从经营利润中扣除包括这一部分机会成本在内的全部资本成本之后的余额，才是股东从经营活动中得到的增值收益。

(二)经济增加值评价法的计算途径

经济增加值评价法的计算途径有两个：

一是用经过调整的税后经营利润减去公司所用资本的费用，即：

经济增加值＝税后经营利润－资本投入额×加权平均资本成本率 K_w

由上述公式可以看到，计算经济增加值这个指标有三个重要的因素需要考虑，即税后经营利润、资本投入额以及加权平均资本成本率。由此可见，经济增加值在概念上与会计净利润相似，但对公司的全部资本均明确计算费用，而不仅仅是对债务计算其利息。

二是用投资资本回报率与加权平均资本成本之差乘以投资资本，即：

经济增加值＝投资资本×(投资资本回报率－加权平均资本成本率)

由于增长率最终关系到投资资本的数额或公司的规模，所以，经济增加值综合了价值驱动因素、投资资本回报率和增长率。经济增加值的方法说明了公司的价值等于资本投入量，加上相当于其预计经济增加值现值的溢价或折现。即：

企业价值＝投资资本＋预计经济增加值现值

(三)修正的经济增加值(REVA)

对投资者来说，企业业绩的最终表现应该是投资者投入资本的价值的增加。因此，衡量企业经营业绩的关键之一是正确衡量投资者对企业投入的价值。投资者对企业的投入表现为企业资产的价值，这一价值可以用以下三种方法衡量：(1)账面价值，即以历史成本为基础所衡量企业资产的价值。(2)经济价值，即通过对按照历史成本原则和谨慎性原则编制的资产负债表中有关项目进行必要的调整后的资产价值(这些调整包括扣除无利息负担的流动负债、将研发资本化、对商誉摊销的调整等，以求更准确地反映企业资产的实际价值)。(3)市场价值，即公司利用其资产创造的未来收益的现值。它不但反映了企业资产的经济价值，而且反映了市场对企业管理者利用资产创造收益的能力的评价。对应于这些企业资产价值的不同衡量方法，也就产生了不同的业绩评价指标，如利润指标、经济增加值指标、修正的经济增加值指标等。

利润等传统的企业业绩评价指标与激励机制的缺陷在前文已经讨论过，在此不再赘述。另外需要注意的是，利润指标和经济增加值指标采用的是经营评价法。这种方法仅仅关注企业当期的经营情况，没有反映出市场对公司整个未来经营收益预测的修正。而修正的经济增加值指标认为，公司用于创造利润的资本价值总额既不是公司资产的账面价值，也不是公司资产的经济价值，而是其市场价值，故而采用的是交易评价法。这种方法衡量投资者通过在期初买入股票然后在期末卖出而获得的收益，它关注公司股价的变化，同时试图结合企业现金股利和股票价格的上涨情况来分析股东的财富到底增加了多少。交易评价法反映了市场对公司整个未来经营收益预测的修正。如果股票市场是有效率的，并且从一个较长的时间跨度来检验，经营评价法和交易评价法是吻合的。然而，由于通常我们都是从一个较短的时间跨度（如1年、1个季度或者1个月）来评价企业的经营状况，因此，任何经营评价法的结果都会与交易评价法的结果有一定的偏离。

修正的经济增加值指标相对于经济增加值指标具有两个优点：(1)无论何时，只要修正的经济增加值指标为正值，该企业的股东财富肯定增加，因为此时企业创造的财富大于其按照市场价值计算的资本的机会成本。而在经济增加值指标下，即使经济增加值结果为正值，投资者得到的回报仍然有可能小于资本的机会成本。(2)修正的经济增加值指标既可以负债和所有者权益为基础进行计算，也可以单独以所有者权益为基础进行计算。而对经济增加值指标来说，只有负债和所有者权益的市场价值分别等于其经济市场价值时，才可以这样计算。

(四)经济增加值法作为一种新型价值管理工具的特点

1. EVA 指标描述的不是会计利润，而是经济利润

只有收回资金成本之后的 EVA 才是真正的利润，也就是经济利润。传统的会计利润指标在计算时只考虑债务资本成本，而忽视了股权资本成本，因此，这种计算实际上隐含着一个假设，即股东的钱是可以无偿使用的，而这显然是错误的。EVA 从股东的角度来定义企业的利润，股东在将资本投入到企业之后，实际上放弃了投资于其他项目所可能获得的收益，即投资于企业的机会成本，因此，从股东角度来说，只有当企业的盈利超过了他的机会成本时，他的财富才真正地增加了。而 EVA 是经营利润与全部资本成本的差额，其增减变动与股东财富的变化是一致的，它表明了一个企业在每个会计年度所创造或损失的股东财富数量，因此，EVA 指标能真实反映企业的经营业绩。

也就是说，企业利用现有资源创造的财富只有超过资源占用的成本及其机会成本时才会产生财富增值；企业的经营并不只是财务资本的简单应用，它还是组织、管理生产以及使用智力资本和其他无形资产的过程。与传统财务业绩指标相比，使用 EVA 能够较好地从结果上衡量企业所实现的财富增值，更好地揭示企业使用的包括财务资本、智力资本等要素在内的全部要素的生产率。现有的实证研究结果已经表明：使用 EVA 会使管理层倾向于新的投资行为或通过股票回购向股东返利。因此，在公司和部门层次上，EVA 在解决长期资本分配和资源配置领域中的管理问题以及运用于激励报酬系统时效果最佳。

2. EVA 不仅是一种财务衡量指标，而且是一种管理模式和激励机制

EVA 将企业经营成果与薪酬挂钩，能赋予管理者与股东一样关心企业成功与失败的心态。由于像回报股东那样去回报管理人，所以根据 EVA 制订的奖励计划使管理人员具有同股东一样的思维与动力。EVA 的激励机制主要包括两部分：EVA 红利银行、EVA 股票期权计划。

EVA 红利银行的基本内容包括每期都以公司所赚取的 EVA 的一定比例作为红利奖励给管理人员，但这部分红利首先应存入红利银行——这里的红利银行并不是我们日常理解的银行，它仅是用于给管理者累积红利数额的户头的总称，而且并不计息。当 EVA 为正时，每期实际发到管理者手中的红利数额应该是红利银行账面余额的一定比例，其余部分则逐期累积。因此，当 EVA 为正时，它会增加红利银行的账面余额；而当 EVA 为负时，不但本期不能获取红利，还会减少红利银行的账面余额，即抵减他以前所获取的红利。因此，对一个优秀的管理人员来说，只要每期的 EVA 均为正，那么，他每期所获得的红利以及他在红利银行的账面余额都将是逐期增长的。同时，这一制度也不妨碍管理人员的工作调动。只要他没有离开

公司，他在红利银行的户头将一直跟随他到另一个职位；但是，除了正常退休外，其他一切不正常的离职都将导致其红利账户的取消。该计划的主要特点是业绩考核指标采用 EVA 的绝对值或其增量，若员工完成了既定的 EVA 或其增量，则发给员工既定的目标红利；如果超额完成或没有完成任务，则按比例增减，“上不封顶，下不保底”。实践中，根据公司所处的组织生命周期不同，EVA 红利计划又会有不同的具体形式。它们的区别主要在于确定每期发放红利的方法及比例有所不同。

EVA 股票期权计划将股票期权计划与 EVA 红利计划联系在一起，在行权价格和发放数量上进行了改进。股票期权的授予数量由当年所获得的 EVA 红利而定，管理人员使用自己的红利来购买股票期权。行权价格则采用递增方式而不是固定的行权价格，在授予时大致上等于当时的市场价格，授予后每年行权价格递增，增加的比例约为当年的加权平均资本成本减去股利率。根据期权定价理论，当行权价格上升时，单位期权的价值下降，因此，在授予数量上应有所提高。在实际应用中，有三种期权计划可供参考：固定价值计划、固定数量计划、固定数量计划中引入一个风险更大的变量。

3. EVA 不是单一的财务指标，而是一种业绩管理评价指标体系

采用 EVA 作为业绩衡量指标结束了企业使用多种指标相互冲突的混乱状态。大多数企业在不同的业务流程中往往使用各种不一致的衡量指标，如在评估个别产品或生产线时，毛利率是主要标准；在评价各部门的业绩时，可能会根据总资产回报或预算规定的利润水平；财务部门则通常采用净现值分析资本投资；在评估并购业务时则又常常把对收入增长的预期贡献作为衡量指标。EVA 结束了这种混乱状况，仅用一种财务衡量指标就连接了所有决策过程，并将公司各种经营活动归结为一个目的，即如何增加 EVA。而且，EVA 为各部门的员工提供了相互沟通的共同语言，使得企业内部的信息交流更加有效。整个 EVA 系统的目的就是以价值驱动力和资本成本为中心，确定赖以发放激励薪酬的基础，并达成公司内部与投资者的良好沟通。

4. EVA 不鼓励追求短期利益，而是注重企业的可持续发展

EVA 不鼓励以牺牲长期业绩的代价来夸大短期效果，也就是不鼓励诸如削减研发费用的行为，而是着眼于企业的长远发展，鼓励企业的经营者进行能给企业带来长远利益的投资决策，如新产品的研究和开发、人力资源的培养等。这样做有利于杜绝经营者的短期行为。

因此，应用 EVA 不但符合企业的长远利益，而且也符合新经济时代的要求。因为在新经济时代，以知识为基础的无形资产将成为决定企业未来现金流量与市场价值的主要动力，劳动不再是以成本的形式从企业收入中扣除，资产不再是企业剩余的唯一分配要素，智力资本将与权益资本和债权资本一同参与企业的剩余分配，甚至前者将处于更重要的地位。

5. 利用 EVA 理论可以改善公司的治理结构

EVA 理论体系包括评价指标体系、管理体系、激励制度、理念体系。其提升公司价值的功能体现在：更有效地经营现有的业务和资本，提高经营收入；投资那些预期回报率超出资本成本的项目；出售对别人更有价值的资产，或者通过提高资金使用效率，加快资金周转速度，把资金沉淀从现存营运中解放出来。

应用 EVA 机制可以使经营者与股东的利益一致，从而进一步协调经营权与所有权的关系。因为 EVA 机制可以使经营者站在所有者的立场进行思考并采取行动，使得所有者与经营者的信任关系增强，委托者与代理者的思想一致起来，从而在利益一致的基础上增强合作。

三、基于客户关系价值的企业价值评估模型及其拓展

(一)客户关系价值的概念

客户关系价值是指企业拥有的客户可能为企业带来的现金流量的现值。这一概念最早由美国学者罗伯特·韦兰(Robert Wayland)和保罗·科尔(Paul Cole)提出。在当今社会,对于企业而言,股东、社会、顾客、雇员都将影响企业收益,从而影响企业价值。然而,在这四者当中,顾客是最根本的因素,因为顾客是企业未来现金流量的源泉,而雇员和社会则从内部和外部影响源泉产生的流量的大小,股东则是该源泉的最终受益者。

(二)客户关系价值的评估模型

客户关系价值取决于客户对企业产品的购买频度、每次购买量和购买的持续期。这受到顾客对企业产品的忠诚度、满意度等因素的影响。企业客户关系价值由下述模型加以衡量:

$$CE = \sum_{t=1}^{n} Q_t \pi_t d_t - \sum_{t=1}^{n} (D_t + R_t) d_t - A_t$$

其中:CE 表示顾客关系价值;Q_t 表示顾客的 t 期购买量;π_t 表示每单位购买的税后利润;D_t、R_t 和 A_t 表示顾客的获取、发展和保有成本;d_t 是贴现率。

为了计算客户关系价值,必须首先确认从某一特定客户或客户群那里能获得的现金流,以及为建立、保有这些客户关系而必须支出的现金流,并且还要确认这种关系到底能持续多久。我们可以把客户价值分为两部分:关系产生的现金收入流,为建立并保有这一关系而必须产生的现金支出流。

影响客户关系价值的现金收入流的大小取决于客户长期购买量、购买量的利润率,以及这种关系的持久期、客户进行这些购买的次数。而为了获得客户的收入流,企业必然要花费成本去获取、发展并保有客户关系。“获取成本”是指对企业进行投资,以便吸引客户并使其满意所发生的支出,包括市场营销、广告以及为获取新客户而进行的折让销售等导致的现金流出。“发展成本”是指企业用来加强或维持现有关系价值而发生的支出,例如,更多地了解客户需求、提高客户购买率、对客户的要求做出反应等过程中所发生的耗费。“保有成本”是指为延长客户关系持续的时间,降低客户不满意程度,或重新激活客户等而发生的支出。

客户关系价值,就是收入与获取、发展、保有成本的差。如果购买量、利润率和持续期三个变量增加,客户价值就相应地增加。给定购买量、利润率和持续期,获取、发展、保有成本以及贴现率的增加,则会导致客户关系价值的减少。从原则上看,如果知道这些变量的值,就可以确定任何客户关系价值。

(三)基于客户关系价值的企业价值评估模型

现在,我们将上述模型进行如下改变:等式左边表示一个企业的价值,等式右边第一项表示该企业目标客户群(一个或多个)每年为企业带来的现金流入,而等式右边第三项表示企业为开发、维持、发展其目标客户群所发生的现金支出,包括企业的广告宣传和形象设计、技术创新、机器设备投资等企业所有的经营活动(实际上是将上述模型的左边第二项和第三项进行了合并,因为我们现在考虑的是企业的价值而不是某一个目标客户群的价值)。由此得到如下企业价值评估模型:

$$EV = \sum_{t=1}^{n} Q_t \pi_t d_t - \sum_{t=1}^{n} C_t d_t$$

其中:EV 表示企业价值;Q_t 表示顾客的 t 期购买量;π_t 表示每单位购买的税后利润;C_t

表示顾客的获取、发展和保有成本(包括企业的固定成本和各期的变动成本);d_t 是贴现率。

相对于传统的企业价值评估模型而言,该模型在评价分析企业价值时有如下优点:(1)指出了企业价值的源泉在于企业的客户,即企业的现金流量是由企业客户的购买行为产生的。由此,一切影响企业顾客购买行为的宏观、微观因素都会影响企业未来的现金流入,从而为我们估计各种因素对企业价值的影响提供了一个出发点和衡量的标准。(2)指出了企业的诸如广告宣传、形象设计、新产品开发等一系列营销活动是企业所必需的,从而能对企业无形资产的投资、知识的积累、管理能力的高低有一个较为客观、全面的评价。(3)调整模型的贴现系数和现金流可以满足不同的主体对企业价值评估的需要,从而使得该模型具有更大的灵活性和应用性。对于股东而言,贴现率是股东预期的资本报酬率;对于想要收购企业的兼并者而言,贴现率则是兼并企业收购资金的筹资成本或者机会成本,现金流则是企业兼并整合后由兼并行为导致的兼并企业现金流的变化量。同时,该模型保留了传统公允价值法和贴现现金流量法的优点,不仅可以用来评价上市公司,而且可以用来评价中小公司;既可以用于评价传统的企业,也可以用于评价高新技术企业。

当然,该模型也存在着不足。例如,在评估企业客户未来的购买量、购买频度和购买期时,不仅需要考虑企业外部的因素,诸如国家经济状况、产业政策、供应商、竞争对手等,还要考虑企业内部的各种经营活动对企业价值的影响。这样一来,企业价值评估不再仅仅是财务管理人员的事情,而是一件需要由包括企业各种管理人员和专家在内的团队共同完成的事情,因此,操作起来比较麻烦。

(四)基于客户关系价值的企业价值评估模型的拓展

显然,在上述企业价值评估模型的分析中没有考虑不确定因素,如企业从其客户手中获得现金收入的风险大小等,因此,我们可以通过引入相关的不确定因素从而对上述模型进行改进。新的模型如下:

$$EV = \sum_{t=1}^{n} E(Q_t, \pi_t) d_t - \sum_{t=1}^{n} C_t d_t$$

在这个模型中,一方面通过引进现金流入的期望值来调整原有计算公式的分子;另一方面,我们还可以通过引入风险贴现因子来对分母(即折现率)进行调整(可以借鉴资本资产定价模型中贴现率的确定方法)。

通过对分子和分母的同时调整,这个模型可以帮助我们对高新技术企业的价值作出一个比较科学的判断。高新技术企业的一个重要特点是目前的市场前景不明朗,企业的核心竞争能力并不突出。也就是说,上述模型中的顾客为企业带来的现金流入存在较大的不确定性。因此,在对高新技术企业价值进行评估的过程中,模型中的分子使用顾客现金流入的期望值,而分母应用含有风险报酬在内的折现率,从而可以对这类企业的价值作出比较客观的评价。

对模型的另一个拓展,就是在模型的左边加入一项,用以评估分析企业经营者的业绩以及薪金报酬。其公式如下:

$$EV - EV_0 = \sum_{t=1}^{n} E(Q_t, \pi_t) d_t - \sum_{t=1}^{n} C_t d_t$$

在上述模型中,等式的左边减去了经营者任期前企业的初始价值 EV_0,由此得到企业在当前经营者任期内新增加的价值;而等式的右边则是按照企业股东预期的报酬率进行的对企业现有价值的评估。

由于企业家的经营才能是现代企业竞争能力中最稀缺的资源,企业经营者才能的高低直接决定了企业的客户状况及核心竞争能力等,从而决定了上述公式左边差额的大小。企业可以就其增值部分在企业经营者和股东之间进行分配，分配比例可以根据经理人才市场供求状况以及股东与经营者之间的谈判状况等因素确定。这种做法可以避免实行股票期权等激励方式受到资本市场运行状况和人为操纵的影响，从而既保护股东的利益，也能够比较合理地激励经营者。

主要概念

Enterprise Value Evaluation：The process of transformation from the prediction of enterprise to the valuation of a company or a part of the company.

Economic Value Added：The balance after deducing all capital cost from operating profit，including the opportunity cost of equity capital.

Customer Relationship Value：The present value of the cash flow from the customer of the enterprise.

思考与练习

1. 企业价值评估的概念是什么？
2. 传统的企业价值评估方法有哪些？它们有什么缺陷？
3. 简述 EVA 的基本原理及优缺点。
4. 什么是客户关系价值？基于客户关系价值可以如何进行企业价值评估？

案例阅读

案例阅读 1 —— GE 的业务管理与价值评估

一、案例背景

1878 年，“发明大王”爱迪生创立了爱迪生电气照明公司。1892 年，爱迪生电气照明公司与托马斯—休斯顿电气公司合并，通用电气公司(General Electric，GE)由此诞生。1981 年 4 月，45 岁的杰克·韦尔奇(Jack Welch)成为通用电气公司历史上最年轻的董事长和首席执行官。

在韦尔奇就任 GE 的 CEO 之前，韦尔奇的前任琼斯留给他一艘巨大的企业“航空母舰”——3A 的信用等级、年收入超过 27 亿美元的业务群、高达 22.5 亿美元的自由现金流，以及 40.4 万人的庞大雇员群体。就在大部分人认为 GE 是一个不断创造企业价值的超级公司时，韦尔奇却认为 GE 仅仅是一个联合大企业，而不是一个高度整合、战斗力强大的多元化企业集团。尽管 GE 的业务群数量庞大(当时 GE 的事业部总数达到了 64 个)，但各事业部的情况却参差不齐——固然有很多不断创造价值的明星类(Star)和现金牛类(Cash Cow)业务，但不创造价值甚至减损企业价值的问题类(Question)和瘦狗类(Dog)业务也有很多。对于 GE 的状况，韦尔奇已经忍无可忍。他认为，笨重的 GE 已经越来越跟不上时代变革的脚步，而保留那些既占用资金又不能创造价值的业务是极其愚蠢的。他希望“这个公司能够像一艘快艇，迅速又灵活，能够在风口浪尖之上及时转向”，“在必须变革之前就做出变革”，极力推进 GE 进行脱胎换骨式的革新。

二、GE 的业务管理及其对企业价值的影响

经过大量的调研，结合 GE 自身的条件，韦尔奇确定了 GE 的三个重点业务群(①核心业务群，包括照明、大家电、电动机等；②高科技业务群，包括医疗器械、电子、工业材料等；③服务业务群，包括信托投资、信息技术等)，并将资源优先提供给重点业务。GE 计划通过内部发展、收购使重点业务强大起来，使其所有的业务都是全球“数一数二”的超重量级选手，而那些不是“数一数二”的事业部就要被砍掉——整顿、关闭或出售。在韦尔奇的领导下，通用电气进行了大量的内部整合工作和外部并购活动，其中包括收购了动力研究院、劳动保险公司、沃德信托投资公司等，同时也出售了探路者矿业公司以及家用器具业务等。

在其任期内，韦尔奇领导 GE 进行了大约 1 000 桩企业交易（仅在 1998 年度就投资 210 亿美元收购了 108 家公司），削减了 10 万名员工，并大力推进“六西格玛”的严格质量标准。韦尔奇大刀阔斧的变革行为也为自己赢得了“中子弹杰克”的恶誉。然而，GE 的成绩为韦尔奇作了最好的证明：以前 GE 旗下仅有照明、发动机和电力 3 个事业部在市场上保持领先地位，而如今，在韦尔奇的领导下，已有 12 个事业部在其各自的市场上数一数二，如果单独排名，通用电气有 9 个事业部能入选《财富》500 强。在韦尔奇执掌通用电气的 19 年中，公司迅速发展，并因此连续多年在美国《财富》杂志“全美最受推崇公司”评选中名列榜首。显著的成绩使得韦尔奇被誉为“世界第一 CEO”。

韦尔奇很反感“中子弹杰克”这个绰号，他认为他的所有行为都是战略性的，出售公司业务部门和并购新的业务都是建立在价值评估的基础上的，都是为了不断增强 GE 长期的价值创造能力。

资料来源：杨雄胜. 高级财务管理理论与案例[M]. 大连：东北财经大学出版社，2012.

【思考与讨论】

1. 结合案例资料，谈一谈企业价值评估的重要性。
2. 结合案例资料，谈一谈企业价值评估的过程中需要注意些什么？

案例阅读 2——土豆网的价值评估

一、公司概况

土豆网于 2005 年创立于上海，是一家视频分享网站。土豆网提供的视频内容主要包括网友自行制作或分享的视频节目、来自内容提供商的视频节目以及土豆网自身投资制作的节目，其收入主要来源于广告业务。凭借着用户生产内容模式，土豆网迅速累积人气，流量大增，并带动 56 网、激动网、优酷网、酷 6 等网站相继上线，国内视频网站数量暴增。土豆网、优酷网则迅速做到视频网站流量第一阵营。

凭借在 2009 年度创意营销中的出色表现，土豆网赢得“2009 年度中国创意传媒价值媒体奖（平台奖）”。截至 2010 年 12 月 31 日，土豆网注册用户数达 7 820 万人，日均新视频剪辑上传数量为 40 000 个。2011 年 8 月 17 日晚上 9 点 45 分，土豆网在美国纳斯达克上市，股票代码为“TUDO”。根据土豆网招股书披露，此次 IPO 募集资金将用于购买影视剧内容、扩大宽带能力、完善技术平台，以及其他包括潜在收购、合作联盟等运营资本。2011 年 10 月 18 日，视频网站乐视网及土豆网联合宣布成立合资公司进行采购和分销，并共同筹建视频合作平台。

二、盈利模式及盈利预测

土豆网的盈利模式为：以广告营业收入为主要营业收入，广告商数量增长迅速；2010 年 1 月开始与中国移动合作，提供手机视频点播服务，开始与中国移动进行收入分成；2010 年第三季度版权分销开始成为土豆网的营业收入来源之一。

近些年，中国互联网的高速发展带动了在线视频行业的发展；而中国广告行业的高速发展又拉动了互联网广告业。土豆网拥有高速增长的用户量，这是它获得持续增长的营业收入的来源。

对土豆网进行价值评估，需要以其历年营业收入来源、结构以及历史业绩、未来预测为基础。表 5－1 给出了相关的财务预测数据。

表 5－1　　2011～2015 年土豆网盈利资料预测　　单位：百万美元

	2011	2012	2013	2014	2015
营业收入(Net Revenue)	73.8	135.4	236.1	394.7	580.5
营业成本(Cost)	70.6	108.6	170.5	255.7	325.4
净利润(Net Income)	－93.4	－36.8	－14.9	35.5	102.9
调整的折旧、摊销、息前税前利润(Adjusted EBITDA)	－33.7	－17.8	10.1	72	176.5

三、估值方法与估值结果

(一)市盈率法

由以上盈利预测可知，土豆网在2014年前利润仍然为负，因此，在每股收益为负的年度里无法使用市盈率法作为估值方法。可以对2014年(预计在该年扭亏为盈)以后的年度应用市盈率法进行估值。

在美国上市的12家同类中国企业(新浪、网易、百度、中华网、当当网、优酷网等)，它们的市值为2011年预期营业收入的3倍。从可比公司的市盈率对比来看，彭博社的统计数据显示，11家在美国上市的互联网零售商平均市盈率为29.2倍。综合分析土豆网的行业地位、盈利能力、业务构成和未来增长潜力，其经营步入正轨之后，市盈率应该会接近统计数据所选样本的平均水平。因此，预计2014年、2015年土豆网的价值应该分别在10.3亿美元(29.2×35.5百万美元)、30.05亿美元(29.2×102.9百万美元)。

另外，彭博社2011年数据显示，当当网的市盈率较它们的平均市盈率高出64%，亚马逊当前的市盈率为39倍，同样在美国纳斯达克上市的优酷网估值使用的市盈率在40～60倍(虽然仍存在争议)，因此预计土豆网的市盈率还有大幅提升的空间。

(二)现金流量折现法

根据表5—1的数据，可得到土豆网2011～2015年的自由现金流量的现值；同时，预计公司的永续乘数在14～16倍；折现率(即加权平均资本成本)在11%～13%。

$$\text{自由现金流量 } FCF = (\text{税后净营业利润} + \text{折旧及摊销}) - (\text{资本支出} + \text{营运资本增加}) = \text{债权人自由现金流量} + \text{股东自由现金流量}$$

$$\text{加权平均资本成本 } WACC = K_b \times b_b \times (1-T) + K_e \times b_e$$

其中：K_b 表示债权资本成本；K_e 表示股权资本成本；b_b 表示债权资本所占比重；b_e 表示股权资本所占比重；T 表示所得税税率。

估值结果如表5—2所示：

表5—2　现金流量折现法的基本假设与估值结果　单位：百万美元

折现率	11%			12%			13%		
EBITDA永续乘数	14.0	15.0	16.0	14.0	15.0	16.0	14.0	15.0	16.0
2015年EBITDA	176.0	176.0	176.0	176.0	176.0	176.0	176.0	176.0	176.0
永续价值	2 464.0	2 640.0	2 816.0	2 464.0	2 640.0	2 816.0	2 464.0	2 640.0	2 816.0
永续价值现值	1 462.3	1 566.7	1 671.2	1 398.1	1 498.0	1 597.9	1 337.4	1 432.9	1 528.4
自由现金流量现值	−124.7	−124.7	−124.7	−123.6	−123.6	−123.6	−122.5	−122.5	−122.5
内含公司价值	1 337.6	1 441.9	1 546.5	1 274.5	1 374.4	1 492.3	1 214.9	1 310.4	1 908.5
加：现金及等价物	183.0	183.0	183.0	183.0	183.0	183.0	183.0	183.0	183.0
减：总负债	9.5	9.5	9.5	9.5	9.5	9.5	9.5	9.5	9.5
内含股权价值	1 530.1	1 634.4	1 738.9	1 467.0	1 566.8	1 684.7	1 407.3	1 502.9	2 100.9
每股内含价值	53.9	57.6	61.3	51.7	55.2	59.4	49.6	52.9	74.0
永续价值/公司价值	309.1%	303.7%	299.0%	312.0%	306.4%	301.5%	315.2%	309.1%	304.2%

资料来源：汤谷良等.财务管理案例(第二版)[M].北京：北京大学出版社，2012.

【思考与讨论】

1.现金流量贴现模型有什么特点？

2.结合案例资料，谈一谈企业价值评估的过程中需要注意些什么？

第六章 企业并购

要点提示

- 企业并购的概念。
- 企业并购的财务分析。
- 企业并购的支付方式及其特点。
- 企业并购的防御措施。

第一节 并购概述

一、并购的概念

(一)对并购的一般理解

并购也称为兼并与收购(Mergers and Acquisitions, M&A),它实际上包括了在市场机制的作用下,企业为了获得其他企业的控制权而进行的所有产权交易活动。

所谓兼并(Merger),通常有广义和狭义之分。狭义的兼并是指企业通过产权交易获得其他企业的产权,使这些企业丧失法人资格,并获得他们的控制权的经济行为,相当于公司法中规定的吸收合并。而广义的兼并则是指在市场机制的作用下,企业通过产权交易获得其他企业产权并企图获得其控制权的行为,它除了包括吸收合并外,还包括新设合并和其他产权交易形式。

所谓收购(Acquisition),是指对企业的资产和股份的购买行为。其内涵与广义兼并非常接近,因此经常把兼并与收购合称为并购。与企业并购密切相关的一个术语是企业重组。企业重组实际上包括扩张、售出、公司的控制权和所有权变更,而并购应该被划入扩张类。但是在一些非学术性的场合,企业并购和企业重组经常被等同起来,没有严格的区别。

(二)并购的本质是企业的一种重大投资决策行为

广义的投资行为是企业资本的任何一种形式的占用。一般而言,企业投资的形式主要有两种:一种是通常意义上的投资,如股票投资、债券投资、固定资产投资等把资本投向生产资料、劳动力、技术、信息等各种生产要素;另一种是通过市场购买另一家具有独立法人资格的现存企业(实为各种生产要素的一个整体组合),并将该企业纳入本企业的运营轨道,从而达到扩大生产规模、增强企业实力、实现发展战略的目的。这种以产权转让为基本内容的投资行为就是兼并与收购,即并购。由此可见,企业并购的本质是企业的一种投资行为。而且,由于其资本耗费大、不确定性及风险大,对企业未来发展具有直接的影响作用,所以并购的本质是企业的一项重大投资决策行为。企业必须对该投资行为的程序进行严格控制,对并购业务的可行性作深入的分析和研究,以确保并购业务顺利、有效地进行。

企业并购的目的在于实现对目标企业的控制，并对其进行重组，重新定位并选择经营目标，进而实现并购企业自身的发展战略。而获取目标企业的部分或全部产权是企业实施兼并与收购的途径。

需要明确的是，现代企业制度的建立是企业实施兼并与收购业务的前提。现代企业制度是社会化大生产和市场经济的产物，社会化大生产对生产要素的科学组合和市场对资源的合理配置及市场的竞争性与风险性，都要求建立与之相适应的现代企业制度。因此，并购企业和目标企业均为产权明晰、权责明确、政企分开、管理科学的现代企业，是兼并与收购能顺利进行的重要前提。一方面，现代企业制度“产权关系明晰”的特征使得并购企业和目标企业之间的产权交易与转让成为可能；另一方面，现代企业制度“政企分开”的特征使得并购企业与目标企业可以完全根据自身发展的需要来决定是否实行兼并与收购。

二、并购的发展历史

企业的并购、重组与整合是经济全球化浪潮的主流，是资本运营的主要形式。并购在国际社会上是由来已久且比较普遍的现象，但在我国还算是一个比较新颖的事物，并且随着改革开放的不断深化而逐渐蓬勃发展。

（一）第一次并购浪潮

第一次并购浪潮发生在 19 世纪 90 年代至 20 世纪初，以“合并同类项”为特征的横向并购在规模与效率的基础上孕育出了一大批真正的现代产业。这个时期，工业革命的进行和资本主义由自由竞争阶段进入垄断阶段以及社会化大生产的发展，对资本集中提出了进一步的要求。

英国在此期间发生的并购大多数分布在纺织业，并购使原先存在的效益较低的卡特尔被新设公司所取代。在其他行业，通过大规模的同行业并购，产生了联合帕特拉水泥公司、帝国烟草公司、壁纸制造商联合体、盐业联合体和联合碱制品公司等大公司。不过这次并购后形成的企业规模虽然在当时来看不小，但与以后的并购公司尤其是与现代并购企业规模相比，仍是较小的，而且这种企业也较为松散。这一时期并购后的大企业中，以纺织、酿造业为主，钢铁、化工和电机等新兴行业的企业仍处于较小的规模。在企业组织形式上，以家族型、合伙型企业组织形式为主，采用现代企业制度组织形式的占少数。

美国的并购活动是随着 19 世纪 60 年代开始的工业化和证券市场的发展才活跃起来的。到 19 世纪与 20 世纪之交，掀起了第一次并购浪潮，仅 1898～1903 年的 6 年间，美国矿业与制造业就发生了 2 795 起并购，这次并购使美国的经济集中度大大提高，产生了一些后来对美国经济结构影响深远的垄断组织，如美孚石油公司、美国烟草公司、美国钢铁公司、杜邦公司、美国橡胶公司等一批现代化的大型托拉斯组织。

德国在这一时期也通过并购产生了许多垄断组织，包括西门子公司、克虏伯公司在内共计 600 个卡特尔，极大地提高了德国工业的集中度。雇员人数在 50 人以上的企业数在这一时期提高了 2 倍。

第一次并购浪潮的特征有：其一，以横向并购为主。追求垄断地位和规模经济是本次并购浪潮的主要动因。通过同行业优势企业对劣势企业的并购，组成横向托拉斯，从而集中同行业的资本，并使企业在市场上获得了一定的市场势力。其二，证券业的发展，尤其是工业股票的上市，为并购活动提供了新的场所。这一时期内美国 60%的并购事件是在证券市场上进行的。证券业和并购活动的发展，也造就了一个新的经济阶层。其三，银行对并购的参与促进了并购的发展。银行不仅为并购活动提供所需资金，而且往往成为并购的中介机构和顾问。这期间美国大约25%的并购得到了银行尤其是投资银行的帮助。

（二）第二次并购浪潮

第二次并购浪潮发生在两次世界大战之间的20世纪20年代，以整合上下游为手段的纵向并购在形成垄断与寡头的前提下完成了融通各个产业集群的市场关联，从而使得所谓的现代宏观经济有了运行平台。这个时期，第一次世界大战刚刚结束，资本主义世界进入了一个稳定发展的时期。英、美、德、法等资本主义国家的经济有了较大的增长，除了战后恢复因素外，这些增长在很大程度上应归功于科学的发展、新技术的应用以及产业合理化政策的实行。

英国在这次并购浪潮中涉及许多新兴行业，并产生了许多著名的大公司，如电机制造业的三大企业——英国电器、GEC和电器行业联合体，就是在这个时期通过并购形成的；布斯、里沃斯、卡特布里—佛拉、路卡斯等英国大公司也都是在一时期通过并购形成的。其中最为壮观的一次并购发生在1926年，四家经过同业并购已在各自的炸药、染料、碱制品行业中占重要地位的大公司——诺贝尔工业公司、布鱼诺姆德公司、不列颠染料公司、联合碱制品公司，合并组成了ICI公司。

美国在这个时期发生的并购数量大大超过第一次。1919～1930年期间，有将近12 000家公司被并购。虽然这一阶段由于克莱顿法的作用，使得大企业的并购交易有所减少，但因投资银行的经纪作用，繁荣的证券市场仍然促进了并购的发展，尤其是小型企业并购交易极为活跃。这次并购涉及大量纵向并购，对生产与消费、供给与需求起到了一定的调整作用，但也使美国的垄断化程度进一步提高，市场竞争进一步加剧，国民经济在一定程度上为一些大财阀所控制。

这个时期德国的并购与资本集中有了较大的变化。与其他西方国家不同的是，德国的资本集中不是通过市场自然形成的，它更大程度上是在政府的调控和干预下进行的。到20世纪20年代末，国家出资控股的国有垄断资本已占全国股份资本的13.2%，为了满足当时希特勒推行的国民经济军事化的需要，还强制实行卡特尔政策，通过强制手段提高德国资本的集中度。

第二次并购浪潮的主要特征是：其一，出现了多种并购形式，并以纵向并购居多。通过纵向并购，一方面，使生产或生产与销售一体化，有助于生产的连续性并减少商品流转的中间环节、节约销售费用等；另一方面，加强了垄断，建立了更多的行业进入壁垒，有利于获得更多的垄断利润。其二，工业资本与银行资本开始并购、渗透。例如，洛克菲勒控制了美国花旗银行，摩根银行则创办了美国钢铁公司。产业资本与银行的相互融合，产生了一些所谓的金融寡头，其金融资本势力相当雄厚，在此后的美国经济中扮演了重要的角色。其三，这个时期产生了国家干预下的企业并购，某些国家为了一定的目的，由国家出面并购一些关系国计民生和经济命脉的企业，或投资控制、参控一些企业，形成国家垄断资本，提高了国家对经济的直接干预和宏观调控能力。

（三）第三次并购浪潮

第三次并购浪潮发生在第二次世界大战结束后的20世纪50年代和60年代的资本主义经济繁荣时期，并在60年代后期形成高潮。以企业家管理能力为中心启动的多元并购将不同产业、不同产品构成的财团推到极致，为发掘企业内在价值而产生下一波重组浪潮准备了前提。

英国在这一时期的并购仍以横向并购为主，但混合并购无论是在并购企业数量上还是在并购资产量上均呈现出迅速上升的态势。由于受到关贸总协定有关关税削减规定及欧共体成员增加的影响,为了同海外的制造商在规模和资源上进行竞争,英国厂商加强了其并购活动,以谋求更大的经营规模来降低成本,从而获得更多的市场份额。例如,1967年,商业运输制造公司和大英汽车公司合并为大英雷兰德公司,成为英国最大的轿车生产商;同年,GEC和AEI合并后,再次并购了英国电器公司。在这个过程中,政府起到了非常重要的作用,例如,1960年成立了英国飞机公司,1967年通过钢铁公司国有化形式成立了大英钢铁公司,1966年成立了产业重组公司,这些举措的目的是为了鼓励制造行业规模的合理化。

美国在这一时期也掀起了并购浪潮。仅在20世纪60年代就有12 500家企业被并购,在1967～1969年期间,被并购资产占了资产存量的42.6%。从被并购的资产总额来看,从1960年的15.3亿美元增至1968年的125.5亿美元,增长了7倍多;从大公司的并购来看,在这次并购浪潮中,混合并购逐渐成为主要的并购类型。

第三次并购浪潮的特征主要有:其一,以混合并购为主要形式,即并购与被并购的企业分别属于不同的产业部门,且这些部门之间没有特别的生产技术联系。进行这种并购的主要目的是谋求生产经营多样化,降低经营风险。其二,银行同业并购的增加使银行资本更加集中,而同业并购使这些银行在国民经济中的地位日益提高。

(四)第四次并购浪潮

第四次并购浪潮发生在20世纪70年代中期至80年代末,并在80年代形成高潮。以投资银行家为主导的融资并购建立了一套杠杆收购与高收益证券互动的产业洗牌机制,以适应新产业结构和企业形态的升级。这次并购的规模比以往任何时候都大,仅在1985年的并购高潮中,就发生了3 000多起并购。在这次并购浪潮中,出现了小企业并购大企业即“小鱼吃大鱼”的形式。这种并购形式的产生与一种资信低、风险大、利率高的债券即“垃圾债券”有关。这一金融工具由迈克尔·米尔肯(Michael Milken)于20世纪70年代首创。垃圾债券的大量发行,可以使公司利用杠杆融资方式筹措到巨款来进行并购活动。这次并购除了规模超过以往任何一次之外,还存在如下特点:

一是并购形式呈多样化倾向,横向并购、纵向并购和混合并购多种形式并存,没有哪一种并购形式占主导形式。并购形式的多样化,有利于从总体上调整资产存量,优化资源配置,促进生产力的发展。

二是并购与反并购斗争激烈,并购与反并购活动的手段层出不穷。有些公司为了获得某种先进的生产技术或者为了得到目标公司的某个人才,不惜将整个公司买下。有的公司为了抵御进攻公司的并购,筹资购买对手的股份或资产进行反并购,如果双方一直争夺下去,或双方势均力敌,最终的结果可能是两败俱伤。有的目标公司为了防止被并购,在其每份股票上附一张购股权证,允许其持有者按协定价格购入一股优先股。由于其协议价高于当时的市价,因此,在正常情况下,购股权证的理论价值为零;但当有人出价并购目标公司时,必然导致目标公司股价飞涨,并购公司必须高价收购这些购股权证,从而使并购成本高得令人望而生畏,以达到反并购的目的。还有的公司甚至将其经营效益最好的子公司卖掉,以降低自身对其他公司的吸引力,保全公司内的其他子公司不被并购。诸如此类的反并购手段还有许多,如“毒丸计划”“白衣骑士”“拒鲨条款”“金保护伞”“绿色邮包”等。

三是跨国并购进一步发展。跨国并购的目的一般是为了获得新技术和矿物原料,开拓国际市场及多元化经营。20世纪80年代以来,跨国并购是资本主义国家资本输出的重要形式。到1988年,外国公司以并购形式在美国的投资占投资总额的92.3%,并且呈上升势头。到

1991 年,外国公司并购美国公司的金额达到 197 亿美元。日本的跨国并购对象主要在美国,以住友、三菱、三井、芙蓉集团为代表的日本大企业对美国的电脑、半导体等高科技企业特别感兴趣。1990 年,日本企业在美国用于并购的资金总额占其在整个国际并购市场上投入额的 82%,日本用于并购和收购美国企业的资金由 1988 年的 127 亿美元增加到 1990 年的 139 亿美元。

(五)第五次并购浪潮

第五次并购浪潮始于 20 世纪 90 年代中期,一直延续至今。其以战略并购为主要特征,在全球的舞台上重新配置生产要素,使全球资源、全球制造、全球市场、全球资本和全球管理等统统得到整合。1995 年,美国和全世界的公司并购活动超过了以往的任何一年,从而拉开了第五次并购浪潮的序幕。美国工商业企业在这一年度的并购总额创下了 4 580 亿美元的最高纪录。自 20 世纪 90 年代中期以来,全球企业的并购规模呈直线上升趋势,进入 21 世纪以后,第五次并购浪潮仍在继续。表 6－1 列出了 2002 年和 2012 年的全球十大并购案例。

表 6－1　2002 年和 2012 年全球十大并购案例

2002 年全球十大并购案例	2012 年全球十大并购案例
美国辉瑞制药收购法马西亚	三一重工收购德国普茨迈斯特
美国 Comcast 集团收购 AT&T 宽带公司	瑞士嘉能可并购矿商超达集团
法国农业信贷银行收购里昂信贷银行	法国天然气完全收购英国国际电力
英国汇丰集团收购美国家庭国际银行	雀巢收购辉瑞营养品公司
英国 NTL 电缆通信集团重组	大连万达收购美国 AMC 影院公司
中国移动通信集团资产收购	美国伊顿并购库珀工业公司
英国 GRID 公司收购 LATTICE 能源集团	中海油并购加拿大尼克森公司
美国诺思罗普曼收购 TRW 集团	日本软银收购美移动运营商斯普林特
德国 RWEAG 能源收购英国 INNOGY 公司	中国财团收购国际飞机租赁公司
德国沃达丰集团收购法国 CEGETEL 电信	洲际交易所并购纽约证券交易所

这一并购浪潮的显著特点有:一是“强强联合”型的并购居多,规模极大。在这个时期,科学技术特别是通信技术的突破以及政府反托拉斯政策的转变为“强强联合”打开了方便之门,并对一些产业的竞争产生了重大的影响。与以往几次在经济危机时发生的并购浪潮中“大鱼吃小鱼”或“小鱼吃大鱼”的并购方式不同,这次浪潮中参与并购的企业规模非常大,大多数企业本身就是一个优秀的大公司,有着优良的业绩,它们之间的并购通常以自愿合作的友好方式进行,而合并后存续的企业大多成为业界的“巨无霸”,企业竞争力迅速提高。二是跨国并购占了很大的比重。三是横向并购与剥离并存。四是并购的支付手段不是现金,而主要采用股票的形式。因为股票收购不仅可以避税,而且能够减轻在大规模收购中对现金的需求压力。

(六)我国的企业并购

我国自改革开放以来,也出现了不少兼并收购事件,真正意义上的企业并购始于 20 世纪 80 年代。80 年代后期,企业并购在全国各大主要城市得到迅速发展。至 1993 年年初,全国已有 1 万多家企业进行了兼并,转移资产存量 80 亿元,减亏损失 5 亿元。总体上来看,我国的企业并购可以分为以下几个阶段:

(1)1984～1989年，在政府积极倡导下，企业兼并掀起了第一次高潮。企业兼并能够消灭亏损企业，减少政府对亏损企业的财政负担。这一功能的发现，使各级政府大受鼓舞，政府以所有者的身份积极参与了企业的兼并活动，各级行政主管部门利用其自身掌握的信息为企业兼并牵线搭桥。1984年7月，保定市纺织机械厂以承担被兼并方全部债务的形式，兼并了保定市针织器材厂这家连年亏损、几乎处于停业状态的企业，开创了我国国有企业间企业并购的先河。据有关部门统计，25个省、市、自治区和13个计划单列市，仅1989年就有2 559家企业被兼并，共转移资产20多亿元，减少亏损企业1 204家，减少亏损金额1.3亿元。这一时期，全国有6 966家企业被兼并，转移资产82.25亿元，减少亏损企业4 095家，减少亏损金额5.22亿元。

(2)1992～2002年，随着经济体制改革的进一步深入和市场竞争的日趋激烈，我国开始出现第二次企业兼并浪潮。1992年，仅北京就有66家企业被兼并，其中，北京东安集团兼并了长期亏损的北京手表二厂，北人集团控股收购了有50年历史的北京锻压机床厂。同年在上海，有151家企业被兼并。其中，上海大众汽车公司为了形成15万辆桑塔纳轿车及其变型车的综合生产能力，兼并了上海汽车厂。

这个阶段我国企业并购的主要特征是：随着股份制改革走上我国经济体制改革的历史舞台，以及我国资本市场的逐步发展、股票交易制度的不断完善，通过股票二级市场或者与股票上级市场相关的企业并购案越来越多。1993年9月的深圳宝安集团通过股市增持上海延中实业股份案及1994年4月的珠海恒通收购上海棱光等事例，反映了我国企业并购开始向多样化、证券化方向发展。仅1997年发生在我国股市的资产重组案就达170起，占上市公司总数的近1/4。自从1993年宝安收购延中以来，证券市场中的并购规模越来越大。

(3)自2002年以来，以中国加入世界贸易组织为标志，中国开始了真正建立在市场基础上的并购时代。有学者将2002年称为“中国并购元年”，原因主要有如下三个：一是，2002年中国加入世界贸易组织有利于造就中国真正的并购主体。加入世界贸易组织使中国市场进入门槛变低，不仅使大的跨国公司更加关注中国，而且使境外中小企业(两三亿美元之规模)也可登堂入室，并且成为驰骋国内并购市场的一支重要力量。面对外资并购的汹涌之势，国内民营企业也频频出手，参与国有资产的重组，以机制和市场经验换取控制权和利益，成为民营企业的主攻方向。国有企业也加快了重组步伐，管理者收购和员工持股也成为推动国企并购交易的内在动力。二是，加入世界贸易组织后，中国国内商业规则与国际接轨，各类并购主体渐露市场竞争本色，交易增值成为商业社会的共识。证券交易所、各地准柜台交易、资产竞拍、在线私募、风险投资等工具已成为资本交易的多元方式。资产证券化、高收益债券、管理者收购等金融工具迅速进入市场，企业交易大行其道。三是，中国产生了一大批并购“英雄”。他们的操作“舞台”从流通领域延伸到制造业升级到资本市场的各个角落。正是从这些意义上讲，中国并购市场已经进入了一个新时代。表6－2列示了我国2003年和2013年的十大并购事件。

表6－2　　2003年和2013年中国十大并购事件

2003年中国十大并购事件	2013年中国十大并购事件
中国电信收购六省市电信资产	中石油收购埃尼东非天然气区块权益
花旗集团收购中国银行不良资产	阿里巴巴战略投资新浪微博
中海油收购里海油田股权	国家电网入股澳大利能源企业
TCL与法国汤姆逊合并重组	双汇收购史密斯菲尔德

续表

2003 年中国十大并购事件	2013 年中国十大并购事件
恒生银行、GIC、IFC 联合收购兴业银行股权	清华紫光收购展讯
京东方收购韩国现代 TFT-LCD 业务	百度收购 91 无线
上海东方控股收购高速公路经营权	中石化收购埃及项目
南钢联合要约收购南钢股份	越秀集团收购创兴银行股权
美国柯达收购中国乐凯股权	顺风光电收购无锡尚德
雅虎香港收购中国 3721 网络公司	《中国并购行业行为准则》发布

我国国情比较特殊，西方发达市场在一百多年中经历了五个并购阶段，我们在改革开放的 20 多年中，要把人家五个不同年代的并购阶段浓缩在一个阶段里发展，这种急剧浓缩导致中国并购市场的特殊性。从总体上来看，我国并购市场近几年所呈现出来的新特征主要有：

一是，并购的规模空前巨大。随着中国外汇储备屡创新高，流动性过剩和跨国资本流动加速引起的并购规模空前巨大，外资并购风起云涌，无论是交易金额还是发生数量，都达到了一个前所未有的高度。

二是，中国企业海外并购的步伐加快。西方发达国家并购中国企业为主的割据，也开始转为双向互动式的并购浪潮。中国企业的并购范围不断扩大：从国有企业到民营企业，从实业到资本，从能源资源到高新技术，从传统行业到金融行业等。同时，海外并购的发展正在给中国企业的竞争方式、企业制度、经济制度带来很大的变化。

三是，西方发达国家对中国企业的并购有一定的敏感和排斥情绪。这一方面是由于，西方已经习惯于由他们来支配世界资源，支配生产流程，支配价值链。近 20 年来中国经济高速发展，中国企业开始主动参与国际资源的再配置，打破了发达国家跨国公司主导并购的模式和熟悉的国际经济秩序。因此，他们本能地感到不理解，感到恐惧，形成了排斥情绪。另一方面是由于中国企业的并购主要是资源并购（矿山、油田、林场等）、品牌并购（汤普森、IBM 等）、渠道（销售）并购等，而且这些公司或多或少有国家背景，如中海油是国有企业，甚至海尔、联想等企业，西方国家也认为它们有国有经济的背景（如这些企业的融资渠道基本是国有银行的贷款），在西方国家看来，这不是按照市场价格来计算成本的，甚至是不计成本的；因此，在他们看来，这些收购除了商业意义外，更多地有一些政治意义，他们认为这也许是中国政府的战略性收购。此外，从中国国内情况分析，国内企业进行收购宣传时经常表现出一种使命感，如为国争光、改善国家战略地位等，这也是导致西方发达国家对中国企业收购敏感化的一个重要因素。

三、并购理论

美国经济学家施蒂格勒（George J. Stigler）在评价并购的作用时说："没有一家美国大公司不是通过某种程度、某种方式的兼并收购而成长起来的，几乎没有一家大公司主要是靠内部扩张成长起来的。"由此可见并购的显著效果。那么，为什么"并购"会受到实务界如此的推崇和青睐呢？有不少专家和学者对此展开了研究，从而形成了有助于我们更好地理解和认识并购这种经济行为的并购理论。下面对其中比较有影响力的几个理论进行介绍：

（一）效率理论

效率理论认为，企业之间的并购以及其他形式的资产再次分配活动能够使整个社会从资源利用中得到更大的综合效益。其主要观点有两个：一是并购活动有利于管理层有效地改进效率，二是并购活动有利于形成“1＋1＞2”的协同效应。效率理论具体又可分为以下几种：

1. 差别效率理论

差别效率理论是并购的基础理论。可以这样来理解该理论：假设存在两个公司甲和乙，如果甲公司的管理效率高于乙公司，那么甲公司并购了乙公司之后，乙公司的效率就会因并购而提高。

对差别效率理论进一步阐述，可以称之为“管理协同假说”，即收购公司的经营管理层有高效率的管理队伍，并且其能力已超过目前所在公司的需要，所以，收购公司通过收购把剩余能力投入目标公司。但是，这个假设要成立，还需要有另外的假设首先成立：一是收购公司过剩的管理资源不容易释放，管理层是一个统一的、不具有可分性的整体；二是目标公司目前管理效率低下的状况可以通过外部管理机构的介入得到改善，并且比其自身通过内部扩张所产生的效率高。在这两个假设成立的情况下，公司间的并购就会产生协同效应，因为两个公司间过剩的管理资本和有发展潜力的资产资本有效地结合了。

2. 经营协同效应理论

经营协同效应理论是假定在行业中存在着规模经济，并且在不发生并购行为之前，公司的经营活动水平无法达到实现规模经济的基本要求。而经营协同则可以通过横向、纵向或混合兼并来获得。

规模经济是指产品的单位成本随着企业规模的扩大而逐步降低的现象。西方经济学家认为，企业通过兼并收购来扩大生产规模进而可以降低平均成本，提高利润；同时，降低平均成本则是企业并购活动的重要动因之一。规模经济通常包括工厂规模经济和企业规模经济。工厂规模经济主要是指在特定的生产力水平下，工厂产量规模的扩张引起生产成本的降低；企业规模经济所体现的生产成本的降低不仅表现在生产方面，而且表现在经营范围的扩大所带来的成本降低方面。例如，一个在技术方面有明显优势的企业和一个在市场营销方面有突出优势的企业合并，就可以取得更好的经营绩效。

3. 财务协同效应

20 世纪 60 年代，混合兼并行为大规模涌现，但是，这种行为不能很好地用管理协同假设加以解释。因为公司即使有剩余的管理资源也不可能在短时间内很快增长，因此很难在短短的几年时间内由于充分利用剩余的管理资源而完成多项收购。另外，在 1967～1969 年这 3 年的兼并浪潮中，大部分兼并是小规模或中等规模的企业，它们采用多样化的策略进入他们传统行业以外的业务领域，而管理协同假说则主要与同行业间的并购活动有关。所以，人们认为兼并活动中一定还存在除管理协同以外的其他效应。

财务协同效应在这样的历史背景下得到了人们的关注。财务协同效应认为资本在并购过程中进行了重新分配，资本成本会由于若干原因而降低；另外，一个合并企业的负债能力要大于两个独立企业的负债能力之和，且对于在投资收入所纳税收方面也有节省。这种效应的取得并非由于效率的影响，而是一种纯粹的资金运作的效益。

4. 多样化经营理论

多样化经营理论是指通过兼并其他行业中的公司，实行多元、多角度的经营，这样有助于分散单一经营的风险，保护企业的声誉成本以及组织成本，还能使公司更好地享有税收等方面的优惠政策。在市场竞争激烈的大环境下，公司的经营环境不断变化，为了在残酷的竞争中免受伤害，公司可以通过多样化的经营增强面对经营风险的能力。当公司投资的部分行业受到挫伤时，公司还可以从其他行业中得到利润的补偿。

(二)代理理论

1. 代理问题的产生

1976年，詹森(Jenson)和麦克林(Meckling)提出了代理问题理论。他们指出：随着现代企业制度的建立，出现了所有权和经营权的分离，企业的经营管理权落在了新诞生的经理阶层手上，企业的管理者和所有者之间形成了代理关系，也就有了所谓的“代理人”问题。代理问题产生的基本原因在于管理者与所有者之间的合约不可能无代价地签订和执行，从而会造成一系列代理成本，包括合约成本、所有者监督代理人而发生的监督成本、委托人在代理人没有作出最优决策时取得的补偿成本等。

2. 代理问题的解决

代理问题可以通过降低代理成本来解决。1983年法玛和詹森提出，假设一家公司是所有权与经营权分离的，该公司的决策管理与决策控制也应相应地分离，从而限制代理人不正当占有股东权益的可能性。同时他们认为，股票市场也从外部为公司的所有者提供了一个监督平台，低股价会迫使管理者改变行为方式，忠于股东的权益。

如果上述方式不能较好地解决代理问题，还有其他的外部控制手段可以运用，就是收购。在公司的兼并活动中，自由现金流量的减少有助于减轻所有者和管理者之间的冲突。另外，西方有学者认为，管理者有扩大企业规模的动机，并购的发生则有利于激发管理者的工作热情，使其更尽力地工作，从而弱化管理者与股东之间的矛盾。

(三)市场力量理论

市场力量理论认为兼并可以提高市场占有率，即通过兼并可以减少企业的竞争对手，增加企业对市场的控制能力，从而为企业创造更多的价值。经济学家们认为，横向兼并、纵向兼并、混合兼并都能够增加企业的市场控制能力。横向兼并能够提高同行业之间的集中度，有效降低市场竞争的激烈程度，也有利于行业内资源的合理分配。纵向兼并主要能增强供应商与客户之间的竞价能力，提高企业在销售市场的优势地位。混合兼并则能丰富企业经营的种类，有效分散企业的经营风险。

同时，市场力量理论指出，企业市场势力的扩张又意味着垄断性的增强。美国的公共政策认为，当4家或更少的企业占有给定市场或商品销售额的40%或更高时，就存在着不良的市场结构或过度集中。也就是说，当少量的企业控制大量的市场时，这些企业往往会互通一气，设法控制市场价格从而形成垄断局面。这也是市场力量理论中有待解决的问题。

(四)交易成本理论

交易成本理论的经济学基础是交易成本经济学。交易成本是指企业在市场机制中进行的每一项交易活动(包括企业原材料采购、生产、包装、推销、调查、保管、储存等)所支付的费用。交易成本经济学认为，现代意义的企业就是为了节省大量的市场交易成本而产生的。这是因为，通过企业这种组织形式，将市场中的众多资源个体整合为一个整体参与市场交易，则减少了市场交易者的数目，减少了交易的次数，减少了谈判及合约成本，从而降低了交易成本，即企业将市场交易的成本进行了内部化。

交易成本理论则在交易成本经济学的基础上把企业并购视为现代企业发展壮大的必然方式。通过并购企业的优势资源，可以在同一企业内应用，提高了资源的使用效率，尤其是知识技术等高新资源，如果通过谈判等外部协议达成共享，通常会产生巨大的交易成本。并购就相当于把不同企业外部之间的费用转化为企业内部的管理费用，当并购之后的外部交易成本低于并购之前两个个体的外部交易成本之和时，就可以充分证明交易成本理论的正确性。

(五)税收理论

税收不论是对于个人还是对于企业的决策都有重大的影响。按照西方现行的税法和财务制度，具有不同纳税义务条件的企业之间的并购可以从并购前后的税收差异中获利。为了获得税收方面的利益而进行的并购行为，常常被称为与财政部门的“零和游戏”。

税收对并购的刺激作用通常表现在：一是利用税法中的亏损递延条款来达到避税的目的。一个有税收利润的企业与一个有累积税收损失和税收减免的企业合并，能够进行合法地避税。因为通过两者的合并，盈利企业的利润(在合法地抵减亏损企业的损失之后)就在两个企业之间进行分配，从而减少了应纳税所得额，降低了税收负担。二是转换避税。兼并企业采取以股票换股票的方式达到避税的目的。即在并购中，目标企业收到的是兼并企业的股票而非现金，则不需要纳税。并且，兼并企业即使采用股票换股票的方式实施兼并，也是先通过一步转换，即先将目标企业的股票转换为可转换债券，因为这样做，兼并企业可以因资本收益的延期支付而少付资本收益税。

(六)股票投机假说

纵观企业并购的发展历史，大多数企业并购尤其是西方国家的企业并购都是通过证券交易完成的，并购行为的发生和股票市场有着密切的联系，会引起股票市场的巨大波动，而股票市场的交易行情也影响着企业并购行为。以美国为例，在1965～1970年的第三次兼并浪潮中，由于人们对股票价格的预期效应使得并购交易繁荣，同时，此次并购浪潮也随着1970年股市的崩盘而告终。

企业通过并购方式从股票市场上赢得利益主要表现在：一是，企业可以通过不断兼并市盈率低的股票或带有较高每股收益的股票，达到提升股票的每股收益、进而提高股票价格的目的。二是，并购那些股票价值低于企业本身所拥有资产的实际价值的企业，也是有利可图的。但是，并购活动本身是否可以为公司创造价值这一命题仍有待进一步论证。例如，并购后的整合成本、并购发生时并购方通常向被并购方支付的资产溢价等，都可能与并购过程中的价值损失现象有关联。同时，这些现象会影响到人们对并购活动的最终评价和判断。

第二节　并购的财务分析

一、并购的财务动因分析

企业并购作为一项重大的资本经营活动，其财务动因更多地取决于企业的战略目标。因此，这种并购的财务动因必定是从长远的公司发展战略和财务战略的层面上来考虑的。同时，在现实经济生活中，企业并购的财务动机往往不是某一个方面的，而是一个多因素的综合平衡过程，并且在不同时期可能有不同的特点。一般而言，企业并购的财务动因可以由以下几个方面组成：

(一)原始财务动因

企业作为一个资本组织，必须谋求资本的最大增值。因此，追逐利润、提高企业竞争能力成为企业并购最原始的财务动因。

(二)客观财务动因

客观财务动因是指那些促使企业并购行为发生、主要来自于企业外部(如市场环境方面)

的因素。主要包括:多元化经营,实现规模经营,确保原材料、半成品供应,提高科研水平、获得科技优势,提高市场占有率、开发新市场,提高资金利用效率、减少财务风险,降低经营及投资风险,获得专门资产,高价出售资产或低价收购资产等。

(三)主观财务动因

主观财务动因是指那些促使企业并购行为发生、主要来自于企业内部(如实现经营管理者的某些观念或意愿)的因素。主要包括:降低代理成本,推动管理人才竞争,增加股东财富,互助协作、实现优势互补,包装上市,享受优惠政策,避税和减税,满足经营者的个人主义、雄心壮志等需求。

(四)政府财务动因

政府财务动因是指那些促使企业并购行为发生、主要来自于政府方面的因素。主要包括:救援亏损企业,调整国民经济结构,引进外资,获得技术和资金支持,避免金融、财务危机等。

在对某一具体的企业并购行为进行财务动因分析时,可以基于上述四个角度,结合企业的实际情况,进行全面且有所侧重点的分析。

二、并购目标企业的价值评估

(一)价值评估对企业并购的意义

如同本教材第五章所述,价值评估是指买卖双方对标的(股权或资产)作出的价值判断。通过一定的方法评估标的对自己的价值,可以为买卖是否可行提供价格基础。价值评估对企业并购的意义主要体现在三个方面:

1. 价值评估是并购程序中不可或缺的一个步骤

从并购程序来看,一般分为三个阶段:目标选择与评估阶段,准备及计划阶段,公开或协议并购实施阶段。其中,目标选择与评估是并购活动的首要环节,而目标评估的核心内容就是价值评估。这是决定并购是否可行的先决条件,也是并购过程中不可跨越的一个步骤。

2. 价值评估是并购要约的重要组成部分,也是谈判的焦点

从并购动机来看,如前所述,并购方一般是为了谋求管理、经营和财务上的协同效应,实现战略重组,开展多元化经营,获得特殊资产以及降低代理成本等,但在总体认识上,只要价格合理,交易总是可以达成的。因此,双方对标的的价值评估是决定是否成交的价值基础,也是谈判的焦点。

3. 价值评估可以促使交易价格相对公正合理,从而提高交易成功的几率

从投资者角度来看,无论是并购方的股东还是目标企业的出资人,均希望交易价格有利于己方。由于双方投资者信息掌握不充分,或者主观认识上存在偏差,不能由其中一方定价而强加于对方。这时,聘请中介机构从经济技术角度做出价值评估,可促使交易价格相对公正合理,从而提高交易成功的几率,避免决策失误。

由于并购的支付方式不同,需要进行价值评估的内容也有所差别。并购的支付方式主要有资产置换、股权交换和支付现金三种。在前两种方式下,除了需要对目标企业的价值进行评估外,还需要对作为支付手段的自身资产或股权进行价值评估。价值评估的内容不同,其采用的价值评估方法也会有所不同。

(二)并购目标企业价值评估的方法

企业一般可以采用以下几种方法对目标企业进行评估:

1. 资产价值基础法

资产价值基础法是指通过对目标企业的资产进行估价来评估其价值的方法。确定目标企业资产的价值，关键是选择合适的资产评估价值标准。目前国际上通行的资产评估价值标准主要有以下四种：

(1)账面价值。账面价值是指会计核算中账面记载的资产价值。例如，对于股票来说，资产负债表所提示的企业某时点所拥有的资产总额减去负债总额即为公司股票的账面价值(账面净资产)，再减去优先股价值，即为普通股价值。这种估价方法不考虑现时资产市场价格的波动，也不考虑资产的收益状况，因而是一种静态的估价标准。我国企业并购活动中有不少收购方以账面价格作为收购价格的实例。账面价值取数方便，但其缺点是，只考虑了各种资产在入账时的价值而脱离现时的市场价值。

(2)市场价值。市场价值与账面价值不同，是指把该资产视为一种商品在市场上公开竞争，在供求关系平衡状态下确定的价值。当公司的各种证券在证券市场上进行交易时，它们的交易价格就是这种证券的市场价值。它可以高于或低于账面价值。

(3)清算价值。清算价值是指在企业出现危机而破产或歇业清算时，把企业中的实物资产逐个分离而单独出售的资产价值。清算价值是在企业作为一个整体已经丧失增值能力情况下的资产估价方法。对于股东而言，公司的清算价值是清算资产、偿还债务以后的剩余价值。

(4)公允价值。公允价值是指将目标企业在未来持续经营情况下所产生的预期收益，按照设定的折扣率(市场资金利润或平均收益率)折算成现值并以此确定其价值。它把市场环境和企业未来的经营状况与目标价值联系起来，最适合于评估目标企业的价值。

以上四种资产评估价值标准各有其侧重点，因而其适用范围也不尽相同。就企业并购而言，如果并购的目的在于获得某项特殊的资产，那么清算价值或市场价值可能更为恰当。

2. 收益法

收益法就是根据目标企业的收益和市盈率确定其价值的方法，也可称为市盈率模型。因为市盈率含义非常丰富，它可能暗示着企业股票收益的未来水平、投资者投资于企业希望从股票中得到的收益、企业投资的预期回报、企业在投资上获得的收益超过投资者要求收益的时间长短。应用收益法(市盈率模型)对目标企业估值的步骤如下：

(1)检查、调整目标企业近期的利润业绩。在检查目标企业最近的损益账目时，并购企业必须仔细考虑这些账目所遵循的会计政策。若有必要，则需调整目标企业已公布的利润，以便使其与并购企业的政策一致。例如，当目标企业已投资于开发费用时，并购企业就可以注销所有的研究与开发费用，从而将夸张的报告利润降下来。

(2)选择、计算目标企业估价收益指标。一般采用目标企业最近一年的税后利润，因为它最贴近目标企业的当前状况，而且简单易行。但是，企业经营中的波动性，尤其是经营活动具有明显周期性的目标企业，采用其最近三年税后利润的平均值作为估价收益指标将更为适当。实际上，对目标企业的估价还应当更多地注重其被并购后的收益状况。比如，当并购企业在管理方面具有很强的优势时，假设目标企业被并购后在有效的管理下也能获得与并购企业同样的资本收益率，那么据此计算出目标企业被并购后的税后利润作为估价收益指标，可能对企业并购决策更具有指导意义。

(3)选择标准市盈率。通常可选择的标准市盈率有如下几种：在并购时点目标企业的市盈率、与目标企业具有可比性的企业的市盈率或目标企业所处行业的平均市盈率。选择标准时必须确保在风险和成长性方面的可比性，该标准应当是目标企业并购后的风险、成长性结构，而不应仅仅是历史数据。同时，因为难以完全准确地把握市盈率与风险、成长性之间的关系，实际运用中通常需要依据预期的结构对上述标准加以调整。

(4)计算目标企业的价值。利用选定的估价收益指标和标准市盈率，就可以比较方便地计算出目标企业的价值，公式如下：

$$目标企业的价值=估价收益指标\times标准市盈率$$

三、并购的成本分析

企业并购过程包括一系列的相关工作，因而其并购成本不只是一个普通的财务成本概念，而应该是由此发生的一系列代价的总和。这些成本既包括并购发生的有形成本，也包括并购发生的无形成本；既包括并购工作完成的成本，也包括并购以后的整合成本。为了真正实现低成本扩张，企业并购前必须了解和把握并购的各项成本要素。具体来说，企业并购应该分析的成本项目有：

(一)并购完成成本

并购完成成本，是指并购行为本身所发生的直接成本和间接成本。直接成本是指并购直接支付的费用；间接成本是指并购过程中所发生的一切费用。间接成本包括：

1. 债务成本

在承担债务方式并购、杠杆收购等情况下，开始可能并不实际支付收购费用，但是必须为未来债务逐期支付本息。借用银行的抵押贷款进行收购，也会产生未来归还本息的包袱。

2. 交易成本

交易成本即并购过程中所发生的搜寻、策划、谈判、文本制作、资产评估、法律鉴定、公证等费用，发行股票还需要支付申请费、承销费等。

3. 更名成本

并购成功后，还会发生重新注册费、工商管理费、土地转让费、公告费等支出。

(二)整合与营运成本

整合与营运成本，是指并购后为使被并购企业健康发展而需支付的长期营运成本。这些成本包括：

1. 整合改制成本

整合改制成本，是指取得对目标公司的控制权后，对其进行重组或整合所发生的成本费用。并购后的重组或整合，小则调整人事结构、改善经营方式，大则调整经营战略和产业结构，重建销售网络。为此要支付派遣人员进驻后建立新董事会和经理班子、安置原有领导班子、安置富余人员、剥离非经营性资产、淘汰无效设备、进行人员培训等有关费用。

2. 注入资金的成本

注入资金的成本，是指并购完成后向目标公司注入优质资产，投入启动资金或开办费，为新企业打开市场而需要增加的费用，包括市场调研费、广告费用、网点设置费等。所以，企业进行并购决策时应切实分析目标公司的资源潜能与管理现状，明确并购双方企业管理资源的互补性，充分估计并购方在现有基础上能否对被并购企业实施有效的管理投入，是否有能力通过有效的整合措施使被并购企业实施制度创新、机制创新。如果并购双方管理资源缺乏有效互补性，并购方管理成本将相当巨大。整合与营运成本具有长期性、动态性和难以预见性，所以，并购决策中应特别关注该项成本能否达到最低。

(三)并购退出成本

并购退出成本，是指企业在并购过程中一旦发现并购不成功而采取相应措施进行撤退和调整时所发生的相关开支。

(四)并购机会成本

并购机会成本,是指企业因放弃将并购活动所占用的各种资源用于其他投资所可能获得的收益从而形成的损失。

四、并购的收益分析

企业并购的收益水平受并购会计处理方法的影响。企业合并业务的发生,会牵涉到合并会计报表问题。合并报表的处理方法有两种:非同一控制下企业的合并所适用的购买法,以及同一控制下企业的合并所适用的权益联合法。下面分别予以介绍:

(一)购买法下企业并购的收益分析

首先,购买法往往采用资产(如货币资金)或者举债(如发行债券)的形式购买被兼并的企业。这种情况下,兼并方的财务结构发生了变化。如兼并方以举债来取得被兼并企业的权益,那么兼并方的资产增加了,负债也随之增加了,从而使兼并方的所有者权益比重降低了,同时,由于负债增加会带来利息的增加,所以,在原有的生产经营活动不变的情况下,企业的财务费用增加,而盈利水平下降。

其次,购买法是以被兼并企业资产的公允价值为基础的,当兼并方支付的价格高于被兼并企业资产账面价值时,其差额列为无形资产,而无形资产又在一定年限内予以摊销,从而使企业在未来的无形资产摊销年限内的各年盈利水平有所下降。

最后,在购买法下,编制合并报表时,只将被兼并方在兼并后的收益予以合并,而对其在兼并日前的收益不予以合并,因此,购买法下企业盈利水平相对较低。

(二)权益联合法下企业并购的收益分析

首先,在权益联合法下,由于是权益联合,所以不管交换多少股份,交换比例多少,记入股本账户的金额总是与兼并方股本相对应,并且被兼并方的所有者权益均相应地转入到兼并方,从而导致兼并方的总资产增加,所有者权益增加,股本规模扩大。

其次,在权益联合法下,只反映被兼并企业资产的账面价值,往往忽视其资产的公允价值,因而有可能存在未实现的收益。如果兼并方将这些资产出售,就有可能产生兼并收益,从而在一定程度上提高盈利水平。

最后,在权益联合法下,编制合并报表时,不仅合并了兼并后的收益,也合并了兼并前的收益,因此,在权益联合法下,企业盈利水平较高。但对于每股盈利水平而言,由于股本数量的增加,所以每股盈利水平有可能会下降。

五、并购的风险分析

(一)营运风险

营运风险,是指并购方在并购完成后,可能无法使整个企业集团产生经营协同效应、财务协同效应、市场份额效应,难以实现规模经济和经济共享与互补。有时候,通过并购形成的新企业由于规模过于庞大而产生规模不经济,甚至整个企业集团的经营业绩都为被并购进来的新企业所拖累。

(二)信息风险

信息风险,是指并购过程中由于获取信息的不及时或不真实,从而导致并购行动失败的可能性。在并购战中,信息非常重要,正所谓"知己知彼,百战不殆"。真实与及时的信息可以大大提高企业并购行动的成功率。但实际并购中因信息不充分就贸然行动而导致失败的案例常常发生。这一部分源于经济学上所称的"信息不对称"现象，另一部分可能源于并购规划的不完善或并购实施人员的执行力欠佳。

(三)融资风险

融资风险，是指并购过程中由于融资相关问题而导致并购行动失败的可能性。企业并购过程中需要大量的资金，所以，并购决策会同时对企业资金规模和资本结构产生重大影响。实践中，并购动机及目标企业并购前资本结构的不同，还会造成并购所需的长期资金与短期资金、自有资本与债务资金投入比率的种种差异。与并购相关的融资风险具体包括资金是否可以保证需要(时间上与数量上)、融资方式是否适应并购动机(暂时持有或长期持有)、现金支付是否会影响企业正常的生产经营以及杠杆收购具有的偿债风险等。

(四)反收购风险

反收购风险，是指并购过程中由于目标企业对收购行为的不合作甚至采取反收购行动，而导致企业并购行动失败的风险。在通常情况下，被收购的企业对收购行为往往持不欢迎和不合作态度，尤其在面临敌意并购时，它们可能会"宁为玉碎，不为瓦全"，不惜一切代价采取反收购行动，这些反收购行动无疑会对收购方构成相当大的风险。

(五)法律风险

法律风险，是指在并购过程中由于执行国家关于并购的法律法规中一些本身比较严格、易造成并购行为受阻的条款，而导致并购行动失败的风险。各国关于并购、重组的法律法规的细则，一般都通过增加并购成本而提高并购难度。如要求收购方持有一家上市公司5%的股票后即必须公告并暂停买卖(针对上市企业的非发起人)，以后每递增5%就要重复该过程，持有30%的股份后即被要求发出全面收购要约。这套程序造成的收购成本之高、收购风险之大、收购程序之复杂，足以使收购者气馁，反收购者则可以轻松地应对。

(六)体制风险

体制风险，是指在并购过程中由于国家在体制上的特点及对国家相关政策的执行，而导致并购行动失败的可能性。在我国，国有企业资本经营过程中，有相当一部分企业的收购兼并行为是由政府部门强行撮合而实现的。尽管大规模的并购活动需要政府的支持和引导，但并购行为毕竟是企业基于激烈市场竞争而自主选择的发展战略，是一种市场化行为。政府依靠行政手段对企业并购大包大揽，不仅背离市场原则，而且还有可能给企业带来风险，难以达到预期效果。例如，以非经济目标代替经济目标，过分强调"优帮劣、强管弱、富扶贫"的解困行为，将使企业偏离资产最优组合的目标，从而使企业并购在一开始就潜伏着体制风险。

总而言之，企业并购是高风险的经营活动，财务分析应在关注其各种收益、成本的同时，更重视并购过程中的各种风险，谨慎地对待。

第三节　并购的支付方式

一、并购支付方式的种类

并购支付方式，是指并购公司为了得到对目标公司的控制权而采用的支付方式，即并购公司拿什么来换取对目标公司的控制权。并购支付关系到并购双方的利益，是企业并购交易成功的一个关键环节。常见的并购支付有现金支付、股权支付、杠杆支付、资产置换支付、无偿划拨支付、综合证券支付。

(一)现金支付方式

现金支付是指并购方通过支付一定数量的现金来购买目标企业的资产或股权,从而实现并购交易的一种支付方式。现金支付适用于以下情况:(1)早期并购市场上金融支付方式比较单一的情况;(2)希望通过“买壳”来实现上市,并购业绩较差、主业相关度不大的公司;(3)并购对象系股权比较松散、第一大股东持有的股份比例相对较小的目标公司。现金支付方式是我国企业并购的主要支付方式,其弊端是,一般会给企业带来比较大的付现压力。

(二)股权支付方式

股权支付是指并购方通过换股或增发新股的方式取得目标企业的控制权进而收购目标企业的一种支付方式。这种支付方式的特点有:(1)并购方不需要支付大量的现金;(2)并购完成后目标企业的股东成了并购方的股东;(3)对上市公司而言,股权支付方式使目标企业实现“借壳”上市;(4)增发新股改变了并购方原有的股权结构,从而稀释了原有股东的权益。在国际上,股权支付方式占了很大比重,特别是大型的并购基本上是通过换股实现的。但在我国,股权支付方式还不是很普遍,由于上市公司具有利用资本市场直接融资的优势,其在合并中占较为主动的地位,其并购带有明显的“大鱼吃小鱼”的特征,而“强强联合”换股并购的方式较少。

(三)杠杆支付方式

杠杆支付在本质上属于债务融资现金支付的一种,因为它同样是以债务融资作为主要的资金来源,然后再用债务融资取得的现金来支付并购所需的大部分价款。所不同的是,杠杆支付的债务融资是以目标公司的资产和将来现金收入做担保来获取金融机构的贷款,或者通过目标公司发行高风险、高利率的垃圾债券来筹集资金。在这一过程中,收购方自己所需支付的现金很少(通常只占收购资金的5%～20%),并且负债主要由目标公司的资产或现金流量来偿还,因此,它属于典型的金融支持型支付方式。杠杆支付方式的特点有:(1)收购方只需出极少部分的自有资金即可买下目标公司;(2)杠杆收购的股权回报率远高于普通资本结构下的股权回报率,具有高风险、高报酬的特点;(3)能享受税收优惠,杠杆收购来的公司,其债务资本往往占公司全部资本的90%～95%,由于所支付债务资本的利息可以在计算应纳税所得额时扣除,所以杠杆收购公司可以由此享受一定的免税优惠。

(四)资产置换支付方式

资产置换是指上市公司用一定的资产并购等值优质资产的产权交易。它是一种特殊的并购形式。如果这种方式运作成功,可以实现两个方面的目的:(1)可以获得优质资产;(2)可以将企业原有的不良资产和盈利水平低的资产置换出去,从而实现企业资产的双向优化。

(五)无偿划拨支付方式

无偿划拨一般是指国家通过行政手段将一家国有企业的控股权直接划给另一个国有资产管理主体,而接受方无需向出让方支付现金、证券及票据等任何补偿。国有资产管理部门在进行国有企业产权转让时大多采取行政命令方式,不需要辅以任何支付行为。

(六)综合证券支付方式

综合证券支付方式主要通过发行认股权证、可转换债券和优先股来实现。我国直接融资的证券市场起步较晚,融资渠道较少,而间接融资市场受政府行为约束较大,这些都导致我国企业在选择并购支付方式时极少采用综合证券支付方式。

二、并购支付方式选择的影响因素

(一)并购方的财务状况和资本结构

在拥有充足的自有资金和稳定的现金流且股票被市场低估的情况下,并购方会选择现金支付方式。因为并购方的股票被低估时采取股权支付方式需要增发股票,这可能会摊薄每股收益,对股东和企业业绩产生较大的负面影响。反之,当并购方财务状况不佳,目前或可预见的将来企业资产的流动性较差,而且并购方的股票市值被高估时,并购方会选择股权支付方式。因为现金支付方式不仅要受到即时支付能力的制约,而且要受到并购后能否迅速获得稳定现金流的制约。若无足够的现金流,必然会影响到并购后企业的发展。而采取股权支付方式还可以使并购双方共同承担并购后的风险。

如果收购企业的杠杆比率较高,一般不会采用现金收购或发行债券,而倾向于股权融资。如收购公司有充足的现金流量,则可以考虑现金支付,增加负债水平;如收购公司的现金流量不宽裕,则可以考虑分期付款或股票收购。一般来说,只有每股的现金流量大于每股收益,企业才有能力进行现金并购扩张活动;否则,就要通过融资,依靠贷款或发行股票来解决。

(二)并购方股东和管理层的要求

一般而言,并购方股东关心的是保持控制权和增加每股收益。现金支付方式虽然不影响并购方主要股东的持股比例,可继续保持其控股地位,但以自有资金支付可能会影响企业以后的发展和并购后企业的有效重组,若以举债方式进行现金支付,又会使企业和股东面临还本付息的财务压力和风险。因此,如果并购方股东希望保持或增加每股收益,他们就不会选择现金支付方式。股权支付方式则改变了企业的股权结构,因为并购后企业的业绩若没有相应幅度的增长,就会摊薄每股收益,而股权支付方式可以使并购方免予承受巨大的融资和即时支付现金的压力,有利于并购后企业的有效整合和快速发展。如果并购方的股权分散,主要股东持股比例偏低而又要保持并购后的相对控股地位,并购方的主要股东就不会选择股权支付方式。

支付方式对并购方管理层的影响在于如何既能保持其在经营管理方面的控制权和资源的分配权,又尽可能减少股东对其权力的监督和制约。若以股权支付方式并购,尤其是在管理层持有本企业股份的情况下,增发新股会稀释他们对企业的所有权,可能导致更多的外部投资者监督并干预其经营活动。因此,并购方管理层持有本企业的股权比例越高,他们越愿意选择现金支付方式。但用现金支付需要筹措大量资金,这时管理层又不得不在对外融资问题上进行权衡。

(三)被并购方股东和管理层的意图

被并购方股东同样会考虑采取什么支付方式对自己有利。如果并购方支付的并购交易价格高于被并购方的实际价值,则被并购方股东会以转手的方式变现,以免分担并购方由于“支付过多”而可能导致的风险。在这种情况下,如果采取股权支付方式使被并购方成为并购方的股东,则其必然分担并购方由于“支付过多”而可能带来的不利后果。如果并购方支付的并购交易价格低于被并购方的实际价值,而且被并购方股东充分相信通过并购后双方的重组与整合可以取得更多的未来收益,则被并购方股东更愿意接受股权支付方式,以换取并购方的部分股权,分享并购后企业未来增加的收益。

被并购方管理层则更加关注自身在并购后企业中的地位和发展机会。因为在股权支付方式下,被并购方股东可以其在并购后企业中持有的股权为条件与并购方交涉,要求以适当的人事安排增强其在并购后企业中的发言权和知情权。但若以现金支付方式进行并购,那么被并购方管理层的个人地位和发展机会则完全取决于其个人能力以及并购方对于并购后企业的未来发展计划和安排。

（四）支付金额及融资方式

并购支付方式的选择与支付金额及融资方式直接相关。如果并购金额不是很大，采用股票支付方式是不合算的，因为发行股票需要通过证券交易所等有关部门的审批和批准，是一项耗时费力的工作，所以一般采用现金支付方式。如果并购公司是大规模的公司，且并购涉及的金额过大，则一般采用股票或混合支付方式。若使用现金支付，公司的现金压力太大，可能会影响到并购后公司整合和运营的资金需求与运用。

（五）融资成本及支付风险

在可以选择支付方式时，应从经济效益的角度，比较资金成本。发行股票有发行成本，银行贷款有贷款成本，即使是用公司的自有资金来支付，也存在机会成本等相关的资金成本。如果其他条件相同，应尽量选择资金成本相对较低的支付方式。至于支付风险，一般而言，现金支付产生资金流动性风险，股权支付产生股权稀释风险，杠杆支付产生债务风险。而风险与报酬之间存在着一种对应关系。因此，并购企业应在综合考虑成本、收益、风险等因素的基础上来选择并购的支付方式。

（六）税收安排

对于并购方而言，以借款或发行债券的方式筹集资金来支付并购价款，其利息的成本可以在税前列支，而股权资本的成本则只能在税后列支。

对于被并购方股东而言，若并购方向被并购方股东支付现金，则必须在收到现金后立即缴纳所得税；若采取股权支付方式，则只有在未来出售所换来的股票时才需要纳税，因此，持股股东可以推迟收益实现的时间并享受推迟纳税或低税率的税收优惠。

可见，只有当以现金支付的并购交易价格足以弥补被并购方股东在税收方面的损失时，现金支付方式才是可接受的。尽管采用股权支付方式可以延迟纳税，但这通常是有条件的：(1)并购必须是出于商业目的，而不仅仅是税务目的；(2)并购完成后，被并购方必须以某种可辨认的形式持续经营，即不能出售自己的主要资产；(3)在被并购方股东收到的补偿中，至少有50％的部分是并购方发行的有表决权的股份。

（七）资本市场、并购市场的发育程度和法律法规的约束

一个国家资本市场、并购市场的发育程度以及直接融资、间接融资所占比重的大小，对并购支付方式的影响较大。资本市场的发育程度直接影响到并购的融资方式、支付手段和规模；而并购市场的发育程度则直接影响企业是采取现金支付方式还是选择股权支付方式。美国资本市场发达，因而其采用股权支付方式进行并购的案例较多。我国资本市场起步较晚，证券市场尚不成熟，而间接融资市场又受到政府严格的监管约束，以致企业进行股权融资的成本较高，因而限制了并购规模和支付方式的选择。

三、并购支付方式选择的对策

（一）被并购方支付方式选择的对策

在并购中，被并购方应该争取采用现金支付方式，以保证公司股东实现财富最大化，有效避免并购以后企业经营出现困难。不过，资产置换虽然有利于公司的资源配置，但在并购方获得控制权后，被并购方股东的权益会减少，而且并购后需要双方磨合，从而对企业的经营前景是一个严峻的考验。因此，被并购方在选择支付方式时还应充分考虑并购后的协同效应、税收政策等因素的影响。

随着并购活动的深化，海外并购活动日益增多，而在海外并购案例中，被并购方容易遇到恶意收购的情况。为了应对这种情况，被并购方在并购前实行的反并购策略若暂时没有成功，而对自己的企业又充满信心，就可以接受并购方进行非现金支付，如股权支付、发行可转换债券等，再等待时机实行控制权转移，以成功实现反向收购。

（二）并购方支付方式选择的对策

并购方在选择支付方式时，应当以考虑并购目的为主、综合考虑其他因素为辅。

（1）以“买壳”上市为目的，主要是为了获得被并购方能够直接从证券市场上融资的资格。并购方如果以现金支付，可能会对企业的经营周转带来资金压力，还会因为被并购企业的业务质量不高，并购后很难形成偿还债务的现金流优势，此时就应该将被并购方的原有业务进行整体剥离。因此，并购方最好选择资产置换方式，以植入自身优质业务。

（2）以财务性重组为目的，这是基于被并购方管理不善或治理结构存在缺陷，导致其市值远远低于经营能力所创造的价值。财务性重组意味着并购方旨在获取这部分管理收益或治理收益。此类并购一般选择现金支付方式。因为并购方的目的在于获得控制权，重新构造企业治理结构，一般不接触具体经营事宜的非合作性并购，而且并购方持有的多为金融资本，缺乏产业基础，采用资产置换或股权支付方式会使重组工作复杂化，甚至根本不可能实施整合。

（3）以战略性重组为目的，即以并购双方利益相关者尤其是管理层的通力合作为前提，谋求业务的整合价值最大化。因为是合作性重组，并购双方的利益要从并购后存续企业的持续经营活动中实现，所以这种并购采用股权支付方式，可以减少并购时的支付压力，同时与被并购方共同承担风险。

并购方在选择并购支付方式时，还需要考虑本公司的股票价值。如果本公司股票的价值被高估，则应采取股权支付方式，增发新股进行融资，以充分发挥财务杠杆效应，减少现金支出给企业带来的融资压力；如果本公司股票的价值被低估，则应采取现金支付方式，给市场传递公司运营良好的信号，以提高公司市场价值，增加股东每股收益。

第四节 企业并购的防御措施

在当今企业并购之风盛行的背景下，越来越多的企业从自身利益出发，为保证企业的控制权，在投资银行等外部顾问机构的帮助下，开始重视采用各种积极有效的防御性措施进行反收购，以抵制来自其他企业的敌意并购。抵抗方法的选择和抵抗程度的强弱，将会极大地影响并购成本和并购活动的成败。

一、防御企业并购的经济措施

反并购时企业可以运用的经济手段主要有四大类：提高收购者的收购成本、降低收购者的收益或增加其收购风险、收购并购者、适时修改企业章程。

（一）提高收购者的收购成本

1. 资产重估

在现行的财务会计中，资产通常采用历史成本进行估价。通货膨胀使历史成本往往低于资产的实际价值。多年来，许多企业定期对其资产进行重新评估，并把结果编入资产负债表，提高了净资产的账面价值。由于收购出价与账面价值有内在联系，提高账面价值会抬高收购出价，抑制收购动机。

2. 股份回购

企业在受到收购威胁时可回购股份，其基本形式有两种：一是企业将可用的现金分配给股东，这种分配不是支付红利，而是购回股票；二是换股，即发行企业债、特别股或其组合以回收股票，通过减少在外流通股数，抬高股价，迫使收购者提高每股收购价。但此法对目标企业非常危险，因其负债比例提高，将增加财务风险。如果法律允许企业拥有自己的股份，那么取得自己企业的股票便成为对公开收购要约最有力的防卫策略之一。

3. 寻找“白衣骑士”

“白衣骑士”即企业自己寻找的善意收购者。企业在遭到恶意收购威胁时，为了不使本企业落入敌意收购者手中，可以选择与其关系密切的有实力的企业，以更优惠的条件达到被善意收购。一般而言，如果收购者出价较低，目标企业被“白衣骑士”拯救的希望就比较大；如果买方企业提供了很高的收购价格，则“白衣骑士”的成本提高，目标公司获救的机会相应减少。在“白衣骑士”出现的情况下，收购者如果不以更高的价格来收购目标企业，那么收购者肯定会遭到失败，因此，收购者的收购价格必然随之“水涨船高”。

4.“降落伞”反收购计划

“降落伞”反收购计划主要是通过事先约定对并购发生后导致管理层更换和员工裁减时对管理层或员工的补偿标准，从而达到提高并购成本的目的。“降落伞”通常分金、银、锡三种。“金色降落伞”是指目标公司董事会通过决议，由公司董事及高层管理人员与目标公司签订合同，一旦目标公司被并购，其董事及高层管理人员无论是主动还是被迫离开公司，都可以得到一笔巨额安置补偿费用，如退休金(解职费)、股票选择权收入或额外津贴。“银色降落伞”主要是指向中级管理人员提供类似的保证，目标公司承诺，如果该公司被并购，中级管理人员可以根据工龄长短领取数周至数月的工资。“锡色降落伞”是指目标公司的普通员工在公司被并购后一段时间内被解雇的话，则可领取员工遣散费。

“金色降落伞”也称“黄金降落伞”，“金色降落伞”制度最早产生于美国，“金色”意指补偿丰厚，“降落伞”意指高管可规避公司控制权变动带来的冲击而实现平稳过渡。这种让收购者“大出血”的策略，经常成为抵御恶意收购的一种有效措施。但其弊端是，也有可能诱导管理层低价出售企业。其原理可以扩大适用到经营者各种原因的退职补偿，以避免出现“59 岁现象”。我国的很多企业对经营者退出机制不够重视，导致有些经营者行将退职时心理失衡，不惜“铤而走险”，侵占公司财产，上演了一幕又一幕悲剧。企业可以大胆吸收“金色降落伞”制度的精髓，通过制定这种制度来消除或弥补企业高层管理人员退休前后物质利益和心理角色的巨大落差。

(二)降低收购者的收购收益或增加其收购风险

1.“毒丸计划”

“毒丸计划”最早由美国著名的并购律师马丁·利普顿(Martin Lipton)于 1982 年发明和采用，正式名称为“股权摊薄反收购措施”，于 1985 年在美国特拉华法院被判决合法化。最初的形式是，目标公司向普通股股东发行优先股，一旦未经认可的一方收购了目标公司一大笔股份(一般是 10%～20%的股份)，股东持有的优先股就可以转换为一定数额的收购方股票，导致新股充斥市场，其他所有的股东都有机会以低价买进新股，这样就大大地稀释了收购方的股权，继而使收购变得代价高昂，从而达到抵制收购的目的。

“毒丸计划”的具体形式多种多样。通常可以分为如下两类：(1)“负债毒丸计划”，是指目标企业在恶意收购威胁下大量增加自身负债，降低企业被收购的吸引力。例如，目标公司发行债券并约定在公司股权发生大规模转移时，债券持有人可要求立刻兑付，从而使收购公司在收购后立即面临巨额现金支出，降低其收购兴趣。(2)"人员毒丸计划"，是指目标公司全部(或绝大部分)高级管理人员共同签署协议，在目标公司被以不公平价格收购，并且这些人中有一人在收购后将被降职或革职时，全部管理人员将集体辞职。这一策略不仅保护了目标公司股东的利益，而且会使收购方慎重考虑收购后更换管理层对公司带来的巨大影响。

2."焦土战术"

"焦土战术"是指企业在遇到收购袭击而无力反击时，所采取的一种两败俱伤的做法。此法可谓"不得已而为之"，因为要除掉企业中最有价值的部分，即对公司的资产、业务和财务进行调整和再组合，以使公司原有"价值"和吸引力不复存在，进而打消并购者的兴趣。它的常用做法主要有以下两种：

一是售卖"冠珠"。在并购行当里，人们习惯性地把一个公司里富于吸引力和最具收购价值的部分称为"冠珠"，即"皇冠上的珍珠"。它可能是某个子公司、分公司或某个部门，也可能是某项资产，某种营业许可或业务，某种技术秘密、专利权或关键人才，更可能是这些项目的组合。"冠珠"富有吸引力，诱发收购行动，是收购者收购该公司的真正用意所在，将"冠珠"售卖或抵押出去，可以消除收购的诱因，粉碎收购者的初衷。

二是"虚胖战术"。一个公司，如果财务状况好，资产质量高，业务结构又合理，那么就具有相当强的吸引力，往往诱发收购行动。在这种情况下，一旦遭到收购袭击，它往往采用"虚胖战术"作为反收购策略。其具体做法有多种，例如，购置大量与经营无关或盈利能力差的资产，令公司包袱沉重，资产质量下降；大量增加公司负债，恶化财务状况，加大经营风险；故做一些长时间才能见效的投资，使公司在短时间内资产收益率大减。所有这些举措将使公司从精干变得臃肿，使收购者因考虑收购后严重的负债问题而放弃收购。

(三)收购并购者

收购并购者又称为帕克曼式防御，是指当目标企业感受到收购威胁时，先下手为强的一种反并购策略。主要方法是当获悉收购方试图启动收购目标公司的计划时，目标公司针锋相对，反守为攻，抢先向收购公司股东发出公开收购要约，或策动与目标公司关系密切的友好公司出面收购袭击者，从而迫使收购公司转入防御，或至少赢得一定的时间以重新制定防御措施。

(四)适时修改企业章程

这种做法一般用于预防潜在收购者或诈骗者的收购，常见的具体做法如下：

1. 董事会轮选制

董事会轮选制使企业每年只能改选很小比例的董事。采用这种制度，使得收购方即使已经取得了多数控股权，也难以在短时间内改组企业董事会、委托经理层，因而难以实现对企业董事会的控制，从而进一步阻止其操纵目标企业的行为。

2. 超级多数条款

企业章程都需要规定修改章程或重大事项决策(如企业的清盘、并购、资产的租赁)所需投票权的比例。超级多数条款规定，企业被收购必须取得 2/3 或 80%的投票权，有时甚至会高达 95%。这样，若企业管理层和员工持有企业相当数量的股票，那么即使收购方控制了剩余的全部股票，收购也难以完成。

3. 公平价格条款

公平价格条款规定，收购方必须向少数股东支付目标股票的公平价格。所谓公平价格，通常是以目标企业股票的市盈率作为衡量标准，而市盈率的确定是以企业的历史数据为基础并结合行业数据来确定的。

二、防御企业并购的法律措施

防御企业并购的法律措施一般是指诉讼。诉讼的目的通常包括：逼迫收购方提高收购价以免被起诉；避免收购方先发制人，提起诉讼，延缓收购时间，以便另寻“白衣骑士”；在心理上重振目标公司管理层的士气；等等。

诉讼策略的第一步往往是目标企业请求法院禁止收购继续进行。于是，收购方必须首先给出充足的理由证明目标企业的指控不成立，否则不能继续增持目标企业的股票。这就使得目标企业有机会采取有效措施进一步抵御收购。不论诉讼成功与否，都能为目标企业的反并购行动争取时间，这是该策略被广泛采用的主要原因。

目标企业提起诉讼的理由主要有三条：第一，反垄断。部分收购可能使收购方获得某一行业的垄断或接近垄断地位，目标企业可以此作为诉讼理由。第二，披露违规。目标企业认定收购方未按有关法律规定向公众及时、充分或准确地披露信息等。第三，犯罪。除非有确凿的证据，否则目标企业难以以此为由提起诉讼。

在现实经济活动中，反收购防御的措施层出不穷。除上述经济、法律方面的措施以外，还可以采取政治措施，如迁移注册地、增加收购谈判难度等。这些反并购策略各具特色、各有千秋，很难断定哪种更为奏效。企业应该根据并购的实际情况尤其是并购双方的力量对比及并购初衷来进行选择，可以选择其中一种策略或几种策略的组合。

主要概念

Mergers and Acquisitions: All property transactions of enterprises in order to gain the control of other enterprises, under the market mechanism.

Financial Analysis on the M&A: A series of analysis of M&A, including analysis of financial motives of M&A, the value assessment of target enterprise in M&A, the cost analysis, profit analysis and risk analysis of M&A.

Mode of Payment in M&A: The form of payment in M&A in order to get control of the Target Corp, that is to say, a company takes what to return for the right to control the Target Corp.

Defensive Measures on M&A: A variety of active and effective defensive measures: to improve the acquisition cost, to reduce the acquirer gains or increase their acquisition risk, to purchase the acquirer, to timely amend the articles of association of the enterprise, etc.

思考与练习

1. 如何理解并购概念？
2. 并购财务分析的主要内容有哪些？
3. 常见的并购支付方式有哪几种？它们各有什么特点？
4. 简述各种企业并购防御策略的基本做法。

案例阅读

案例阅读 1——雪花冰箱和美国惠而浦的"分"与"合"

一、北京惠而浦雪花电器有限公司的诞生

在 20 世纪 80 年代的国内市场上,"雪花"牌冰箱是一个广为人知且颇受欢迎的家电品牌。但到了 80 年代后期,随着市场竞争的日趋激烈,雪花冰箱的经营陷入困境,再也不复当年的辉煌和竞争力。到了 1994 年,雪花在全国数十个同类品牌中仅处于中游位置,市场地位尴尬,前景很不明朗。

1995 年,为了寻找新的发展机会,同时也为了弥补自身发展后劲的不足,北京雪花电器集团宣布同美国惠而浦集团合资成立北京惠而浦雪花电器有限公司。新的合资公司注册资本共计 2 900 万美元,其中中方占据 40%的股份,控股权及合资公司的经营管理权都由美方掌握。

惠而浦号称美国白色家电的"第一品牌",在美国国内享有盛誉。但在中国市场,惠而浦似乎有些"水土不服",也没有太高的知名度,合资企业成立之初,美方对于国内的诸多情况都出现了预见不足,如对家电市场的格局、对中国家电市场的迅速发展以及激烈竞争情况都缺乏应有的认识和估计。

二、雪花与惠而浦合资案的终结

合资企业在认识方面的不足很快就让惠而浦雪花电器在经营过程中尝到了恶果。更让人惋惜的是,惠而浦并没有在合资公司中充分利用自己的技术优势。以无氟冰箱为例,惠而浦公司掌握有领先的全套技术,但美国经营方却偏见地认为中国市场还没有发展到那个阶段,而拒绝引进。这样,1996 年,在惠而浦技术优势没有到位的情况下,惠而浦雪花公司继续沿用原雪花集团的生产经营方式,生产了老型号产品 6 万余台,结果售出不到 4 万台,公司亏损了 8 986 万元。

让惠而浦方面出乎意料的是,此后不久,中国冰箱厂家纷纷推出无氟冰箱产品。惠而浦公司此时方如梦初醒,决定再投入 900 万美元,引进一整套全世界最先进的无氟冰箱生产线,但是等合资公司组装好生产线开发出第一批能够投向市场的产品时,已经是一年半后的事了,此时的惠而浦雪花公司已经错失了无氟冰箱发展的最佳契机,市场也已被竞争对手瓜分完毕。针对这种情况,惠而浦方面让第三方市场调查公司来对合资公司的情况做了一个综合评估,结果不是很乐观,于是惠而浦便果断决定撤资。

1997 年 11 月,惠而浦集团和北京雪花集团经过友好协商,达成了以下几条意见:

第一,美国惠而浦将其手中掌握的合资公司 60%的股本作价 200 万美元有偿转让给雪花集团;

第二,雪花获得合资公司的全权处置权;

第三,合资公司惠而浦雪花经营期间产生的全部贷款由惠而浦负责解决;

第四,合资公司的善后工作由雪花集团负责全权处理。

随着上述协议于 1997 年 12 月 4 日的正式生效,双方好聚好散,维系两年多的合资企业以失败告终。合资期间,惠而浦雪花公司累计亏损达 2.7 亿元,惠而浦公司这次试水中国的合资行为也给自身带来了 3 000 多万美元的损失。

资料来源:丁会仁.财务管理实务操作与典型案例全书[M].北京:中国法制出版社,2012.

【思考与讨论】

1.雪花与惠而浦合资案以失败告终的原因有哪些?

2.结合案例资料,谈一谈企业发展战略在并购活动中的意义。

案例阅读 2——阿里巴巴并购雅虎中国

一、案例背景

(一)阿里巴巴

阿里巴巴的主要业务模式是企业间电子商务(B2B),这也是其收入的主要来源,其他的业务包括子公司浙江淘宝网络有限公司的用户间电子商务(C2C)以及浙江支付宝网络科技有限公司的电子支付业务。阿里巴巴是全球企业间电子商务的著名品牌,连续五次被美国《福布斯》选为全球最佳 B2B 站点之一。其发展历程如表 6—3 所示。

表 6—3　　阿里巴巴的发展历程

时　间	事　件
1998 年年末	阿里巴巴网站推出
1999 年 7 月	阿里巴巴中国控股有限公司在中国香港成立
1999 年 9 月	阿里巴巴(中国)网络技术有限公司在杭州成立
1999 年 10 月	由高盛公司牵头,美国、亚洲、欧洲一流的基金公司参与,阿里巴巴引入 500 万美元风险投资
2000 年 1 月	软库注入第二笔投资 2 000 万美元
2002 年 2 月	日本亚洲投资公司向阿里巴巴投资
2003 年 7 月	阿里巴巴宣布投资淘宝网
2004 年 2 月	阿里巴巴再获 8 200 万美元融资
2004 年 7 月	阿里巴巴对淘宝网追加投资 3.5 亿元人民币

从市场情况来看,阿里巴巴拥有上千万的注册用户和注册会员,同时,支付宝也有上千家购物平台加盟,并且与招商银行、中国工商银行、中国建设银行、中国农业银行和国际信用卡组织 VISA 等建立了战略合作关系。

从营业收益来看,阿里巴巴的营业收入主要来自阿里巴巴"中国供应商(涉外 B2B 业务)"和"诚信通"的会员费。公司通过向这些客户收取年费的形式赚钱,而这些企业与阿里巴巴的续签率为 75%～78%。

可以说,在中国目前的 B2B 电子商务市场中,阿里巴巴处于绝对领先的地位。

(二)雅虎中国

雅虎(YAHOO)的发展历程如表 6—4 所示。

表 6—4　　雅虎(YAHOO)的发展历程

时　间	事　件
1994 年 1 月	创始人杨致远和大卫·费罗(David Filo)创立网络指南信息库
1995 年 3 月	YAHOO 公司成立
1995 年 9 月	获路透和软银投资
1996 年 4 月	在纳斯达克成功上市
2000 年 3 月	推出 B2B 业务
2005 年 8 月	中国区业务卖给阿里巴巴,两公司结成战略合作关系

雅虎中国于 1999 年进入中国市场,但由于中国市场对外资介入互联网增值业务的政策限制,使雅虎中国表现平平,鲜有作为。

从业务拓展来看,雅虎中国通过推出一搜网、创立"电邮联盟"、抢入竞拍排名,已经搭建起一个像样的目标直指门户及搜索网站的间架结构。从获利情况来看,雅虎中国的收入主体仍然是 3721,此外是网络广告收入。从市场情况来看,整个雅虎系在搜索市场上的占有率排名仅次于百度,领先于谷歌;而在付费市场上,雅虎中国的占有率居市场第一。

然而,由于雅虎一直游移在门户与搜索之间,致使它并没有真正充分利用全球信息资源的优势,所以在门户业务上也没有什么建树。其曾经的总裁曾在接受媒体记者采访时坦言,雅虎中国最大的一个失误就是花去了 6 个月的时间争论是否在中国开发独立的搜索引擎。

二、并购交易方式

根据双方签署的股票收购和业务转让协议(SPCA),雅虎将以 2.5 亿美元的现金和转让淘宝网股票的代价收购 201 617 750 股阿里巴巴的股票，并将在中国的业务转让给阿里巴巴。在相关交易完成后，雅虎将拥有阿里巴巴 40%的流通股，而阿里巴巴则将 100%地拥有淘宝网。但是，SPCA 和预期的交易是有条件的，主要涉及政府监管机构的批准以及一些其他补充协议的执行情况，其中包括但不仅局限于"淘宝网股票收购协议""二次股票收购协议""股东协议"等。

（一）并购协议

淘宝网股票收购协议：根据 SPCA 的条款，在 SPCA 中的交易完成后，雅虎将与软银及其全资拥有的 SB TB Holding Limited 签订"淘宝网股票收购协议"，以 3.6 亿美元的现金向 SB TB Holding Limited 收购淘宝网的股票。雅虎收购的淘宝网股票将被转让给阿里巴巴。

二次股票收购协议：根据 SPCA 的条款，在 SPCA 中的交易完成后，雅虎将与软银以及阿里巴巴的一些投资者、高级管理人员签订"二次股票收购协议"，以 3.9 亿美元收购他们持有的阿里巴巴股票。

股东协议：作为 SPCA 和相关交易执行完毕的一个条件，阿里巴巴、雅虎、软银以及阿里巴巴管理层的部分成员，还有阿里巴巴其他一些股东将签署"股东协议"，向股东授予并限制他们的权力，其中包括但不仅仅局限于董事会代表权、投票权、优先购股权、转让限制。所有相关交易完成后，阿里巴巴董事会将有 4 名成员：雅虎、软银各指定 1 名，阿里巴巴管理层指定 2 名。

（二）并购整合

此次并购交易中，阿里巴巴以 40%的股份、35%的投票权及董事会中的一席为代价，获得了雅虎 10 亿美金的注资、雅虎中国的全线业务以及无限期使用雅虎品牌的权利。而雅虎中国的业务主要包括雅虎中国门户业务、搜索技术、通信和广告业务、3721 网络实名以及 C2C 网站一拍网的所有权益。并购完成后的联合体将集 B2B、C2C、搜索、即时通信、电子邮箱、门户业务等互联网业务于一身。在新的联合体中，雅虎成为阿里巴巴单一最大股东，但如果将阿里巴巴创业团队的持股合并计算，雅虎只能算第二大股东。同时，在董事会中，阿里巴巴拥有四席中的两席，所以雅虎仍然是没有主导权的。

从雅虎方面来看，主要是希望通过并入阿里巴巴，激活其自收购 3721 之后尚未来得及全面整合的多条业务线，从而把电子商务引入到雅虎门户业务上，消除消费者和企业级业务之间的屏障，产生最大的协同效应。此外，雅虎也希望尽快切入中国的 C2C 市场，雅虎与新浪合资成立的一拍网根本无法与 eBay 易趣和淘宝网抗衡。并入阿里巴巴之后，雅虎中国将直接成为这家本地网络企业资产的一部分，进而彻底实现本地化，也将突破其在发展门户等业务上的政策限制。

从阿里巴巴方面来看，雅虎公司全球领先的搜索技术平台以及强大的产品研发保障非常有吸引力。阿里巴巴的 CEO 表示：搜索技术的运用将在未来电子商务的发展中起到关键性的作用，阿里巴巴将用雅虎全球领先的搜索技术，进一步丰富和扩大电子商务的内涵，在 B2B、C2C 领域继续巩固和扩大自己的领先优势，为中国网民提供更具优势、更加有效的服务，为中国企业提供更多的国际发展渠道。

三、案例启示

作为中国互联网历史上最大的一起并购，阿里巴巴和雅虎中国也同时演绎了独特的并购模式。此次并购带给我们最大的启示就是并购方式的选择并不一定就是既定的那几种模式，而是可以根据双方的意向灵活设计，量身定做。并购也并不一定就是"大吃小""强并弱"，两强联手可以实现最大的"双赢"。

资料来源：王化成. 高级财务管理[M]. 北京：首都经济贸易大学出版社，2006.

【思考与讨论】

1. 请从支付方式、战略定位、并购整合等方面谈一谈这次合并所带来的"双赢"效果。

2. 本案例对你还有哪些方面的启示？

第七章　管理层收购

要点提示

- 管理层收购的概念及意义。
- 管理层收购的特点。
- 管理层收购的参与者及其各自的职责。
- 我国管理层收购的现状。

第一节　管理层收购概述

一、管理层收购的概念与意义

(一)管理层收购的概念

管理层收购(Management Buy-Out,MBO)是指目标公司的管理层利用外部融资购买本公司的股份,从而改变本公司所有者结构、控制权结构和资产结构,进而达到重组本公司的目的并获得预期收益的一种收购行为。

管理层收购是杠杆并购的一种特殊形式,当杠杆并购中的主并方是目标企业内部管理人员时,杠杆并购也就是管理层收购。

(二)管理层收购的意义

管理层收购的意义主要体现在以下三个方面:

一是有助于降低代理成本。与所有权与经营权分离不同的是,管理层收购追求的恰恰是所有者与经营权合一,从而实现管理层对企业决策控制权、剩余控制权和剩余索取权的接管,降低了成本。管理层收购后,管理者拥有企业的股权,企业的经营绩效与管理者的个人报酬直接相关,管理者有动力挖掘企业潜力,有利于降低管理者与股东之间的代理成本。

二是有利于激励和约束管理层。控制权和报酬是企业家的两大激励因素。控制权可以满足其施展才能、"自我实现"的心理需求,也能满足其处于负责地位的权力需求。而报酬则满足其物质需求和价值实现的心理需求。此外,管理层收购常常需要借助于高负债的杠杆作用得以完成,高负债可以进一步约束管理者的经营行为,有利于公司现金流量的及时回收。

三是有利于企业内部结构优化。管理层收购通过管理层购买本公司的股份来改变本公司的所有者结构、控制权结构和资产结构,实现内部结构的优化;同时,企业可以通过管理层收购较为方便地转移经营重点或者进行产业转换、产业调整,实现资源的优化配置。

除了上述三点之外,在我国进行管理层收购还有着如下特殊的意义:一是解决国有企业"所有者缺位"问题,促进国企产权体制改革;二是解决民营企业带"红帽子"的历史遗留问题,实现企业向真正的所有者"回归",恢复民营企业的产权真实面目,从而为民营企业的长远发展扫除产权障碍；三是帮助国有资本从非竞争性行业中逐步退出。

二、管理层收购的方式与特点

(一)管理层收购的方式

1. 收购资产

收购资产是指管理层收购目标公司大部分或全部的资产，从而实现对目标公司的所有权和业务经营权的控制。收购资产的操作方式适用于收购对象为上市公司、大集团分离出来的子公司或分支机构、公营部门或公司。

如果收购的是上市公司或集团子公司、分支机构，则目标公司的管理团队直接向目标公司发出收购要约，在双方共同接受的价格和支付条件下一次性实现资产收购。

如果收购的是公营部门或公司，则有两种方式：(1)目标公司的管理团队直接收购公营部门或公司的整体或全部资产，一次性完成私有化改造；(2)先将公营部门或公司分解为多个部分，原来对应职能部门的高级官员组成管理团队分别实施收购，收购完成后，原公营部门或公司变成多个独立经营的私营企业。

2. 收购股票

收购股票是指管理层从目标公司的股东那里直接购买控股权益或全部股票。

如果目标公司有为数不多的股东或其本身就是一个子公司，购买目标公司股票的谈判过程就比较简单，直接与目标公司的大股东进行并购谈判，商议买卖条件即可。

如果目标公司是一个公开发行股票的公司，收购程序就相当复杂。其操作方式为目标公司的管理团队通过大量的债务融资收购该目标公司所发行的股票。通过二级市场出资购买目标公司股票是一种简便易行的方法，但因为受到有关证券法规信息披露原则的制约，如购进目标公司股份达到一定比例时需履行相应的报告及公告义务，在持有目标公司股份达到一定比例时，便应向目标公司股东发出公开收购要约，所有这些要求都容易被他人用以哄抬股价，而使并购成本激增。

3. 综合证券收购

综合证券收购是指收购主体对目标提出收购要约时，其出价有现金、股票、公司债券、认股权证、可转换债券等多种形式的组合。这是从管理层在进行收购时的出资方式来分类的，综合起来看，管理层若在收购目标公司时能够采用综合证券收购，则既可以避免支付更多的现金，造成新组建公司的财务状况恶化，又可以防止控股权的转移。因此，近年来综合证券收购在各种收购方式中的比例呈现逐年上升的趋势。

(二)管理层收购的特点

1. 主要投资者是目标公司的经理和管理人员

MBO 的主要投资者是目标公司的经理和管理人员，他们往往对该公司非常了解，并有很强的经营管理能力。通过 MBO，他们的身份由单一的经营者角色变为所有者与经营者合一的双重身份。

2. 主要通过借贷融资来完成

MBO 的资金来源一般由优先债(先偿债务)、次级债(后偿债务)与股权三者构成，其中主要是前面两者。由于偿债压力比较大，所以，MBO 的目标公司通常是那些存在潜在管理效率提升空间的公司。管理层是公司全方位信息的拥有者，公司只有在具有良好的经济效益和经营潜力的情况下，才会成为管理层的收购目标。

3. 通常发生在拥有稳定现金流量的成熟行业

MBO属于杠杆收购，管理层必须首先进行债务融资，然后再用被收购企业的现金流量来偿还债务。而处于成熟行业的企业一般拥有比较稳定的现金流量，有利于收购顺利实施。因此，MBO通常发生在拥有稳定现金流量的成熟行业。

三、管理层收购的一般程序

（一）策划阶段

1. 可行性分析

MBO可行性分析的重点内容包括以下几个方面：(1)检查和确认目标企业的竞争优势、现在以及可以预见的未来若干年的财务和现金流情况；(2)对供应商、客户和分销商的稳定性进行评估，对目标公司现存经营管理和制度上的问题及改进潜力进行研究；(3)收购存在的法律障碍和解决途径，收购有关的税收事项及安排；(4)员工及养老金问题、公司股东权益的增长和管理层的利益回报等。

2. 组建管理团队

在组建MBO的管理团队时，要以目标公司现有的管理人员为基础，由各职能部门的高级管理人员和职员共同组成。应从优势互补的角度考虑，引进必要的外部专家和经营管理人员；同时剔除掉企业内部那些缺乏团队协作意识和敬业精神的原管理人员或高级职员。

3. 设计管理人员激励体系

管理人员激励体系的核心思想是通过股权认购、股票期权或权证等形式向管理人员提供基于股票价格的激励报酬，使管理人员的收入及权益与公司的盈亏直接挂钩，能够得到基于利润等经营目标的股东报酬，从而充分发挥其管理才能和敬业精神。

4. 设立收购主体——壳公司

由管理团队作为发起人注册成立一家壳公司或称为“纸上公司”，作为拟收购目标公司的主体。设立新公司的原因是管理层作为一群自然人要实现对目标企业资产的收购，必须借助于法人形式才能实现。因此，在这种情况下，管理层在组建管理团队后，首先要在目标公司经营业务的基础上设计公司框架，制定公司章程，确定公司股份认购原则，发起设立有限责任公司，在新设立的公司中，管理团队人员经过选举确定董事长、总经理和董事会成员以及各个层面的高级管理人员。

5. 选聘中介机构

管理团队应根据收购目标公司的规模、特点以及收购工作的复杂程度，选聘专业中介机构，如投资银行、律师事务所、会计师事务所，来指导业务操作，提高并购成功率。

6. 收购融资安排

在MBO操作过程中，管理层一般只付出收购价格中很少的一部分，其他资金则通过债务融资筹措。其中所需资金的大部分(50%～60%)是通过以公司资产为抵押向银行申请贷款而获得，既可以由数家商业银行组成辛迪加来提供，也可以由保险公司或专门进行风险资本投资或杠杆收购的有限责任公司来提供。其他资金以各级别的次等债券形式，通过私募(针对养老基金、保险公司、风险资本投资企业等)或公开发行高收益率债券来筹措。

（二）执行阶段

1. 评估和收购定价

目标公司价值的确定不外乎两个依据：一是根据目标公司的盈利水平评价，二是按照目标公司的账面资产价值评价。目标公司的估价可以委托专业评估机构完成。管理团队根据其对目标公司经营情况和发展潜力的充分了解,确定能够接受且合理的总购买价格。管理团队在确定收购价格时,要充分考虑以下因素:(1)建立在公司资产评估基础上的各价值因素:固定资产、流动资产的价值;土地使用价值;企业无形资产价值;企业改造后的预期价值;被转让的债权、债务;离退休职工的退休养老、医疗保险和富余人员安置费用等。(2)外部买主的激烈竞争。把握和利用与原公司决策者的感情因素和公司内幕消息,争取竞争条件下最可能争取的价格优惠。

2. 收购谈判,签订合同

这一步是 MBO 的核心和关键步骤。在这一阶段,管理团队就收购条件和价格等条款同目标公司董事会进行谈判。收购条款一经确定,MBO 便进入实质性阶段,管理层与目标公司正式签订收购协议书。收购协议书应明确双方享有的权利和义务,其主要内容如下:(1)收购双方的名称、住所、法定代表人,企业收购的性质和法律形式,收购完成后被收购企业的法律地位和产权归属;(2)收购的价格和折算标准,收购涉及的所有资本、债务的总金额,收购方支付收购资金的来源、性质、方式和支付期限;(3)被收购目标公司的债权、债务及各类合同的处理方式以及被收购目标公司的人员安置及福利待遇等。

3. 收购合同的履行

收购集团按照收购目标或合同约定完成收购目标公司的所有资产或购买目标公司所有发行在外的股票,使其转为非上市公司。收购完成,根据收购具体情况办理下列手续和事项:(1)审批和公证。协议签订后,经双方法定代表人签字,报请有关部门审批,然后根据需要和双方意愿申请法律公证,使收购协议具有法律约束力,成为以后解决相关纠纷的依据。(2)办理变更手续。收购完成以后,意味着被收购方的法人资格发生了变化。协议书生效后,收购双方要向工商等有关部门办理企业登记、企业注销、房产变更及土地使用权转让手续,以保证收购方的利益和权利。(3)产权交接。收购双方的资产交接,须在律师现场见证、银行和中介机构等有关部门的监督下,按照协议办理移交手续,经过验收、造册,双方签证后,会计据此入账。收购目标公司的债权、债务,按协议进行清理,并据此调整账户,办理更换合同债据等手续。

4. 发布收购公告

这是收购过程的最后一道程序。把收购的事实公之于社会,可以在公开报刊上刊登,也可由有关机构发布,使社会各方面知道收购事实,并开始调整与之相关的业务。

四、管理层收购的参与者

(一)管理层

管理层是收购活动的最先发起者。在发达的市场经济中,现代企业制度使得企业的所有权与经营权分离。所有权与经营权的分离必然导致弱势所有者和强势经营者。随着企业经营的信息被强势经营者所掌握,就会发生管理者的"道德风险",即所谓的"内部人控制问题"。管理层通过收购活动取得弱化的所有权,可以完善由于所有权的弱化而带来的监督机制的欠缺,有利于企业的长远发展。因此,解决代理成本问题成为西方发达市场经济国家中管理层收购的主要原因之一。而我国则更多地借用了 MBO 的直接结果,即企业所有权与经营权合一。这对于我国国有企业改制过程中出现的产权关系不清问题有直接的改造作用,并且 MBO 使管理层能够得到有效的长期激励,从而提高企业的经营效率,符合企业的长远发展。

MBO 可以帮助经营者较快地实现"从高级打工者到老板"的转变,具有很大的吸引力,但是管理层在 MBO 中发起者的角色决定了其承担的风险。因此,管理层在决定其收购活动时必须慎重，要综合考虑目标企业、经营者自身及社会环境等多方面的因素。

（二）目标公司

目标公司是 MBO 操作中的收购对象。目标公司的选择是管理层收购能否取得最终成功的关键环节。因此，MBO 所选取的目标公司一定要符合 MBO 这种特殊的并购方式。在进行具体的选择时，目标公司必须具有以下特质：

一是存在“潜在的管理效率空间”，即公司内部存在着大规模的节约代理成本的可能性。从收购主体来看，通过对目标公司股权、控制权、资产结构及业务的调整，可以提高企业的管理效率和经营效率。

二是成本控制具有可操作的空间。如果通过成本控制可以较容易地降低成本，那么管理层的偿债压力就可以得到一定程度的缓解。降低成本的办法通常有：降低原材料的采购成本、清理闲置设备、减少资本性支出、控制营运杂费、行政裁员、停息挂账和财政补贴等。

三是产品具有较强的市场竞争能力。目标公司必须在其产业中占据有利的市场位置，能够抵御经济的波动和竞争者的攻击。

四是具有一定规模的股东权益，其实际价值超过账面价值。公司拥有一定规模的股东权益，不仅可以为管理层提供贷款担保，而且还可以进行一定的权益投资，以缓解管理层的风险。

五是拥有易剥离的非核心资产。如果公司拥有易剥离的非核心资产或部门，就可以在必要的时候通过出售这些资产而迅速地获得偿债资金。

六是有关的管理人员大多是已得到实践证明的高级管理者，提供贷款者对他们管理集团有信心。

（三）战略投资者

战略投资者通常是以获得资本增值为主要目的的机构投资者或个人。战略投资者一般不介入公司的管理，亦无意控股公司。他们以专业判断为依据，在市场上选择有高增长潜力的公司和可信赖的管理者，在公司被收购前相对价值较低的阶段，投入股本金支持公司，以求得一定时期后超常的利润增长和资本增长。

（四）中介机构

中介机构是指策划、安排参与整合管理层收购过程中的顾问机构或个人，主要包括投资银行、律师事务所、会计师事务所、管理顾问和资产评估师。投资银行的职责包括商业调查、评估交易对象、目标公司的审查及财务分析、设计最优方案、协调与项目有关的各种关系、制订各种有关的合同及方案的文本、制订有关的宣传方案等。律师事务所的职责包括使意见和建议合法化、参与制订项目方案、完善有关的法律手段、协助处理各种法律事务及非法律事务等。会计师事务所的职责包括审计会计报表并出具审计报告、参与项目方案的讨论和确定、就相关的财务问题向委托方及中介机构提供咨询意见、为公司提供有关税务安排方面的建议等。资产评估师的职责主要在于对交易标的进行合理的评估定价。

第二节 我国管理层收购的现状及风险

一、我国管理层收购的现状

（一）MBO 相关的制度规范

我国在市场经济体制过程中出现了产权结构不合理、所有者缺位、内部人控制等现象，使得管理层收购成为解决问题的现实途径之一。从1999年第一家实施管理层收购的四通集团开始，短短几年时间，国内出现了管理层收购的热潮。2000年奥美MBO的成功实施更是进一步促进了我国管理层收购的迅速发展。然而，有关MBO的政策在2003年出现了波折。

考虑到大规模推行管理层收购可能导致的高风险，2003年4月管理层收购被紧急叫停，财政部暂停受理和审批上市和非上市公司的管理层收购。2003年12月，国务院办公厅又重新对管理层收购实行有限制的允许，转发了国资委《关于规范国有企业改制工作的意见》，对企业国有产权转让行为进行了规范。随后，国资委、财政部又公布了产权变革的一份标志性文件——《企业国有产权转让管理暂行办法》，对企业国有产权向管理层转让做出了更为明确的规定。但是在管理层收购解禁之后，学术界、企业界开展了一次关于管理层收购的大讨论，有学者认为管理层收购是导致国有资产流失的主要途径，管理层收购不适合中国。2004年12月，国资委明确国有大型企业不准实行MBO。2005年4月，国资委和财政部公布了《企业国有产权向管理层转让暂行规定》(简称《暂行规定》)，对企业国有产权向管理层转让提出了规范性要求，对管理层出资受让企业国有产权的条件、范围等进行了界定，并明确了相关各方的责任，明确提出中小型国有及国有控股企业的国有产权可向管理层转让，而大型国企的国有产权不得向管理层转让。

《暂行规定》明确，中小型国有及国有控股企业的国有产权向管理层转让可以探索，但必须符合五个条件：一是国有产权持有单位应当严格按照国家规定，委托中介机构对转让标的企业进行审计，其中标的企业或者标的企业国有产权持有单位的法定代表人参与受让企业国有产权的，应当对其进行经济责任审计。二是国有产权转让方案的制订以及与此相关的清产核资、财务审计、资产评估、底价确定、中介机构委托等重大事项应当由有管理职权的国有产权持有单位依照国家有关规定统一组织进行，管理层不得参与。三是管理层应当与其他拟受让方平等竞买。企业国有产权向管理层转让必须进入经国有资产监督管理机构选定的产权交易机构公开进行，并在公开国有产权转让信息时对以下事项详尽披露：目前管理层持有标的企业的产权情况、拟参与受让国有产权的管理层名单、拟受让比例、受让国有产权的目的及相关后续计划、是否改变标的企业的主营业务、是否对标的企业进行重大重组等。产权转让公告中的受让条件不得含有为管理层设定的排他性条款，以及其他有利于管理层的安排。四是企业国有产权持有单位不得将职工安置费等有关费用从净资产中抵扣(国家另有规定除外)；不得以各种名义压低国有产权转让价格。五是管理层受让企业国有产权时，应当提供其受让资金来源的相关证明，不得向包括标的企业在内的国有及国有控股企业融资，不得以这些企业的国有产权或资产为管理层融资提供保证、抵押、质押、贴现等。

同时，《暂行规定》还明确，如果管理层存在以下五种情形之一，不得受让标的企业的国有产权：一是经审计认定对企业经营业绩下降负有直接责任的；二是故意转移、隐匿资产，或者在转让过程中通过关联交易影响标的企业净资产的；三是向中介机构提供虚假资料，导致审计、评估结果失真，或者与有关方面串通，压低资产评估结果以及国有产权转让价格的；四是违反有关规定，参与国有产权转让方案的制订以及与此相关的清产核资、财务审计、资产评估、底价确定、中介机构委托等重大事项的；五是无法提供受让资金来源相关证明的。此外，《暂行规定》还明确了管理层不得采取信托或委托方式间接受让企业国有产权。

所以，《暂行规定》已经明确，国有资产监督管理机构已经建立或政府已经明确国有资产保值增值的行为主体和责任主体的地区，可以探索中小型国有及国有控股企业的国有产权向管理层转让，但国家法律、行政法规和规章制度另有规定的除外。同时规定，大型国有及国有控股企业的国有产权不向管理层转让，大型国有及国有控股企业所属从事该大型企业主营业务的重要全资或控股企业的国有产权也不向管理层转让。

(二)我国 MBO 的市场环境及特点

1. MBO 的目标公司在我国发生了变异

在成熟的市场经济国家，MBO 的目标公司一般是小型或中型上市公司。而我国 MBO 的目标公司发生了重大变异：一是 MBO 大量地出现在上市公司中，而上市公司涉及公众利益，如果进行 MBO，则很难保证管理层个人对流通股股东进行补偿；二是转让是在没有明晰的产权主体的前提下进行的，卖方不明确，价格不公允，操作不透明；三是 MBO 的资金来源渠道不明。在这种情况下，MBO 更多地成为使国有和公众财富向私人流动的一个通道。

2. 收购价格的合理性值得怀疑

规范意义上的 MBO 是一种市场行为，收购价格由收购者和目标公司通过谈判来确定，基本上能反映公司的市场价值。在我国，国有公司所有者缺位，形成内部人控制，在这种条件下进行收购，由于缺乏合理的定价机制和必要的监督与制衡，很难保证转让价格的合理性。从现有的上市公司 MBO 案例来看，大部分的收购价格低于公司股票的每股净资产。由于国有股与发起人法人股是不可流通股份，不能与二级市场价格同比衡量，因此，在确定收购价格时，如何在保证对管理层原有贡献积累进行补偿的同时，又避免国有资产流失和保护广大流通股股东的合法权益，是收购的关键所在。

3. 融资渠道单一

由于收购标的价值一般远远超出收购主体的支付能力，大部分收购资金需要通过融资来弥补，因此，融资能否成功成为事关整个收购能否进行和成功的关键。在我国，由于长期受计划经济的影响，管理层的收入相对较低，可用的金融工具十分有限，融资渠道比较单一。中国人民银行于 2014 年颁布实施的最新《贷款通则》明确规定：对用贷款进行股本权益性投资的，由贷款人对其部分或全部贷款加收利息；情节特别严重的，由贷款人停止支付借款人尚未使用的贷款，并提前收回部分或全部贷款。

4. 资本退出机制缺失

国外的 MBO 完成后，往往以第二次公开发行作为其退出机制，这样做具有较强的灵活性。而在国内的 MBO 实践中，管理者所得的是法人股，目前来看不能上市流通，不能变现，只能通过红利取得收益。

5. 信息披露缺乏及时性和有效性

如前所述，MBO 最大的风险是内部人交易问题，解决内部人交易问题首先要规范信息披露问题。从我国已经发生了 MBO 的上市公司信息披露的情况来看，有的没有披露交易价格；有的在收购原因(意义)方面阐述得过于简单、笼统，没有针对上市公司各自的具体情况说明此次收购活动的原因(意义)；有的虽然披露了收购价格，但对收购价格的确定依据未能作进一步说明。另外，在收购资金的来源披露上，一般仅披露为“由受让方自筹或自行解决”。

二、我国管理层收购的基本风险

管理层收购有利于实现企业产权结构调整，激励管理人员，降低公司代理成本，尤其是对于急需明晰产权与减退国有股的国内上市公司更具有重大意义。但在我国当前经济环境下，MBO 存在以下几个方面的风险：

(一)行政风险

按照中共十六大报告的精神及指示,我国已经在中央和地方两级政府成立专门的国有资产管理机构(即国有资产管理委员会)来负责国有资本的经营和运作。行政因素的介入,使得有的环节(如定价)变得相当简单,而有的环节(如人员安排)则变得相当复杂。实际上,由于我国特殊的股权结构,使得管理层收购大多需要通过协议转让非流通股的方式来实现,而目前非流通国有股须经行政审批方式进行转让。此外,国家针对 MBO 所制定的一些法律、法规相对于实践活动有一定的滞后期。这些因素都会给企业 MBO 带来风险。

(二)定价风险

管理层收购涉及管理层、大股东和中小股东,涉及股权结构变动,内部人有可能利用内幕消息等侵犯中小股东的利益。一个典型的操作动作是,由于信息不对称,管理层将有可能先做亏公司,做小净资产,然后以相当低廉的价格实现收购的目的。MBO 完成之后,高管人员再通过调账等方式使隐藏的利润合法地出现,从而实现年底大量现金分红,以缓解管理层融资收购带来的巨大的财务压力。

(三)融资与分红风险

管理层收购会动用大量资金,管理层收购以后就面临着偿还资金的巨大压力,在目前没有股权转让渠道的情况下,管理层有可能采取过度的现金分红方式来缓解自己的偿债压力。而比例过大的现金分红将会降低上市公司现金流量,加大企业的经营风险。

(四)运作风险

实施 MBO 之后,管理者成为企业的大股东,企业的命脉完全掌控在一个人或几个人的手里。如果监管不力,大股东通过各种方式滥用股权侵吞中小股东的利益就更为直接。同时,由于管理层收购时设立的职工持股公司一般进行了大量的融资,负债率非常高,上市公司新的母公司的财务压力很大,不排除高管人员利用关联方交易等方法转移上市公司的利益以缓解其财务压力的可能。

三、中外管理层收购的比较

由于国情、法律体系、资本市场发育程度等多方面的差异,我国 MBO 与西方发达国家如美国等的 MBO 仍然存在很大的差异。

(一)动机不同

西方实施 MBO 的最主要的原因是降低代理成本。通过 MBO,管理层实际拥有或控制公司,管理层利益与公司股东利益汇聚,代理成本便能大幅度下降。西方的 MBO 常常意味着高杠杆安排,其相关利息一般在所得税前支付,因此公司可享受税收效应。我国的 MBO 也能起到降低代理成本的作用,但最主要的作用是增加对管理层的长期激励,从而提高公司效益。虽然我国的 MBO 同样意味着大量的借款,但由于借款主体和管理层持股公司一般不同,税收效应并未得到体现。

(二)对象不同

我国 MBO 的对象主要是面临改制的国有企业、集体企业和国有控股上市公司。管理层通过持有部分企业股份,增强对企业的控制能力,分享企业改制、效益提高的成果。西方 MBO 的对象主要集中在上市公司和多元化经营集团剥离的资产上。上市公司可能由于披露成本过高而寻求退市,管理层收购股份并使其成为非上市公司。多元化经营集团可能出于战略考虑而剥离非主营业务或退出某些行业,该项剥离资产的经营管理团队如果成为收购方,便是 MBO。

(三)控股比例不同

西方企业实施 MBO 后,管理层通常持有公司全部或绝大部分股份。而在我国,由于管理层支付能力不足、筹资能力有限和收购对象资产规模较大,管理层很难成为 MBO 企业的绝对控股股东。出现这种现象的另一个原因是企业还未能完全割裂与政府千丝万缕的联系。

(四)政府的角色不同

在我国的 MBO 中,政府可能是 MBO 的推动者、支持者和交易者。同时,政府还充当立法者。因此,在我国,与政府部门的沟通是成功实现 MBO 的关键。西方国家政府在 MBO 中极少充当如此多面化的角色,MBO 几乎就是市场化的结果。

(五)MBO 定价的基础不同

由于缺乏激励机制,公司管理层对公司的贡献未能在以往的薪酬中得以体现。因此,我国企业在 MBO 定价时除考虑企业本身价值外,还考虑管理层以往对企业的贡献,这样就存在对以往业绩的不客观估计和评价,主观痕迹较浓厚。而西方企业的激励机制较为完善,以市场的客观反映为中心,因而在 MBO 过程中较少主观顾及管理层以往的贡献。尤其是我国 MBO 收购的股份基本上是不流通股份,这些股份较难定价。根据现行政策和实践,净资产是一个重要的定价基准。而西方企业由于实现股权全流通,股份价格完全市场化,比较容易得到公允的价格。

(六)收购资金的来源及退出机制不同

西方 MBO 的资金来源广泛,银行、基金、保险公司、风险投资机构等都可能提供资金。MBO 企业还可以发行高收益债券,从中小投资者处融资。而且,MBO 完成后,往往以第二次公开发行作为退出机制,具有较强的灵活性。而如前文所述,我国的 MBO 融资渠道单一,融资限制很多。并且,MBO 完成后,管理者所得的是法人股,不能上市流通,不能变现,只能通过分红来取得收益。

主要概念

Management Buy-Out: Management's use of external financing to buy shares in the company, so as to change the ownership structure, control power structure, and assets structure of the company, and then achieve the purpose of corporate restructuring and obtain an expected returns on investment.

思考与练习

1. 简述管理层收购的概念及意义。
2. 管理层收购的方式与特点有哪些?
3. 管理层收购的一般程序如何?
4. 管理层收购活动的参与者有哪些?他们在并购中各自扮演着什么样的角色?
5. 如何理解我国管理层收购的现状及其相对于西方国家 MBO 的特点?

案例阅读

案例阅读1——宇通客车的MBO之路

一、宇通客车MBO方案的启动

一直以来，宇通客车被业内称为“第一例公开以上市公司国有股为对象而实行的MBO”。这份看起来具有开创意义的MBO始于2001年6月15日，上海宇通与郑州市国资局（其职能后划到市财政局）签署了《关于郑州宇通集团有限责任公司股权转让协议》和《股权委托管理协议》，约定由上海宇通受让郑州市财政局持有的宇通集团89.8%的股权并呈报财政部审批；在报批期间，宇通集团的该部分股权（含宇通客车国家股2 350万股）由上海宇通代为管理。这就表示宇通客车MBO正式启动了。

二、宇通客车曲线实现MBO

2001年8月，郑州市财政局收取了上海宇通支付的合同约定股权转让价款共计9 687万元，但是由于管理层叫停，财政部对郑州财政局的报告一直未予批复，宇通客车的MBO不得不延缓，不过，郑州财政局既没有向上海宇通合法转让约定股权，也没有返还已收取的股权转让款。

2003年12月3日，上海宇通以申请支付令方式向郑州市二七区人民法院提起诉讼，要求财政局返还股权转让款并赔偿利息。2003年12月20日，郑州市二七区人民法院裁定冻结郑州财政局持有宇通集团的100%股权并委托郑州拍卖总行公开拍卖。通过拍卖，高管如愿以偿得到宇通客车控制权。

2003年12月21日，郑州拍卖总行在《郑州日报》刊登拍卖公告。2003年12月29日，郑州拍卖总行对财政局所持宇通集团的100%股权进行了公开拍卖。通过竞价，上海宇通以人民币14 850万元的价格拍得宇通集团90%的股权，宇通发展以人民币1 650万元的价格拍得宇通集团10%的股权。

至此，宇通客车实质上已经完成MBO。

三、媒体对宇通MBO的质疑

从宇通客车开始着手MBO一事起，媒体的质疑声就一直不断，主要集中在三个问题上：

一是根据中国证监会2002年12月1日正式实施的《上市公司收购管理办法》中的有关规定，上市公司实际控制人发生变化的行为必须进行公开信息披露。但宇通客车在宇通客车MBO一事上披露信息不合规。

二是通过司法拍卖是一种可以获得股权的有效方法，但其中的操作必须是规范的，必须符合法律程序和相关部门的规定。可宇通没有。

三是国资委《关于规范国有企业改制工作的意见》十分明确，严禁国有企业的经营管理者自卖自买国有产权。显然，宇通客车MBO有“自卖自买”的重大嫌疑。

除此之外，资金来源也是媒体质疑的一方面，对此，汤玉祥解释说，上海宇通21名自然人股东的背后是宇通客车838名员工。由于《公司法》规定有限责任公司的发起人不能超过50名，所以，上海宇通还选择了20个部门负责人代表本部门员工持股。838名员工出资8 083.8万元，汤个人出资3 000万元。838名员工的出资有两个渠道：一是1993年改制以来宇通客车员工的年均收入在2万元以上；二是2000年4月1 294万股职工内部股上市流通，按当年股票均价17.27元计算，若全部变现可筹集资金2.23亿元。而他本人的资金来源是，自己出了200万元现金，借了800万元，还有机构投资者支持了2 000万元，合计为3 000万元。汤玉祥说，无论是借款还是机构投资者支持的资金，他都得按5.31%的贷款利息付息。

另一点值得注意的是，在我国现行的法律条件下，真正的MBO收购对“管理层”这一概念有着人数上的严格界定。根据我国《公司法》规定，有限责任公司股东人数不能超过50人，因此真正的管理层收购，其“管理层”人数也必须在50人之内。如宇通客车MBO等，通过838名员工集资，全员持股公司的方式，无法被称为真正的MBO。

与此同时，有一部分人所持观点如下：结合中国当前的现实环境，在国有企业面临内部激励不足和扭曲的情况下，管理层收购实为解决企业激励不足的一种有效选择。尤其是在竞争性行业，MBO的应用可以使经营者、所有者合一，市场决策和反应速度加快，更有利于企业在激烈的市场竞争中脱颖而出。若不论任何国企的 MBO 改制，都一概以“国有资产流失论”否定之，则有失偏颇。

资料来源：南方周末，2004 年 1 月 29 日.

【思考与讨论】

1. 结合案例资料，谈一谈我国 MBO 与西方发达国家的不同之处。

2. 你认为应该如何看待我国企业在 MBO 过程中的国有资产流失现象？

案例阅读 2——伊利股份的 MBO 方案

一、案例背景

内蒙古伊利实业集团股份有限公司（简称“伊利股份”）是全国乳品行业龙头企业之一，也是国家经贸委评定的全国 520 家重点工业企业和国家确定的全国 151 家农业产业化龙头企业之一。

1996 年 3 月，“伊利股份”在上海证券交易所挂牌交易，凭借良好的业绩和高速的成长性已成为资本市场公认的蓝筹绩优股。

二、“伊利事件”始末

2003 年 3 月 19 日，“伊利股份”发布公告称，公司大股东呼和浩特市财政局与金信信托签署《股权转让协议》，前者将其持有的公司 14.33%股份转让给后者，转让价格为 10 元股，转让价款总额 2.8 亿元。2003 年 7 月，金信信托以 10 元/股、总价 2.8 亿元从呼和浩特市财政局受让的占“伊利股份”14.33%的国有股完成过户，从而成为“伊利股份”的第一大股东。在收购“伊利股份”的股权时，金信信托明确表示“收购人有意保持‘伊利股份’在人员安排、经营管理上的独立性和稳定性，支持公司在现有管理层领导下按预定发展规划管理运作，原则上不干涉‘伊利股份’的日常经营活动”的承诺。

此举被视为是“伊利股份”进行 MBO 的交易。理由是：其一，作为第一大股东，但金信信托将不会派驻任何高管人员到“伊利股份”，根据《股权转让协议》，金信信托将以战略投资原则持有公司股份，不谋求对公司的实际控制，这与金信信托的惯常风格不符。其二，除了不参与管理之外，此次转让协议中还明确规定，金信信托不能在二级市场上买进“伊利股份”的股票。其三，当时，“伊利股份”二级市场的价格在 20 元左右，每股净资产为 8.938 元，此次金信信托的受让价为 10 元/股。从净资产保值、增值的角度来看，10 元每股无可厚非，但与“伊利股份”良好的盈利前景相比，10 元的价格似乎溢价有限。其四，呼和浩特市财政局与金信信托的谈判时间非常短。

2003 年 10 月，“伊利股份”董事长郑俊怀在董事会上提出购买国债的想法，11 月开始，“伊利股份”分五次汇入子公司“牧泉元兴有限公司”资金，用于在金通证券进行国债投资，共计 2.8 亿元，与金信信托付给呼和浩特市财政局的股权转让款额相同。

2004 年 4 月，“伊利股份”独立董事俞伯伟对大额国债投资提出质疑，“伊利股份”宁可亏损也要买国债的行为是不是和 MBO 所需要的资金有关系，此被怀疑为资金体外循环的通道。

2004 年 6 月 16 日，“伊利股份”临时董事会以俞伯伟以妻子名义注册的咨询公司与“伊利股份”发生咨询顾问关联交易为由，通过了罢免俞伯伟独立董事资格的议案。作为反击，俞伯伟与另一独立董事王斌宣布《独董声明》，暗指“伊利股份”实力派人物有可能利用职务之便挪用巨额公款炒国债而且没有履行相应的披露义务。

2004 年 12 月 27 日，“伊利股份”大股东金信信托持有的公司 56 057 486 股社会法人股和呼和浩特华世商贸有限公司（简称“华世商贸”）所持有的 8 448 482 股社会法人股被内蒙古自治区人民检察院因案件查办需要依法予以冻结，冻结期限从 2004 年 12 月 24 日起至 2005 年 12 月 23 日止。

2004 年 12 月 30 日，因涉嫌挪用公款罪，内蒙古自治区公安厅对“伊利股份”公司董事长郑俊怀、副董事长杨桂琴等五人执行逮捕。至此，“伊利事件”全面爆发。

“伊利事件”发生后，金信信托一直以战略投资者身份对“伊利股份”作壁上观，并对媒体三缄其口。故此，金信信托以 2.8 亿元的资金做了世界上最超然的股东。随后，银监会金华监管分局派人进驻金信信托总部，就“伊利事件”进行核查。

三、"伊利股份"实施 MBO 的进程猜测

"伊利股份"实施 MBO 的过程大致如下：

第一，借道壳公司。

途径之一：

1999 年年底，成立"华世商贸"，注册资金 50 万元，该公司的四位主要股东分别为"伊利股份"董事长郑俊怀、副董事长杨桂琴、财务总监兼董秘张显著和证券事务代表李永平的亲属。

2002 年 9 月，经过股权结构调整，第一大股东变为郑俊怀之女郑海燕，另外几位股东分别为几位管理人员的家属。

2002 年，"华世商贸"分别从三家股东手中合计受让 8 448 482 股"伊利股份"，受让资金来源不详。

途径之二：

呼和浩特市启元投资有限公司（简称"启元投资"）占"伊利股份"1.52%的股份，为公司第九大股东。所谓"启元投资"是"伊利股份"进行 MBO 的载体，注册资本为 4 000 万元人民币。2002 年，"伊利股份"开始实施 MBO 计划。公司从税后利润的 10%中提取长期激励资金，注入"启元投资"，而公司高层人员通过持有"启元投资"的股权而间接持有"伊利股份"。

2002 年 10 月，呼和浩特市财政局又曾将 2.55%的股权（约 500 万股）转让给"启元投资"。此时，"启元投资"共计持有"伊利股份"4.07%的股份。也就是在呼和浩特市财政局将 14.33%的股份转让给金信信托之前，"启元投资"已经成为公司的第二大股东。

第二，借道信托。

"伊利股份"将资金汇入子公司"牧泉元兴有限公司"，用于在金通证券进行国债投资，资金额为 2.8 亿元。

"伊利股份"的管理层郑俊怀等通过国债回购将 2.8 亿元资金套现。

郑俊怀等将套现的资金委托给金信信托收购呼和浩特市财政局持有的"伊利股份"14.33%的股权，合计 5 600 多万股。

金信信托成为"伊利股份"名义上的第一大股东，但实际控制人为郑俊怀等，即郑俊怀等借道信托完成 MBO。

据此可知，从 1999 年开始，"伊利股份"酝酿管理层持股。"华世商贸"的成立就是为 MBO 提供载体。但由于受购买股权资金的限制，"华世商贸"受让的股权有限，此时郑俊怀等尚未真正控制"伊利股份"，在金信信托介入之后，"伊利股份"才实现真正意义上的 MBO。

四、外界对"伊利股份"MBO 的解说

经典意义上的 MBO，不仅是一个所有权结构的调整、修正和代理成本节约的过程，而且是一个金融创新的过程。"伊利股份"的 MBO 表明，公司还没有找到一条恰当的途径进行金融创新、解决 MBO 的资金问题。中国的 MBO，其生存还依赖于更宽广的融资渠道。

资料来源：五星文库网.

【思考与讨论】

1. 上述案例资料中突出体现了我国 MBO 融资中的什么问题？该如何解决？

2. 结合案例资料，谈一谈我国的 MBO 具有哪些特点？

第八章　集团公司财务管理

要点提示

- 集团公司财务管理的特点。
- 集团公司财务管理的理论基础。
- 集团公司财务控制体制类型。
- 集团公司财务风险控制。

第一节　集团公司财务管理概述

一、集团公司的概念

(一)集团公司的含义

“企业集团”是目前世界经济活动中的一个热点名词，是指由众多法人组成、以产权关系为基本连接纽带而形成的具有多层次、多功能、一般从事多国化与多样化经营的经济联合体。它最早诞生于19世纪末20世纪初的欧美工业化国家，最初以卡特尔、辛迪加的形式出现。国际上通常将企业集团分为两种模式：财团型企业集团和母子型企业集团，并且通常将后者称为“集团公司”。

我国对集团公司的相关研究始于20世纪80年代末，就其含义，目前已基本达成共识：集团公司是指以母子公司为主体，通过控股、参股、契约而形成关系比较紧密的经济联合体。

(二)集团公司的特征

1. 集团公司的本质特征

集团公司的本质是一种以母子公司关系为基础的垂直型组织体制。集团公司本身具有独立的法人资格，是采取法人产权制度形式组成的有限公司或股份有限公司。集团公司是企业集团的核心企业，通常就是母公司，具有独立、有限的民事责任能力。

2. 集团公司的组成

集团公司由一个母公司与若干个子公司组成。从法律上看，母公司即集团公司本身，它又包括若干子公司及关联企业。其中，子公司是指母公司掌握绝对控股地位(一般持股50%以上)的下属企业；关联企业则指母公司只拥有一般持股关系的参股企业，以及有各种固定性合作关系的企业。总之，母公司只能有一个，而子公司或关联企业可以有多个。

3. 集团公司的内部组织关系

母公司以股权产权为纽带，垂直地向下控制其下属企业。包括：拥有全部产权关系的全资子公司(母公司持有100%的股份，也称分公司)；拥有一半股权以上的控股子公司(母公司持有51%～99%的股份)；持有一定比例的参股关联企业(持股25%～50%)称作质量参股子公司，持股低于25%的称作任意参股子公司。通常子公司不能反过来向上持有母公司的股权。

4.集团公司的产权关系

集团公司的产权关系比较清晰。集团公司一般是由原始发起公司经过不断发展扩张裂变而来的，对内通过投资设立分支企业，对外通过资本证券市场不断购并、控制其他竞争对手或相关企业，因而，母子公司之间血缘关系稳固、组合紧密。

5.集团内母子公司之间的关系

首先，母公司与子公司的基本关系是股东与公司的关系，即母公司是子公司的股东，子公司是独立的公司法人。母子公司在持股和特别义务上有法律规定：禁止相互持股（不得反向持股）；一般各自独立负债，不存在企业集团的共同债务。在特殊情况下，母公司才对子公司的债务负责（如母公司承诺了担保）。

其次，在会计制度方面，母公司必须制作集团结算报告，必须制作集团合并会计报表；合并会计报表仅是用于股东、公众和政府对集团经营状况的了解和掌握；纳税和核算均以集团内各独立法人为单位。

再次，在管理关系方面，在从属型联合企业集团中，集团公司代表企业集团实行统一管理。它有权以集团名义行使集团所拥有的权力，但同时也承担集团所负有的义务。一般来讲，在从属型联合企业集团中，集团管理机构应由集团成员自行协商依集团章程而定。集团管理机构往往与集团公司的管理机构是合二为一的（也可以称作合署办公）。因此，集团公司不仅要追求公司自身的利益，而且要追求和兼顾整个集团的利益，即集团成员的利益。其中，由于母子公司关系的特殊性，子公司有经营自主权，但受母公司控制。母公司对子公司：(1)制定统一的发展战略和长期规划；(2)生产能力的扩大或开拓新经营领域；(3)产权转让和兼并其他公司；(4)子公司董事长和董事的选派。

（三）集团公司的类型

根据母公司是否从事具体的经营活动，可以将集团公司分为纯粹型和混合型两种。

1.纯粹型集团公司

纯粹型集团公司（Pure Group-Company）是指母公司本身并不从事具体的经营活动，其设立的主要目的是掌握子公司的股份，控制子公司的股权，从而支配其重大决策和生产经营活动。

2.混合型集团公司

混合型集团公司（Mixed Group-Company）是指母公司本身既从事具体的经营业务，同时又对子公司实施股权控制，利用产权纽带支配子公司的生产经营活动，使子公司的经营活动符合整个集团业务发展（如多元化经营、跨国经营等）的需要。

二、集团公司财务管理的特点

由于集团公司组织结构的特殊性，决定其财务管理有别于一般企业。其财务管理呈现以下特点：

（一）管理目标的双重性

集团公司既是股东授权的经营者，要最大限度地创造和实现"集团总体价值的最大化"；同时集团公司又是其子公司的投资者，还要指导和监督子公司实现"利润最大化"。

（二）产权关系的复杂化

企业集团通常采用产权经营组织。它不同于一般直接从事商品生产的企业，也不是简单的产品协作关系，或企业间的合作关系，而主要是通过控股形式，以产权关系为纽带的企业集团，而且不同的企业集团可以采取不同的持股方式，既有垂直持股方式，也有环状的相互持股(或交换股份)方式，还有环状持股与垂直持股混合的方式。由此导致集团内部的产权关系十分复杂。

(三)集团公司职能两分化

一个以产权关系为纽带的企业集团中，集团公司作为整个集团发展目标的制定与实施的组织者、指挥者，其职能不再仅仅局限于其自身简单的商品经营，它更重要的职能在于通过控股等多种方式，以股权关系为基础从事企业的资本经营和管理，推动其属下各子公司的商品经营，使整个企业集团能够作为一个有机整体有效地协调运营并迅速扩张，实现集团总价值最大化的目标。

(四)财务管理内容的决策化

从集团公司的发展战略、财务指标、审计监督以及人事管理等方面去影响和控制各成员企业的生产经营和资产经营；使集团公司在制定发展战略、调整结构、协调利益等方面发挥主导作用，成为集团公司投资、筹资等重大事项的决策中心。

(五)投资领域的多元化

企业集团可凭借其实力雄厚的主观条件，普遍采用多元化投资经营战略，注重产品的系列化和产业的多元化，通过进入市场经营的多个领域，在增强其竞争发展能力的同时，提高抵御不同市场风险的能力，从而可以加速整个集团的资本扩张与资产的增值速度。

(六)财务管理活动层次化、体系化

集团公司财务部门与集团公司下属各单位财务部门分别处于不同的管理层次，拥有不同的管理权限。同时，又存在上级财务管理部门对下级财务管理部门的监督、控制，在垂直权力结构下，自上而下层层监控，自下而上层层反映汇报，形成体系化的财务管理格局。

(七)关联交易经常化

关联交易是指在关联方之间发生的转移资源和义务的事项。通常，企业集团内部的母子公司之间，同时被母公司控制的子公司、合营企业、联营企业之间等都会或多或少地出现关联交易。倘若这些关联交易能够以市场价作为交易的定价原则，则不会对交易双方产生异常的影响。但事实上有些公司的关联交易采取的是协议定价原则，交易价格高低在一定程度上取决于企业集团的需要，使利润得以在各公司之间转移。也就是说，对关联交易的利用已经成为企业集团实现其发展战略与经营战略的必备手段。

三、集团公司财务管理的目标

根据现行企业财务管理的理论与实践，最具代表性的企业财务管理目标主要有以下几种提法：

(一)集团公司利润最大化

以追逐利润最大化作为财务管理的目标，剩余产品的多少可以用利润这个价值指标来衡量，有利于资源的合理配置，有利于整个社会的进步和发展。但是，以利润最大化作为集团公司财务管理的目标没有考虑资金的时间价值，没有反映创造的利润与投入的资本之间的关系，没有考虑风险因素，可能导致企业短期行为。

(二)集团公司资本利润率最大化或每股利润最大化

资本利润率是净利润与平均资本额的比率，每股利润是净利润与普通股股数的比值。集团公司资本利润率最大化或每股利润最大化的优点是把企业实现的利润额同投入资本或股本数进行对比，能够说明企业的盈利水平，可以在不同资本规模的企业或同一企业不同期间进行比较，揭示出其盈利水平的差异。但该指标仍然没有考虑资金的时间价值和风险因素，也不能够避免企业的短期行为。

(三)集团公司股东财富最大化

股东财富最大化是指通过合理经营，为股东带来最多的财富。股东财富最大化考虑了风险因素，在一定程度上能够克服企业在追求利润上的短期行为，比较容易量化，便于考核和奖惩。但是股东财富最大化只适合上市公司，只强调股东的利益，并且股票价格还受多种因素影响，并非都是公司所能控制的。因此，如果一个国家的证券市场高度发达，市场效率极高，上市集团公司可以把股东财富最大化作为其财务管理的目标。

(四)集团公司企业价值最大化

企业价值最大化是指通过企业的合理经营，采用最优的财务政策，充分考虑资金的时间价值、风险与报酬的关系和其他相关者的利益，在保证企业长期稳定发展的基础上使企业总价值达到最大。在理论上，可以把企业价值最大化作为财务管理的最优目标，但在实际计量中却存在着许多问题，难以取得满意的结果。

前三种提法包含的具体内容，没有充分体现企业整体价值，集团公司企业价值最大化是指通过企业财务上的合理经营，采用最优的财务政策，充分考虑货币的时间价值和风险与报酬的关系，在保证企业长期稳定发展的基础上使企业价值达到最大化。因此，集团总体价值最大化应成为集团公司的财务管理目标。

四、集团公司财务管理的内容

(一)制订可行战略规划

战略管理就是指为实现目标而进行的规划和控制过程，包括确定战略目标、制订战略规划、实施战略部署和评价战略管理业绩四个方面。一个企业能否顺利发展，在很大程度上取决于其发展战略的正确与否。集团公司应该从整个集团出发，在对国家产业政策、市场状况和内外环境进行充分研究的基础上，结合实际情况，制订出集团的宏观规划和长远战略规划目标，掌握好集团的发展方向，使各子公司都围绕集团的战略管理目标开展具体的生产经营活动，避免短期的经营行为。

(二)实施全面预算管理

实行全面预算管理，首先要树立全面财务预算的管理理念，建立全员、全额、全程的管理理念。“全员”是指预算过程的全员发动，层层分解；“全额”是指预算金额的总体性，不仅包括财务预算，还包括业务预算和资本预算；“全程”是指财务预算管理流程的全程化。

在企业集团内部实行全面预算管理，不仅可以提高管理的效率、优化资源配置，而且有利于明确母公司与子公司各自的责、权、利，实现集团的整体战略目标。为了搞好预算管理，应在集团公司董事会下设预算管理委员会，负责预算的编制、审定和组织实施及调整。在编制预算时，一般宜采用上下结合的方式，即首先由集团公司根据整个集团的发展战略提出预算目标，并将其进行分解下达给各子公司；然后，各子公司结合自身情况编制各自的预算草案；再然后，由预算管理委员会对各子公司的预算草案进行汇总和审核，并召集各子公司的经营者进行预算的协调与调整；最后，由预算管理委员会审批通过。

在预算的执行过程中，集团的各级预算部门可通过建立严格的工作制度和实施适当的激励措施来保证各级预算目标的完成。若在预算的执行过程中出现需要调整的情况，则须经集团公司的预算管理委员会批准。预算管理委员会还应制定相应的标准来对各子公司的预算完成情况进行考核，并据以进行奖惩。上海宝钢集团和深圳华为集团已经在这方面进行了有益的探索，并且取得了较好的效果。

（三）资金管理

集团管理层应充分考虑各种因素，合理安排集团的融资规模，严格控制资金的流向，使资金流入集团的主营业务、有潜力的行业，对与集团发展方向不相适应的行业或没有前途的、亏损严重的行业果断地进行“关、停、并、转”处理，坚决避免出现“亏损企业重亏损、盈利企业被拖垮”的不利局面，高效率地运用集团整体资金。

资金是企业的“血液”，它只有在充分有效的运动中才能体现其价值。集团公司的资金从数量到结构都比单一企业更加雄厚和复杂，因此集团公司各单位资金的筹集和使用均应纳入集团公司的统一管理和统一安排，才能使有限的资金发挥最大使用效果。从集团公司的资金筹措、投放和调配到资金收益的产生，集团公司要实施全过程的管理。

1.资金融通方面

集团公司因其规模大、实力强、声誉好，在资金市场上具有较强的融资能力，而且在向银行借款时，企业集团采用集中借贷方式在资金市场上寻求资金，通常会取得较为优惠的条件，从而降低融资成本。所以，集团公司应充分利用这一优势在资金市场上通过各种融资渠道筹措、融通资金，为企业集团的发展创造良好的资金条件。

2.资金使用方面

集团公司由于所属企业众多，资金的需求、余缺各不相同，但内部的有偿融通可以起到提高资金使用效率的作用。在集团内部，暂时闲置的资金可以优先调剂给那些需要借入资金的企业使用，不仅可以降低资金的使用成本，还可以提高集团的整体经济效益。

3.资金控制方面

财务部门除了管理和协调集团资金调度和融通外，还应对集团资金正常运转进行控制和监督。加强资金管理，实现财务管理目标。企业财务管理的总体目标是要提高企业的经济效益，由于企业各方面生产经营活动的质量和效果都可以综合地反映在资金运动中，因此有效合理地组织资金活动，对于改善企业经营管理、提高经济效益具有重要作用。

（四）投资管理

从宏观经济领域看，企业投资具有复杂性、长期性、连续性和波动性、投资收益的风险性；集团公司应高度重视对投资的控制和管理，加强集团公司在投资决策方面的职能作用，从决策程序上进行监督，力争以有限的资本形成高效益的资本回报结构，应着重管好以下方面：

1.投资方向的引导

作为集团公司管理核心的财务管理，应充分发挥财务的诊断、预测和参与决策的作用，研究政府的宏观经济政策，根据自身的行业优势和市场状况，选择适当的投资方向，制定合理的发展战略。通过对产业结构效益的分析，及时提出资本结构的调整方案和转移措施，引导成员企业的资金流向，使其达到良好的资产经营状态。

2.投资规模的控制

投资规模的大小因为投资成本、管理能力、负债比率以及投资回收期的长短等因素的影响而受到约束和控制。由于集团的各成员企业常会为了短期、局部的利益而追求企业外延的盲目扩大，因此，集团公司必须从企业集团的整体出发，对投资规模进行全面而长远的规划，将各子公司的投资规模控制在一定的范围之内。

3. 投资项目的审定

当一个企业决定对某些项目进行投资时，必须坚持对这些投资项目的可行性分析。对投资项目的可行性分析是决定投资成败的第一步，为此，企业集团必须组织有关人员（包括财务人员）认真地对投资项目进行可行性分析，以便正确评定不同项目的优劣，从而正确处理投资需要与投资项目的可行性关系。对于投资项目的可行性研究方法及其决策程序，应由集团公司统一规定；而对于具体投资项目，应通过规定不同的审批权限进行审定。

（五）理顺集团产权关系

根据现代企业制度建立的企业集团，首先要在产权关系上明确集团各成员之间的关系。母公司通过投资、兼并、收购等形式获得对子公司的控制权，从而获得向子公司派遣董事会成员、委任高级管理人员的权力。子公司作为一个在法律地位上与母公司平等的经济主体，拥有自己的资金，拥有独立的理财权和财务管理目标。子公司根据董事会的决议开展经营活动，承担相关后果。母公司在子公司具体的经营活动中并不进行直接的干预。作为一个对子公司的全资拥有者或控股公司的大股东，母公司在子公司的资产结构、资金投向、收益分配以及重大人事变动方面拥有举足轻重的发言权。

（六）合理分配集团利益

获取最大的经济利益是企业间相互结合的根本目的，也是建立企业集团的内在动力和客观基础。而进行合理的利益分配，使各企业利益目标得以实现，并保证集团公司利益最大化，也是集团公司财务管理的又一项重要工作。

集团公司利益分配最复杂的方面应属集团公司核心层与紧密层企业间税后利润的划分。其原则应该为：有助于调动各子公司生产经营的积极性，同时又要保证集团公司税负最低、效益最大。集团公司的财务管理必须制订明确的收益目标，并且将收益目标合理分解，层层落实到有关的全资、控股、参股子公司，作为各子公司计划和预算制定的基础。

第二节　集团公司财务管理控制

集团公司财务管理控制是指集团公司总部为了实现集团整体目标而对子公司的财务活动和财务关系所进行的制度安排和行为控制。集团公司通过有效的财务管理控制，可以更好地控制、管理下属公司，整合优化资源，使之配置最佳，发挥集团公司的规模优势，在优胜劣汰、激烈竞争的市场经济中战胜对手，立于不败之地。

一、集团公司财务管理控制的相关理论

（一）财务管理控制理论的发展历程

真正意义上的西方财务管理产生于 19 世纪末，其中对于财务管理控制方面的研究按照企业财务活动的内容发展划分为四个阶段：

1. 以控制企业为主的财务控制阶段

19 世纪末 20 世纪初是企业之间竞争日趋激烈的时期。随着社会化大生产程度的不断加深，大部分企业领导人都已经认识到决定着一个企业能否健康生存、持续发展的关键因素就是对成本的控制，这也成为财务控制的研究热点之一。1929～1933 年的大萧条使得大量企业破产，这一残酷的现实给了经营者们清楚的警示，那就是企业并非负债越高越好，应该对企业的

负债加以控制，使企业保持合理的资本结构，以确保企业有较好的偿债能力。这一时期，学者们普遍认为对企业的财务控制应从生产活动开始，再到经营活动，最后落脚于未来的活动。洛弗(W. H. Lough)首先提出除了筹资外，对企业的财务控制应该更注重资本周转管理的有效性。同一时期，美、日和联邦德国研究财务管理的学者也将目光聚焦在企业资金运用的有效性及手段上，并进行了大量的研究。19 世纪末 20 世纪初这个阶段就是财务控制思想及相关理论知识形成的启蒙阶段，人们在实际的企业财务管理中已经逐渐认识到了财务控制的重要性，但还未形成体系化的财务控制理论。

2. 以控制人为主的财务控制阶段

委托人与代理人存在着相互制衡的“委托—代理”关系，代理人(经理)虽然被委托人(董事)所控制，但自身却决定着企业的日常生产经营活动。在企业的财务管理环节中，两者之间的制衡关系表现在董事会委派财务负责人对经理逆向选择行为进行控制；或是由独立的注册会计师通过对企业财务报告的审核，从一定程度上约束经理的市场性行为。1968 年，曼泽斯(P. T. Menzies)首先提出了“财务控制”这一概念，认为财务控制的作用就是在任一时点给管理者提供可靠的信息，以便管理者能够做出正确的管理与决策。此外，管理者进行财务控制的另一个目标就是通过了解实际与计划的偏差，在管理活动中进行纠偏或是根据实际情况对目标计划进行修改。目前，成本控制和预算控制已经成为理论与实际操作中财务控制的两种有效手段。从 20 世纪 60 年代开始，预算控制就已经成为学界公认的财务控制的重要手段之一。随着理论的逐步发展与实际情况的复杂性加深，预算管理已由最初简单的利润和费用预算发展为复杂的全面预算。在这一阶段，财务控制理论逐步开始形成。但是这时的理论界只是把财务控制作为财务管理的一项基本职能来研究，且只是独立地研究财务管理控制理论，并没有将其应用于逐步发展起来的集团公司财务管理中。

3. 以内部综合控制为主的财务控制阶段

20 世纪 80 年代产生了内部控制结构相关理论，包括会计控制、环境控制和程序控制。1994 年，COSO 委员会对其内容进行了增补，内部控制与外部控制相结合，从风险评估、控制环境、信息与沟通、控制活动监督等多个角度进行内部控制。这一时期，尽管外部控制发挥了十分重要的作用，却仍然不能取代内部控制，两者走向相互补充的方向。20 世纪 70～90 年代，发达国家的一些集团公司伴随着经济的飞速发展已取得较大的进展，出现了跨国集团这样一个在本土与世界经济中都有着重要地位的集团公司形式。因此，这一时期学者们把研究的目光集中于母公司对各子公司的控制尤其是财务控制上来，自然而然，关于财权分配与财务控制手段的研究成了核心内容。分权管理的出现是由于企业规模扩大和业务结构日益复杂。因为当企业规模扩大时，集权管理会导致信息传递的延误，下级对上级指令反映的有效性就会大大降低；而分权管理不仅能够提高信息传递的质量与速度，还能帮助各子公司的管理人员学习管理技能，提高下级企业决策的有效性。在学界，大多数研究都表明由于跨国公司的生产经营活动分散，集团母公司想要进行集中控制仅仅是其主观和经验认识，集团母公司的控制能力衰退使得其无法集中决策和加强控制，分散控制才是客观发展的趋势。但是大多数学者也认为分散控制不是绝对的分散，对于生产经营等日常活动可以适当放权，但跨国集团母公司要把一些关键领域的管理控制权如财务管理控制权集中起来，网络技术的日新月异也为集权的财务管理控制模式提供了保障，使得集团母公司能够有效地收集各子公司的财务信息并作出统一的财务决策与规划。

4.综合性的财务控制新阶段

随着大的经济危机和金融危机频繁爆发,新形势也给企业集团的财务管理控制提出了更多新的严峻的挑战。目前来看,新的研究扬弃了传统财务管理控制模式的不足,借鉴了其中的精华部分。新的财务管理理论将财务分析预测、计划决策、监督控制组成了一个有机的财务管理整体,企业的财务管理活动主要集中在融资、投资、资本运营和利润分配管理这几个主要方面。这一阶段的研究与实践紧密结合,很多财务控制手段中已经应用了这些研究成果,如外部审计监督、财务负责人委派制、全面预算控制等。但是有学者认为,外控手段不足以产生好的控制效果,通过绩效考评等内控手段来进行相应的激励约束才能有效对人员及其流程加以控制。近年来,国内外企业集团都根据实际情况与网络技术手段的发展,改造并优化其财务管理控制模式,主要体现在:更加重视独立董事和审计委员会的作用、财务管理控制成为一个有机系统且根据环境变化产生不同的侧重点、内部控制与外部控制更加紧密地结合、更加注重对财务信息的动态控制。

二、集团公司财务管理的理论基础

(一)内部控制理论

美国会计师协会的审计程序委员会首先提出"内部控制"的概念,认为内部控制包括会计控制和管理控制两方面。会计控制包括组织规划的保护企业财产安全和财务记录准确的所有方法和程序;管理控制包括组织规划的提高企业经营效率的所有方法和程序。

内部控制理论主要包括内部牵制、控制和内部控制框架结构。20世纪40年代以前,大部分学者与实务人士都认同内部牵制是保证账目正确的有效方法。内部牵制以核对为主,通过岗位分离来实现内部牵制以防止错误和非法业务出现。进入80年代后,美国注册会计师协会提出了"内部控制结构"的概念,认为:会计、环境及程序控制构成企业的内部控制结构的主体,此外,内部控制结构还包括一些实现企业目标的制度和程序。90年代是内部控制研究的新时期。隶属于美国反对虚假财务报告委员会的内控专门委员会统一了内部控制的相关概念,认为它主要是风险测评、环境控制、信息采集、控制执行和监督检查五个方面构成的有机统一体。进入21世纪,COSO委员会抓住了内部控制核心,将目标设定、事项识别、风险测评引入内部控制框架中,并把目标设定的意义提升到战略高度,完成了内部控制理论质的飞跃。我国理论界和实务界还没有对内部控制内容形成统一的认识。学者们认为内部控制主要是制度和框架设计,而实务界人士则认为内部控制仅限于成本与资产安全的控制。笔者认为,内部控制是与企业经营活动同时存在的,为了达到一定的管理控制目的,通过形成一定的观念与文化,使企业内部的员工既监督别人同时又被监督的管理过程,它受内、外部环境双重制约,对企业的效率有重要影响。

(二)委托代理理论

委托代理理论作为现代企业管理理论的重要组成,出现于20世纪30、40年代,于70年代形成完整的体系。委托代理理论的实质是委托人与代理人之间的一种契约关系理论,反映了两者之间的经济利益关系,其产生原因是所有权和控制权的分离、信息不对称等。为了追求自身利益最大化,委托人支付代理人报酬使其为了自己的利益进行管理活动,其要点是通过合理的激励约束机制使得两者的利益尽可能趋于一致。企业集团作为现代企业的创新形式,存在着多重委托代理关系,在企业集团中,由于财产所有权与企业法人财产权的不同,产生了出资人与集团董事会之间的委托代理关系;由于出资人所有权与经营权的分离,使得董事会与集团总部之间形成了委托代理关系；由于企业法人拥有的财产权与经营权相分离，形成了集团母公司与集团成员企业之间的委托代理关系。企业集团多层次的委托代理关系放大了信息不对称及由此引发的委托人与代理人之间的道德风险和逆向选择行为。因此，企业集团必须通过建立科学、有效的财务管理控制模式，实时监督、控制和调整下属成员企业的生产经营活动，以保障出资人、集团母公司的财产安全和相关权益。

（三）出资者财务管理控制理论

公司制是现代企业制度的重要表征，而公司制又以两权分离为主要特点。由于出资者所拥有的所有权与经营权相互分离，这就会导致企业集团的出资者和实际经营者表现出对立的一面。因此，出资者作为一个独立主体，为了保证自己所投资金的安全和收益权，会依据法律规定行使其财务管理控制权，这就是所谓的出资者财务管理控制。我国法律规定国家、自然人、法人等都可以成为企业的出资者，而本文在这里只研究集团母公司作为出资人时的集团公司财务管理控制。对于母子集团公司，作为出资者的母公司出资成立子公司，并将日常的生产经营决策交予子公司执行，子公司应保证生产经营活动的正常进行来实现母公司资本的保值、增值。然而由于信息不对称的存在，子公司决策层很可能为了追求自身利益最大化而对资产经营做出错误决策，使得资产受到损失，损害出资人的利益。因此，母公司应找到一种有效、合理的财务控制管理模式，既对投出的资本进行管理控制来维护自己的资本权益，又不损害子公司的自主生产经营活动。这就要求母公司在财务管理控制运作中，既要对子公司不当的行为进行约束，又要对其创造利益的行为进行鼓励，达到一种平衡。可见，由于委托代理关系和资本关系的存在，企业集团出资者内部母公司有必要对子公司进行财务管理和控制。母公司只有加强对子公司的财务管理与控制，并尽量不干扰其对生产经营的决策活动，才能使子公司与母公司的利益目标趋同，保证双方都能实现自身利益最大化。

（四）财务平衡控制理论

多重法人结构是我国大多数企业集团表现出的较为明显的特征之一。由于我国企业集团大多具备这种特性，因此集团内部很容易出现融资多重杠杆结构。企业集团内部融资多重杠杆所指的是这样一种情况，即母公司的各级子公司都以上级公司的各类投资或担保进行债务融资。当经济形势处于下行通道或企业运营出现危机时，这种融资结构会放大企业的财务风险，带来巨大的财务隐患。因此，为了避免这种多重杠杆融资结构的出现，母公司对重要子公司或重要交易行为必须实行财务集权控制；对基本不会对母公司产生严重影响的下属公司或者交易行为，母公司可以为了调动其积极性，在不违背集团公司整体财务目标的情况下，对相关子公司和交易事项实施财务分权控制。由此可见，财权分配没有定性的好坏，分权和集权各有其优势与劣势，需要根据具体的环境及企业集团的财务目标来选择。目前来讲，我国大多数企业集团财务管理控制模式的理论依据就是财务平衡控制。它强调集权产生于分权基础上，通过下层组织逐级向上形成多层次财务决策的财务管理控制模式。在运用相融型财务管理控制模式的企业集团中，集团总部对于整个集团比较重要的财务事项的决策权集中于自己手上，以保证集团整体利益的实现；而对于一些不重要的财务事项，则由下属成员公司根据自身的实际情况进行具体决策，集团总部只是对此进行检查，以充分调动各成员公司创造利润的积极性。这种基于财务平衡控制的相融型财务管理控制模式，既能够保证集团总部从整体战略目标考量，把握企业集团总体的财务管理工作，尽可能规避企业集团财务风险，以实现整个企业集团的财务集权组织目标，同时也能够最大限度地调动各成员公司的积极性。

三、集团公司财务控制的内涵及内容

(一)集团公司财务控制的内涵

1.集团公司财务控制的定义

借鉴国际会计准则对控制的定义,结合集团公司的特征,可以将集团公司的财务控制定义为:是在出资者所有权及企业法人财产权基础上产生的,为保证财务管理目标的实现而进行的控制活动和手段。其主要含义是:财务控制的目的是获取利益,获得的利益应与控制的付出相适应,获得的利益不仅包括现金流入量的增加,还包括实现企业集团的财务计划、战略目标,合理减少税费等。

2.集团公司财务控制的目标

财务控制的真正目的究竟何在?这是集团公司在实施财务控制过程中必须首先确定的基本定位。企业集团经济活动的多样性和层次性,决定了其目标的多元化与层次结构。由于企业集团的核心是集团公司,因此,企业集团的发展目标体现为集团公司的发展目标;而对于集团公司的控股子公司来说,由于母公司对其形成了实际控制而统驭其经营和财务政策,因此,集团公司的财务控制目标对子公司具有决定的影响。

集团总体价值最大化是集团公司财务管理的目标。宏观上,集团公司财务控制的目标和集团公司财务管理的目标是一致的,都是为了集团总体价值最大化。具体来说,集团公司财务控制的目标是实现集团的财务计划、战略目标,合理减少税费等。

3.集团公司财务控制的主体

集团公司财务控制的主体是集团董事会和集团母公司。出资者财务控制是集团公司财务控制的内容之一,而董事会是所有出资者的代表。

4.集团公司财务控制的客体

集团公司财务控制的客体首先是经营者、财务经理等管理者、员工以及由此形成的内外部关系,其次才应该是各种不同的企业资金、技术、人力、信息等财务资源或现金流转。与单个企业的不同之处主要在于集团公司是以资本为纽带,对子公司经营者进行财务方面的控制。

(二)集团公司财务控制的内容

与非集团类型的企业一样,企业集团的财务控制也包括筹资管理、投资管理、内部收益分配以及日常管理等内容,但由于企业集团独特的组织结构,集团成员跨地区、跨行业,加之集团多角化经营,这使得企业集团的财务控制内容复杂化,难度大大增加。具体涉及集团公司投资过程中的财务控制、集团公司筹资过程中的财务控制、集团公司收益分配的财务控制、集团公司货币资金的财务控制。

四、集团公司财务控制体制类型

企业集团内复杂的产权关系、多元的财务主体特征,使设计一种独特的适合于集团公司的管理模式成为必然。设计的核心问题就是如何界定母公司和子公司的管理关系和边界,如何在集权和分权、控制和激励上取得最佳点。现有的集团财务控制模式按管理权限的归属、权利的上收或下放以及下放的程度可以分为以下三种模式:

(一)高集权型(U型)结构

这是一种高集权的组织结构,存在于业务、产品比较简单,规模较小的企业集团。在这种形式下,母子公司双重实体、统一经营、两级核算、共负盈亏,在民事活动中地位平等,但是在生产组织、财务管理方面，集团母公司对子公司实行较严格的控制与被控制的关系。在这种模式中，母公司对子公司的财务、人事、经营活动进行全面的控制：母公司直接任命子公司的管理层；子公司的决策，如产品开发和经营方向等都由母公司决定；子公司的收益全部归属于母公司。

世界上最大的汽车生产企业之一——日本丰田汽车公司在国内外有很多子公司，但所有的子公司都无权销售整车和零部件。公司总部掌握所有子公司的生产计划、财务和人事权，丰田在全球的 3 600 个销售服务网点，全部由公司总部直接管理。之所以采用这种生产模式，是因为汽车市场的开发、服务网点建设、技术开发、产品开发都需要高额投人，同时汽车的生产特点决定了对经济规模要求也很大，要保持足够规模的投入，必须保持高水平的销售利润率。如果集团公司的每个子公司独立拥有经营和销售权，必将造成内部削价竞争，很难保持必需的销售利润率。在这种情况下，采用高集权型结构模式，集权管理是必然的选择。

这种模式的优点是：(1)母公司直接控制子公司，母公司能够及时决策，并能迅速地实施到子公司中去。(2)母公司的职能部门相应地控制着子公司的职能部门，控制反馈及时。(3)母公司对子公司的直接管理减少了管理层次，控制力度增大。(4)母公司能最有效地调配各子公司的资源，协调各子公司的经营活动，发挥整体功效。

这种模式的缺点是：(1)子公司的成败会对母公司产生直接影响。(2)集权化的管理控制使子公司积极性与能动性受到限制。(3)子公司本位主义严重，子公司对于远期发展和母公司的长期目标动力不足。(4)管理部门设置重叠，管理线路过多，管理成本增加。

在运用高集权型结构模式时，应处理好母子公司集权与分权的关系，母公司应着重于宏观决策，研究制订公司的总目标、总方针、总政策，而将业务经营权下放到子公司，同时要完善对子公司管理层的激励机制，使子公司管理层能够与母公司保持目标一致，调动他们的积极性。

(二)分权组织结构(H 型)

这是一种典型的分权组织结构，母公司常常是一个多元化的控股公司，其下属子公司彼此业务互不相干，产品结构属无关产品型，在经营上有较大的独立性，公司总部并无明确的总体发展方向和战略，其资源配置主要取决于子公司在财务上的表现。这种经营方式类同于投资机构的基金管理。由于分权组织结构的公司缺乏明确的发展、经营战略和其松散的内部结构，在竞争日益激烈的市场环境中不能显示出其长期效益和整体活力，加上各种投资基金、资产管理业务的兴起，20 世纪 70 年代后它在大型公司的主导地位逐渐被分权组织结构所取代。

(三)分权与集权相结合结构(M 型)

这是高集权型结构和分权组织结构两种结构发展、演变的产物，是一种分权和集权相结合、更强调整体效益的大型公司结构。分权与集权相结合结构由三个相互关联的层次组成。第一个层次是由董事会和经理班子组成的总部，是公司的最高决策层。它既不同于集权组织结构那样直接从事子公司的日常管理，又不同于分权组织结构那样基本上是一个空壳。它的主要职能是战略规划和交易协调。第二个层次是由职能和支持、服务部门组成的。其中计划部是公司战略研究的执行部门，它应向总部提供经营战略的选择和相应配套政策的方案，指导子公司根据母公司的整体战略制订期中、长期规划和年度的业务发展计划，并负责审批及实施监控、考核。集权分权结构的财务是中央控制的，负责全公司的资金筹措、运作和税务安排，在此结构下子公司的财务只是一个核算单位。第三个层次是围绕公司的主导或核心业务，互相依存又互相独立的子公司，每个子公司实际上是一个集权组织结构。公司的内部资源配置和交易协调不单纯以各个子公司的财务业绩出发，更重要的是要体现公司的战略重点和整体优化。子公司的本质是一个在统一经营战略下承担某种产品或提供某种服务的生产或经营单位,而不是完整意义上的利润中心,更不是投资中心,也不是子公司自身利益的代表。集权分权结构集权度较高、突出整体优化,具有较强的战略研究、实施功能和内部交易协调能力。它是目前国际上大公司管理体制的主流形式。集权分权结构的具体形式有事业部制、矩阵制、多维结构等。

这种模式的优点在于既明晰了母公司与子公司的资产关系,又有利于调动子公司管理层人员的积极性。母公司掌握了一个有效的通过资本手段与子公司管理层人员的人力资本相结合的手段进行控制,子公司的管理层人员参股子公司,能够降低代理成本。

这种模式的缺点是,由于子公司管理层人员的切身利益与他们所在的子公司的业绩休戚相关,导致子公司管理层人员缺乏整体意识,不关心集团利益。子公司之间的目标不一致,若协调不力会导致子公司之间的矛盾增加,不利于发挥集团优势。

在运用集权分权结构控制型模式时,应特别注重于协调子公司管理层人员与母公司的总体目标的一致性,防止子公司各自为政,对母公司整体利益漠不关心。同时,应注意协调子公司之间的关系,使子公司之间能互相协作,共同关注母公司的发展,发挥整体优势。可以通过让子公司管理层人员参股母公司或将母公司收益的一定比例分配给子公司管理层人员等方式,以引导他们关心、支持母公司的发展。

(四)三种财务控制模式的优缺点及适用性比较

基于上述对三种模式的介绍,我们可以总结其主要的优缺点,如表8—1所示。

表8—1　　三种财务控制模式的优缺点比较

模式类型	优　点	缺　点
以成本费用为目标的控制模式(又称集权制)	便于整体协调,统一调配资金,降低成本	对集团战略与财务计划的制订、分布缺少参与,挫伤下属企业的积极性与创造性
以企业运营为目标的控制模式(又称分权制)	下属企业有工作的积极性,减轻了总公司的决策压力	难以指挥和协调;下属企业容易追求自身利益最大化,损害集团的利益
以企业利润为目标的控制模式(又称集权分权结合制)	集合了集权与分权的优势,对不同分部的管理更灵活、更有针对性	集权与分权的"度"难以把握

当然不管采用哪种控制模式都是以加强财务控制为前提条件的,其实都应该对财务管理权限进行适当的分配和选择。就集权和分权是来说也是相对的,没有绝对的集权,更没有绝对的分权。它们之间没有一个定量指标来绝对衡量,在不同的企业之间由于它们的生产经营、企业战略、组织结构的特点,以及财务运行管理模式和文化的差异使得财务控制模式在横向上也缺乏可比性。因此,企业选择财务控制模式时一定要根据外部环境的变化,结合企业内部组织结构特点,合理安排企业内部的财务权限,构建适合本企业特点的财务控制模式。

1.适用于不同行业的对比

无论在哪个行业从事生产经营的企业,依据其业务性质,都可以将它划分为产业经营型或者纯粹控股型。在不同性质的企业集团研究中,财务管理控制模式对集权和分权的要求是不同的。

(1)集权式的管理模式多适用于产业经营型集团,主要是指美国、法国、德国和日本的产业型企业集团。产业经营型企业集团,它们本身都具备具有较强的核心竞争力,在产业价值链上居于主要控制地位,它们的子公司在生产和经营上对集团公司有较强的依附性。此时集团公司关注的不仅仅是子公司生产经营的结果，同时也关注子公司生产经营过程的控制。集团母公司内部需求其实就是规模效应和生产经营协同效应，企业会通过多种（产权、资金、产业）控制纽带来控制，表现出超强的控制力。对于这类企业，采用集权式财务控制模式，因为这样有利于集团财务资源的整合，提高财务资源的配置效率，进一步发挥规模经济的作用，规避集团的整体风险。

（2）分权式的管理模式则较多适用于纯粹控股型企业，这类公司所从事的业务，多为对外投资控股的资本经营型企业，经营的目标是直接追求资本值增、保值和高效回报。与前者不同，它不必顾及属下成员的产业分工角色和相互间合作性，更多关注的重点是投资的企业风险水平以及回报率。这些企业主要指日本的六大企业集团——三井、三菱、住友、三合、一劝、芙蓉。对于纯粹控股性企业集团，母公司与子公司的产权关系虽然强，但可能这种强大的产权关系能维持的时间是有限的，当子公司预期经营利润达不到集团公司的目标时，集团公司就有可能将它转手出售。集团公司可能会随时准备将它转手出售。集团公司对子公司通常实施结果控制，不会过多地插手其生产经营行为。对于这类企业，采用财务分权控制模式，因为有利于调动子公司的积极性与创造性，减少财权运作过程中的盲目性和官僚主义的倾向，分散集团公司的融资风险。

（3）集权式与分权式管理模式，作为兼具了集团集权式财务控制模式和分权式财务控制模式特点的一种混合型控制模式，较适宜于跨产业的多元化经营的集团采用，这类企业成员间产业关联度低，相应的，对财务管理的集权要求也低。但是，跨产业的多元化经营集团，由于公司经营的复杂性，不能对子公司采用完全的分权，或者过度强调分权，可能会使集团的财务战略规划、经营方针难以得到贯彻和实施。但是高度的集权会降低对复杂多变的市场环境的反应能力与抵抗风险能力。

2.适用于不同生产产品的对比

按照集团公司多元化程度的差异，可以把企业集团产品（产业）划分为单个产品密集型（集中战略）、纵向一体化（一体化）、横向一体化（相关联多元化）、多元化（无关联多元化）四种类型。因产业特点不同，选择的财务控制模式也不同。

（1）单个产品密集型（集中战略）产业是指以单一产品为投资经营对象，该产品倾注了公司全部的财力、物力，从产品的研发到新业务的开发都围绕单一产品展开的集团公司。这种类型的企业多采用集权式财务控制模式，因为单个产品密集型企业，其利润来源主要是由于规模生产带来的效益，采用集权式有利于进一步发挥规模经济，更好地发挥企业在产业、资金方面的规模效应。例如，世界500强之一的陶氏化学，其产品类型以化学化工产品为主，产品线较为单一，所采用的就是集权式财务控制模式。

（2）纵向一体化（一体化）产业是指那些形成从原料、配件生产、初级产品生产、总装、销售等纵向的完整的生产销售体系的公司，这些企业由于原料供应、加工制造、市场销售实行联合，大大降低了成本，生产和销售能力都到达了一定的规模。这种类型的企业较多采用相对集权式财务控制模式。采用相对集权模式，有利于企业通过上游、中游和下游的产业链优化组合实现纵向规模效应，财务集中可以在对外财务交易中获得最大的利益，有利于提高财务资源配置效率。以宝洁公司为例，该公司作为全球最大的日常消费品公司，采用相对集权的财务控制模式。

（3）横向一体化（相关联多元化）企业的产品囊括了同一产品领域的多种类型的产品，并且企业通过占有市场份额来获取利润，横向涉及同领域的各类产品。这一类型的企业采用分权式财务控制模式较为适用，因为横向一体化企业，集团公司拥有众多的子公司，集团内部关系和所处的复杂环境使企业客观上必须进行分权管理。以百事公司为例，百事公司以饮料类产品为主，产品类型涉及该领域的各种产品，因此为了适应公司发展的需要，百事公司在公司迅速扩张期采用分权的财务控制模式，试图用分权的模式调动各子公司的积极性。

(4)多元化(无关联多元化)企业形成了多领域、多产品类型的多元化经营格局，这一类型的集团公司的利润来自不同行业、不同领域投资或兼并相关企业。集权与分权相结合的财务控制模式在这种类型的企业中较适用。因为这类企业成员间产业关联度低，相应的，对财务管理的集权要求也低。过度的集权会限制企业的发展，不易于发挥各子公司的积极性。最先采用这一模式的企业是美国通用汽车公司。通用集团公司是世界上最大的跨国公司之一，其产品涉及的范围遍及医疗、飞机、交通运输、企业安防；能源、水处理、油气；商业金融、GE 消费者金融、企业融资和 NBC Universal 四大类。产品种类多，产业关联度较低，采用集权和分权式财务控制模式，有利于企业更好地发展。通常，集团行业和产品越单一，生产流程也就会衔接得越紧密。为了通过垄断来面向外部市场的竞争，产品就必须统一，财务控制的集权程度就高一些。

3. 适用于不同企业组织架构的对比

根据美国经济学家威廉姆斯的划分，以母子关系为基础的企业集团内部的组织架构主要有三类：U 型(单元结构)、H 型(控股结构)和 M 型(多元结构)。U 型结构是集权化架构的典型代表，包含直线型和职能型两种企业组织架构，属于这类型的企业，它们大多是根据其职能划分为若干部门，这些部门独立权限很小，高度集中权力于最高决策者手里。与之相适应，其财务控制模式也就是集权式模式。采用这种类型的企业，企业组织架构的关联性大，因为通过这种财务控制模式，有益于企业整合资源，加强协同合作的效应，提高规模效益。例如，美孚石油公司，在 19 世纪 80 年代就是采用这种架构来经营原油开采、运输、销售等活动的。相应的，美孚石油公司此阶段的财务控制模式也是采用集权式。

H 型则是一种有机的组织架构，内部各成员间联系得比较松散，且极具灵活性。H 型组织架构其实仅仅是作为一种过渡性质的模式。母公司完全控股子公司，子公司具有独立的法人资格，子公司经营的产业关联度不大，从而形成相对独立的利润中心和投资中心。采用这种模式进行企业组织架构的企业，通常选用分权式的财务控制模式较为适合。因为通过使用这种财务控制模式，可以提高各子公司成员的积极性，提高集团的决策效率。在欧洲，H 型结构被广泛采用，如法国的埃尔夫・阿奎坦股份公司炼油企业。

M 型结构是一种混合型结构，它由三个层次组成：第一层次是由董事会和总经理班子组成的管理层，是公司的最高决策机构；第二个层次由职能和支持、服务部门组成；第三层次由相互独立的子公司组成。日本松下公司就是采用这个模式的典型。松下电器在 1933 年就建立了三个事业部，松下电器采用分级管理、分级核算，实行事业部制。公司经营管理分为两级，即总公司一级，事业部一级。在财务控制模式的选择上，松下公司也是一种混合模式，根据实际情况，选择集权还是分权。第二次世界大战后初期，日本经济处于复苏期，为了加快企业的发展，松下集团采用集权式财务控制模式。1953～1955 年，日本经济逐渐复苏，市场活跃、竞争激烈，松下又采取分权式财务控制模式，以适应不断变化的市场需求。1955～1960 年，日本经济处于高速发展时期，国内市场渐趋饱和，松下公司把目光投向海外，为了打开国外市场，集中优势兵力，松下又再度实行集权方式。接着 20 世纪 60 年代初，日本经济不景气，松下公司再度实行分权制度，每个事业部门有权完全控制自己的销售活动，这一制度一直延续到 1973 年。

1973 年，中东石油危机和接踵而来的第二次世界大战后最深重的经济危机，给严重依赖进口石油的日本经济带来巨大冲击。为了应付危机，免受冲击，松下公司又转向集权控制方式。

三种财务控制模式的适用性比较，如表 8－2 所示。

表 8—2　三种财务控制模式的适用性比较

比较项目	相对集权型适用的企业	相对分权型适用的企业	集权与分权相结合型适用企业
集团性质	以经营为主的企业	纯粹控股型企业	跨国多元经营型企业
产品类型	单个产品密集型、上下游一体化产业企业	横向左右一体化(相关联多元化)企业	多元化(无关联多元化)企业
组织构架	U 型结构、M 型结构及 M 型结构与 H 型叠加结构	H 型结构、M 型结构与 H 型叠加结构	M 型结构及 M 型结构与 H 型叠加结构

五、影响集团公司财务控制模式选择的因素

(一)企业的发展战略

发展战略是企业发展的总设计和总规划。企业有了投资战略，就有了发展的总纲，就能兼顾当前工作和长远发展，正确处理一系列关系，使企业始终保持长盛不衰的局面。企业发展战略可按不同标准进行分类，如按发展战略的性质，可划分为稳定型战略、扩张型战略、紧缩型战略、混合型战略。

1. 稳定型战略

稳定型战略用于企业外部环境近期无重大变化，投资维持现有水平，利用现有资金和条件，继续保持现有市场，以尽可能多地获取现有产品的利润，以积聚资金为将来发展做准备。这种战略实际上是战略转向的一个过渡阶段。

2. 扩张型战略

扩张型战略是指企业扩大生产规模，增加新的产品生产和经营项目，其核心是发展和壮大，具体包括市场开发战略、产品开发战略和多样化成长战略，即经营新的产品或服务项目。

3. 紧缩型战略

紧缩型战略是退出一些投资领域，缩小经营范围，进行休养生息。这种战略可分为两种：一是完全紧缩型投资战略，即企业受到全面威胁时，将全部资产进行清算以收回资金、偿还债务；二是部分紧缩型投资战略，是将企业部分非关键产品或技术出卖，紧缩经营规模，企业在经营决策严重失误、经营优势丧失，或者在取得竞争胜利、放慢竞争节拍时宜采用这种投资战略。

4. 混合型战略

混合型战略是指企业在一个战略时期内同时采取稳定型、扩张型、紧缩型等战略，双管齐下，全面出击。

(二)子公司的组织类型

1. 职能型子公司

母公司只有一种或几种同类的产品，产品的生产、销售方法相同，母公司根据产品流程的职能设立子公司，如生产子公司(又可细分为部件生产、总装等)、研究开发子公司、销售子公司、服务子公司等，各子公司承担整个经营过程的一部分。

2. 产品型子公司

母公司生产几种不同类型的产品，各产品的生产工艺、销售渠道和方式差异较大，母公司

根据不同产品类型设立子公司,如产品A子公司、产品B子公司……各子公司有独立的产品开发、生产、销售、职务体系。

3. 市场型子公司

母公司拥有单一或相近似的产品,但面向不同的市场进行销售,其市场消费群体差异很大,母公司根据不同的市场方面设立子公司,如市场A子公司、市场B子公司……各子公司针对不同的市场领域开展业务活动。

4. 地理型子公司

母公司面向广阔的市场销售自身的产品,地理跨度较大,母公司按地理区域设立子公司,各子公司在相应的地理区域开拓市场和进行销售。

(三)集团公司的产品(产业)选择

从理论上分析,企业集团的产业定位的差异是明显的。按照多元化程度的差异,可以把企业集团产品(产业)定位划分为四种类型:单个产品密集型(集中战略)、纵向一体化(一体化)、横向一体化(相关联多元化)、多元化(无关联多元化)。

1. 单个产品密集型

单个产品密集型(集中战略)定位,是指集团公司以单一产品为投资经营对象的条件下采取积极措施,集团公司将所有财力、物力集中在一项产品上,将集团公司及其子公司的所有活动集中围绕单一产品来开展,开辟新的业务领域,增加新的花色品种,提高市场占有率,从而全面扩大生产和销售。

2. 纵向一体化

纵向一体化(一体化)定位,是指母公司通过投资或兼并供货企业、配件生产企业及销售商等手段,形成从原料、配件生产、初级产品生产、总装、销售等纵向的完整的生产销售体系,使得原料供应、加工制造、市场销售实行联合,从而扩大生产和销售能力。

3. 横向一体化

横向一体化(相关联多元化)定位,是指多元化扩展到其他相关领域后,企业集团在同一产品领域中生产多种不同类型的产品;企业集团将各产品的生产经营同时横向铺开,以占领各产品领域的市场份额。

4. 多元化

多元化(无关联多元化)定位,是指集团公司为拓展产品及服务领域,挖掘利润源,在不同行业、不同领域投资或兼并相关企业,形成多领域、多产品类型的多元化经营格局。如钢铁企业进入了食品行业。根据台湾许金水的观点,集团产业越多元化,分权程度可以越大。像三株公司这种实行产品单一化的集团,如果不采用集权管理模式,企业是不可能发展的,因为这类集团生产经营过程紧密,集团必须统一面向市场实行垄断经营。

总之,集团行业和产品比较单一、生产流程衔接紧密、产品必须统一面向外部市场实行垄断竞争,集权程度就高一些。行业和产品众多、生产流程无紧密联系、各种产品面对的市场情况不同且经常变化,分权程度就应大一些。

(四)集团公司发展的不同阶段

财务控制模式应服从于企业集团的发展战略,充分体现企业集团的战略思想。企业集团的发展战略可以分为稳定型战略、扩张型战略、紧缩型战略和混合型战略。企业集团在不同阶段影响企业集团的战略选择,不同的战略选择又影响财务控制模式的选择。追踪一些企业管理体制的演变过程可以发现,初创阶段的企业集团倾向于集权管理,而成熟且成功的企业集团大多具有一种集团总部统一政策目标与领导控制下的不同程度的分权管理特征。

(五)子公司对集团公司财务战略的影响程度

从集团公司的全局发展角度出发,子公司在集团发展的战略定位是不同的,同时母公司为了增强和维护集团的核心竞争能力,对下属子公司也会采取不同的财务控制模式。(1)对于那些在整个集团中具有重要战略影响的子公司,集团总部一定会高度集中决策权、控制权与管理权,哪怕是部分分权也一定是限于集权的前提下进行的。(2)对于那些在集团发展战略、核心业务、核心能力方面影响一般的子公司,即全资控股的子公司,从提高管理效率、发挥其积极性,同时考虑到能够增强市场竞争力角度分析,这样的子公司管理应适当放权;采取以集权为主、分权为辅的财务控制模式比较合适。(3)对于那些在集团发展战略、核心能力、核心业务以及可预见的未来发展方面没有影响的子公司,母公司这时候没有必要实行集权的财务控制模式管理,应当允许他们在母公司整体政策的前提下、不损害集团整体利益和形象的前提下,可以充分授权实行高度自治,采取分权的控制模式。

(六)根据母公司的管理能力来选择不同的财务控制模式

从企业管理架构上分析,母公司的管理能力决定了企业控制模式的选择。规模扩大就意味着管理层次的增加,有数据分析,一位好的管理者所能直接管理的下级人员最好为6～9人。分析得出企业集团壮大后,一定需要建立专业化的管理组织,必然会实行多层次授权代理关系,这时候就要求企业建立一系列监督管理体制,准确地处理好企业控制与授权代理之间的关系。因此,当企业集团规模不大、经营范围较小、子公司数量不多、集团内部关系较为简单时,财务管理就可以相对集权;而当企业集团规模较大、经营业务多元化,或子公司数量较多、集团内部关系较为复杂时,则对整个集团都采用集权式财务控制模式进行管理已经超过母公司的能力承受限度,就必然会考虑采取相对分权的财务控制模式。

(七)企业文化特点影响

不同的国家、不同的地域,都有着不同的历史渊源,社会文化特征也不同,社会价值观就有一定的差异,由于这些前提因素导致不同的企业集团形成不同的控制模式和管理方法。例如,西方文化特点及讲"民主自由"的社会意识,使西方企业集团更易采用分权制的管理模式。这既是对子公司经营管理者行为和能力的尊重、对管理者积极性的保护,也是人格价值的社会认同。而在东方,东方人的文化结构是先社会价值而后个人价值、先大家后小家,在这种社会意识背景下,东方的企业集团在管理上更趋向选择集权制。其实任何企业集团都有自身的文化特征,都会考虑到自己的文化背景。要体现出"1＋1＞2"的增值,集团整体的企业文化必然会与子公司的企业相融合。由此我们可以得出以下分析:要是子公司在文化上和集团存在差异,那么企业控制模式采取集权式;要是子公司和集团在文化上相互融合,那么可以在一定的前提下,企业采取分权式控制模式。综上所述,可以看出:集团公司财务控制并没有什么标准的模式和规范化要求,每个集团公司要根据自己的实际情况酌情选择适当的控制模式。

第三节 集团公司财务风险管理

一、集团公司财务管理风险概述

(一)集团公司财务风险的含义

财务风险有狭义和广义两种含义。狭义的财务风险是指由负债经营引起的,企业到期偿还债务的不确定性。也就是说,如果一个企业没有负债,就没有财务风险。广义的财务风险是由企业财务、经营及其他不当活动引发的集中体现在未来财务收益的变动性及由此引起的丧失偿债能力的可能性。财务收益是企业财务活动的最终结果,由于不确定因素的影响,企业的财务收益和预期收益会发生偏离,使企业产生蒙受损失的可能与机会。企业财务活动通常包括筹资活动、投资活动、资金运营活动和利润分配活动,财务风险是存在于这一系列的财务活动之中的。本文所研究的财务风险是广义的财务风险,包括筹资风险、投资风险、资金运营风险和收益分配风险。

集团公司的财务风险就是集团公司未来财务收益的变动性及由此引起的丧失偿债能力的可能性。这里的财务收益是把集团公司看作一个整体,子公司之间的内部交易所产生的收益应排除在外。集团公司的规模大,子公司区域分散,它所面临的风险比普通企业更大,因而集团公司更要重视财务风险的防范和控制。

(二)集团公司财务风险的分类

集团公司的财务风险分为筹资风险、投资风险、资金运营风险和收益分配风险。

1. 筹资风险

筹资风险是指集团公司成员企业筹集资金给集团带来的风险,包括借入资金风险和担保债务风险。借入资金风险主要表现为集团成员之间由于业务关系,常常导致一方破产而给另一方带来严重的损失,以及子公司面临借入资金筹集风险,即集团公司对其子公司的投资面临着亏损蚀本的风险。担保债务风险主要是由于一成员企业为另一成员企业提供担保来筹集资金,当被担保一方不能偿还到期的借款时,担保方替其偿还债务,从而造成损失。

2. 投资风险

投资风险是对成员企业投资给集团所带来的风险,主要有盲目扩大规模和盲目跨行业的投资风险以及投资时机不当的风险。

3. 资金营运风险

资金营运风险即现金流出与现金流入在时间上不一致导致资金链断裂所形成的现金流量风险,主要表现为集团成员企业在生产经营过程中产生的一系列风险:采购材料、销售产品、储存资金的过程中资金有可能被侵吞、挪用的风险;由于库存积压、资金使用计划安排不当、贷款不能及时收回、原材料涨价等原因产生的资金周转失灵的风险;应收账款不能按期收回产生的坏账风险以及由于集团成员企业间存在业务关系导致的连带经营风险。

4. 收益分配风险

收益分配风险是集团公司成员企业收益分配导致的风险。一般合理的利润分配政策会调动投资者的积极性,提高企业的声誉,增强企业的盈利能力;不合理的利润分配政策,则会降低企业的偿债能力,挫伤投资者的积极性,增加企业的风险。当企业存在较好的投资机会时,需要有大量的资金支持,如果利润分配政策采用高分配政策,就会降低权益资本的比重,增加债务资本的比重,从而增加财务风险;相反,当企业没有较好的投资机会时,若采用较低分配政策,则又会使大量资金闲置,增加资金成本。

(三)集团公司财务风险的特征

集团公司多级法人治理结构的财务特征,导致母公司难以实现集团公司资源的统一配置和整合,具有自身独特的财务风险特征。

1."金字塔"风险

母公司处于集团公司的塔尖,由于资本收益的杠杆作用,当控股的塔基企业的收益率较高时，其收益率也会更高：但当控股的塔基企业出现亏损时，其收益率也会锐减，并有可能形成巨额亏损。因此，处于集团公司核心地位的母公司的收益具有巨大的不确定性，将其称为“金字塔”风险。由于相对比例多数股权控制子公司股本的倍数放大作用，自动形成了各级控股公司对下属经营实体的全部资本控制，并以一定的负债权益比率发挥着资本控制资产的放大控制作用。

2. 多级产权主体担保和过度负债形成的债务风险

集团公司由于产权链条过长，组织结构相当复杂，其可用的借款主体和担保主体数量众多，由于控制关系的关联作用，各借款主体和担保主体的风险独立是相对的。集团公司有可能发生不恰当的担保事项和贷款规模过度，导致集团公司财务风险高度膨胀，资金链条日益紧张，这种风险的不断积聚很可能导致集团公司的全面崩溃。

3. 多级投资决策的财务风险

在多级法人治理结构下，集团公司由于存在纵向、横向和相互交叉持股的法人单位，母公司难以实施有效的监督和掌握下属各控股子公司的真实经营管理信息，导致集团公司投资、融资计划存在一定的盲目性而形成大量的不良资产和公司价值毁损，加大了集团公司的财务风险。

4. 子公司内部人利益强化的财务风险

集团公司与子公司的利益取向可能在一定程度上不一致，子公司追求利益最大化的行为可能影响集团公司的整体利益，导致集团公司发展方向与各子公司具体经营运作的不一致。在多级法人治理结构下，不仅由于管理层次的重复设置导致高管理成本和低效率运营，而且由于子公司对资源的过度占用而形成了子公司管理层的“内部人利益”强化效应，从而加大了集团公司的财务风险。

5. 财务风险影响面大、破坏性强

母公司不但在微观方面影响集团公司经营方向、发展战略、产品和市场定位，而且在宏观方面也影响国家或地区的经济发展。集团公司一旦陷入财务危机，将会带来严重的社会和经济影响，无数的国内外集团公司破产案例都得到了充分的印证。

(四)财务风险在集团公司风险管理中的核心地位

随着集团公司的发展、规模的扩大，集团公司面临着一系列的风险，如战略风险、财务风险、市场风险、运营风险、法律风险等。集团生存与发展的众多风险最终都会导致财务风险，同时财务的管理与控制的风险也会引起其他众多的风险，因而，财务风险处于集团公司风险管理中的核心地位。

1. 财务风险是其他风险的集中表现

(1)战略风险恶化最终转化为财务风险的发生。战略定位不明确、目标不清晰、决策不正确、执行不力、调整迟缓，以及战略环境恶化等，都会产生战略风险和财务风险问题。例如，有些集团扩张太快，在急剧膨胀过程中伴随着投资战线过长，非相关多元化过多；有些集团在并购、控股、参股等资本扩张中，试图通过资本经营快速建立“集团帝国”。这些集团在取得巨大利益的同时也集聚了战略风险，隐匿了财务风险，遇到经营环境恶化时，战略风险暴露，资金链随之出现问题。

(2)市场风险恶化会直接和间接引发财务风险。金融、资本市场、商品、原料和劳动力等市场的变化迟早都会传递到集团，市场风险爆发直接导致公司经营、财务状况和财务结果的恶化。例如，银根紧缩、利率上升，会直接加大银行融资难度和增加财务成本；证券市场恶化，导致股权融资和债券直接融资困难；原材料、劳动力价格上升，会加大生产成本和增加现金流出；商品市场竞争激烈，导致赊销过多，经营活动产生的现金流减少。不少集团已实施“走出去”战略，国际化集团面临更多国家、地区和类型的市场风险，系统风险更大。例如，越南爆发的金融风险使不少越南的中国企业无法收回货款而出现财务危机；又如，美国次贷危机引发金融风暴使诸如美林证券、雷曼兄弟这种世界“巨无霸”投行破产，次贷危机的多米诺骨牌效应使世界金融市场剧烈动荡，不但影响金融企业，还导致不少国家非金融企业出现财务危机。

(3)运营风险恶化伴随着财务风险的发生。集团公司这一复杂企业体系的运营，会因外部环境的复杂性和变动性，以及对环境的认知能力和适应能力的有限性，而出现运营失败或运营活动达不到预期目标的情况。产品滞销、物流不畅、生产故障等运营风险的发生，伴随着的就是现金流问题、财务危机问题。

(4)法律风险恶化最终转化为财务风险的发生。集团的各种活动如改制、并购、重组、投资、生产、销售等都存在不同程度的法律风险。例如，因财务管理缺乏法律保障手段致使现金被挪用且不能追回，应收款成为坏账；被担保的公司违约，会使担保公司承担经济责任；高污染、乱排放的企业面临违规成本。这些法律风险最终表现为企业现金流减少，财务风险增加。总之，战略风险、市场风险、运营风险和法律风险的产生与财务活动有着密切的关联，各种风险损失都会由财务风险最终表现出来，财务风险是各种风险的集中表现。

2.财务风险恶化导致其他风险爆发

财务风险与其他风险交织影响，财务风险的恶化导致其他风险爆发，不仅毁损集团价值，而且导致其他相关利益者价值毁损。

(1)战略的执行要靠财务政策落实，财务战略是总体战略的职能部分，财务政策和财务决策的失误，迟早会导致财务危机，引爆战略风险。集团母子公司之间资金运动的过程复杂，在每一个环节都会存在一定的风险，一旦发生财务危机，就意味着出现现金流问题，而现金流枯竭将导致集团生产系统停滞和销售系统瘫痪，运营风险和市场风险瞬间加剧，如果风险控制措施不力，财务风险得不到及时、有效的疏解、转化和吸收，集团整体战略将难以实施。

(2)集团母子公司处于价值链的不同环节，价值链上各环节紧密联系，集团财务风险也构成了“财务风险链”，财务风险层层传递，不断向外部传导，导致其相关利益者的价值毁损。集团内部财务风险会通过其控股的上市公司将风险不断向外延伸传导到资本市场上，集团内部财务危机会促使其集团公司有计划地侵占上市公司利益，遭受价值毁损的上市公司发生财务危机，这也会成为资本市场的不稳定性因素，而资本市场的颓势，也会导致公司融资困难。可以说，那些以往只能破坏一家企业或企业个别部门的风险，现在却可能激发连锁效应，波及整个集团公司甚至其供应链上的关键合作伙伴，波及资本、产品等市场。

(3)财务风险一旦加剧，公司采购、生产、销售、人力等业务循环都会因缺乏现金而出现问题。如果财务风险进一步恶化，将有可能影响公司的偿债能力，导致企业难以偿还银行、供货商、税务机关、员工等债权人的欠款，从而引发法律风险。

总之，财务状况恶化会影响企业的正常经营，加重集团的经营风险、市场风险和法律风险；反之，战略风险、经营风险、市场风险和法律风险的出现在某种程度上也会影响企业财务的实施效果，必将加重企业财务风险，导致财务危机出现。

二、集团公司财务风险的影响因素

财务风险是由于外部环境因素和企业内部管理因素的共同作用，导致资金运动过程中现金流短缺及流动性变差所带来的支付困难。从深层次来看，财务风险的实质是由于技术水平、管理水平、发展能力、人力资源和创新能力不能适应激烈竞争外部环境的要求，导致核心竞争力缺失。集团公司财务风险的影响因素是多方面的、复杂的和动态变化的。从总体上看，导致集团公司财务风险的因素来自于集团公司内部和外部两个方面。

(一)影响集团公司财务风险的内部因素

从内部环境因素影响的角度来看，导致集团公司财务风险的因素一般表现在集团公司治理不健全、多级法人治理结构与集团公司发展战略失衡、信息不对称、集团公司主体企业战略与业务战略冲突、集团公司多级产权主体担保和融资过度、风险管理协同机制缺失和集团公司风险管理文化意识淡薄等方面。

1.集团公司治理不健全

公司治理是通过一系列正式的或非正式的、内部的或外部的制度或机制来协调公司与利益相关者之间的利益关系，以保证公司决策的科学化，从而最终维护公司各方面的利益。它是一种合约关系，其功能是配置权、责、利。我国集团公司发展的时间短，或多或少存在计划经济的烙印，集团公司治理机制不健全而导致激励机制、监督机制和决策机制的缺失，影响集团公司的发展，主要表现为：

(1)行政治理内部化。政府对集团公司的行政治理由集团公司外部移入集团公司内部，在人事任命、经营决策、资源配置等方面对集团公司干预过多，政府行政机制替代了集团公司内部治理机制，造成整个集团公司面临难以克服的体制性困难。

(2)集团公司内部连接纽带脆弱。相当一部分集团公司是基于比较松散的生产协作基础、行政划转或行政干预、行政部门翻牌等而组建，只是形式上简单的资本关联，无法实现基于战略的协同或资源共享的整体优势。

(3)集团公司治理机制虚化。由于行政治理的内部化和集团公司整体功能的缺乏，集团公司普遍存在着集权过度或分散过度的简单治理特征，治理机制呈现出典型的虚化状态。缺乏结构合理、功能完善的集团治理机制，使得集团公司难以保障其成员企业的良性发展，更无法实现集团公司的优势。

同时，集团公司不健全的治理机制容易导致母公司及其下属子公司或分公司负责人组成的议事机构充当集团公司的战略决策班子，或是最高决策者借助人事兼任实现个人化决策。其结果是难以保障集团公司决策的科学性，无法实现集团公司成员的战略一致和行动的协同，从而可能导致重大的决策失误，给集团公司的运营带来风险。

2.多级法人治理结构与集团公司发展战略失衡

多级法人治理结构是指在一个集团内的下属各级子公司，既要按照现行工商注册登记要求成为由两个或两个以上股东组成的独立法人，又要按《公司法》要求建立股东会、董事会和管理团队的法人治理结构，从而形成不同级次子公司的"多级"法人治理结构。它是与中国式集团公司体系的组织形式相联系的。集团公司多级法人治理结构导致每个子公司的管理团队不仅可以控制其任职子公司的全部资源，而且可以使用其任职子公司的全部资源，导致各个子公司的内部人控制，降低了集团公司整体资源配置效率，弱化了集团公司的资源控制能力。这种多级法人治理结构与集团公司实现其发展战略目标的资源需求相矛盾，很可能发生集团公司目标与各子公司资源控制、使用的失衡，无法实现集团公司的战略统一。

3.信息不对称

集团公司存在纵向、横向和相互交叉持股的法人单位。由于母公司和子公司存在信息不对称，处于信息劣势的母公司难以对众多处于信息优势的子公司实施有效监督，母公司无法获取各子公司的真实信息，或者也可能获取这些真实的信息但监督成本却很高，从而影响了决策信息的相关性和可靠性。一方面，下属子公司财务和经营信息传递渠道长，传递速度慢；另一方面，由于集团公司存在层层的委托代理关系，下属子公司有可能不报告真实的经营管理信息、不揭示或推迟揭示潜在的财务风险。

母公司很可能依据各子公司呈报的失真信息做出重大的投资决策和融资决策，导致形成大量的不良资产、无法偿还到期债务和资本报酬率下降，诱发财务风险扩散和恶化，甚至有可能导致整个集团的破产倒闭。

4.集团公司主体企业战略与业务战略冲突

集团公司主体的企业战略与集团公司的企业战略相联系，构成战略单位的业务战略。集团公司战略是以业务战略为中心，将集团成员主体战略与集团战略相融合的战略。虽然不同集团公司建立的集团战略的目标水平各不相同，但集团战略方向和战略统一水平应明确。

集团公司主体的企业战略与业务战略的协调和融合，是制定集团战略的关键。由于集团公司的多级法人治理模式，子公司经营管理者的“逆向选择”“道德风险”和“内部人控制”等现象被逐步扩大，母公司对集团公司主体资源的控制权和使用权弱化，无法实现资源集中控制与授权使用的优化配置，导致集团公司主体战略与业务战略的冲突。这将导致集团公司内部的混乱竞争，无法实现集团公司整合资源、共享利益和风险共担的集团宗旨，势必影响集团公司的影响力和盈利能力，甚至有可能导致严重的财务危机。

5.集团公司多级产权主体担保和融资过度

集团公司具有产权链长和组织结构复杂的特点，其可用的借款和担保主体数量众多，这使得集团公司可控的金融资源倍增。集团公司扩张对资金的需求日益膨胀，这种无限扩张的趋势导致集团公司内部银行信贷规模无限扩张，担保关系日益复杂，集团公司的财务风险不断积聚，资金链条日趋紧张。一旦集团公司产权链条中的某个环节出现问题，很可能导致整个集团公司的崩溃，德隆帝国溃败就是典型的例证。集团公司多级产权主体担保和融资过度可能导致的风险可分为以下两类：

(1)担保风险。按照会计学术语，担保又称“或有负债”“或有事项”。担保事项一旦发生，企业就承担了一项潜在的代位履行义务，担保已成为企业不容忽视的潜在风险。在多级法人治理结构下，集团公司的母子公司产权链条的无限延伸必然导致母公司对下属子公司财务和经营信息控制弱化、母子公司之间严重的信息不对称。由于“或有事项”对企业财务风险的影响程度是不确定的，因而其风险的大小难以准确评估。在这种情况下，母公司难以对母子公司之间及子公司之间相互担保事项的风险做出合理评估，风险预警制度流于形式，盲目为子公司及子公司之间互相提供担保，导致整个集团公司债务风险扩大化，将最终影响集团公司的收益和财务安全性。

(2)融资风险。融资风险是指由于不同来源渠道的资金配置不合理而导致运营效率低下，企业无法偿还本金和偿付资本成本的可能性。集团公司通过控股关系实现规模不断扩张，贷款规模也迅速膨胀，资产负债率也随之急速上升，集团公司的总体财务杠杆被不断放大。由于集团公司内部成员企业之间利益的相关性，致使集团公司内部成员企业之间必然存在着风险的相关性，某个成员企业发生风险必然会影响整个集团公司，从而形成集团公司内部成员企业间风险传导流程。在这种情况下，集团公司内部某个公司一旦发生经营困难或财务危机都可能引发连锁反应，集团公司内部环环相扣的资金链条极易断裂，母公司或子公司都可能由此陷入财务困境，甚至可能导致整个集团公司瓦解。

6. 风险管理协同机制缺失

母公司及其子公司都有职责对自身及集团公司的风险进行管理，形成风险协同效应。由于我国风险管理发展的历史短，风险管理没有得到足够的重视，大多数企业没有系统的风险管理组织和风险管理制度，一般采用被动式的风险管理策略，无法利用风险机会为企业创造财富。在多级法人治理结构下，母公司及其下属子公司对风险的管理方法、策略、经验和重视程度存在差异，不能在集团公司内部形成一套共同的风险管理语言和统一的风险管理流程，无法实现集团公司风险管理协同和防御式风险管理，集团公司风险管理流于形式，难以达到预期的效果。这将严重影响集团公司经营的稳定性和安全性，加剧集团公司的经营风险和财务风险。

7. 集团风险管理文化意识淡薄

风险文化是集团公司风险管理的软环境，对风险管理具有支撑、辅助和补充的作用。它是在保护国家、股东和其他利益相关者利益的目标下，培育并形成一致认同的风险理念、风险价值观和风险防范行为规范，倡导全员参与风险管理的人文文化。没有文化的企业是无法实现“做大做强”的，没有风险文化的风险管理也是缺乏生命力的。

(二)影响集团公司财务风险的外部因素

集团公司财务风险不仅与其内部因素有关，而且也与其外部影响因素息息相关。从外部影响角度来看，影响集团公司财务风险的外部风险一般表现为经济环境风险、市场环境风险、国际环境风险、技术风险和自然现象灾害性风险。

1. 经济环境风险

经济环境风险是指宏观经济环境变化所产生的不确定性影响，导致集团公司发展战略和财务战略与经济环境不协调所产生的不良影响。经济环境风险一般表现在国家货币政策变化、税收政策变化、经济政策变化、财政政策变化、经济全球化和金融一体化等方面。经济环境的复杂多变性是产生财务风险的外在环境因素，这些外在环境因素是难以准确预测和无法改变的，这给集团公司控制经济环境所带来的财务风险增加了难度。

母公司通过层层控股而形成具有多级法人治理结构的庞大集团公司，导致母公司对子公司资源控制力弱化、子公司“内部控制人”强化和经营管理行为异化，不能实施有效的预测和监控，无法实现母公司所设计的集团公司管理控制模式的预期目标，集团公司整体的管理协同作用无法发挥，抵御经济环境变化的能力弱。一旦外部经济发生巨大变化，必将对集团公司产生严重的影响，可能造成集团公司的财务困境，甚至导致集团公司解体。

2. 市场环境风险

市场环境风险是指由于市场及相关外部环境变化的不确定性，导致集团公司产品市场占有率和销售价格无法实现预期目标，从而影响集团公司财务收益甚至危及其生存与发展的可能性。我国市场经济仍处于初级发展阶段，全球经济一体化趋势所导致的市场竞争的不规范以及市场竞争的不断加剧，加剧了集团公司的财务风险。具体表现为：

(1)国外大型跨国公司凭借其规模优势、技术优势和成本优势，全面进入中国市场，国内市场与国际市场完全融通，导致集团公司原有的规模优势消失，市场竞争更加激烈，财务风险加剧。

(2)消费者的需求日益多样化和个性化，加剧了集团公司产品研发的风险，集团公司可能无法适应市场快速变化的要求。集团公司一旦发生研发产品不能适应市场的需要，“一荣俱荣，一损俱损”的特征可能会导致整个集团公司的衰败。

(3)市场环境突变,如新产品、新技术的出现和集团公司生产所需资源价格剧烈波动,集团公司可能不能准确预测其变化趋势,无法采取积极的风险应对策略来化解资源价格剧烈波动带来的风险。

3.国际环境风险

国际环境风险是指国际经济、政治、法律、军事环境的变化对集团公司经营管理活动所带来的不利影响。全球经济相互间的关联性越来越强,国际经济、政治、法律和军事环境的变化对集团公司的影响也日益增强。集团公司往往不重视对国际环境风险的研究,甚至对国内经济环境和集团公司自身内部的经营环境风险也缺乏深入的分析,对风险采取被动接受式的风险管理策略,采取主动防御式风险管理策略的盛少,防御国际环境风险的能力差。东南亚金融危机的影响、中航油(新加坡)子公司申请破产保护就是典型的例证。

4.技术风险

技术风险是指由于技术进步和技术创新所产生的市场竞争环境的变化,集团公司有可能不能适应技术进步和技术创新环境,导致技术落后而影响企业竞争力,影响集团公司的盈利能力,最终导致财务风险或财务困境。技术风险源于创新环境的变化、替代新技术的出现和市场需求的变化。集团公司追求规模化经营,重视以收购、并购和控股等资本运营手段实现规模快速扩张,其效果非常显著。但是集团公司的快速扩张往往导致集团公司现金流不足,相互担保贷款的资金链条不断延伸,集团公司技术创新缺乏足够的资金,导致集团公司技术不足,影响其长远发展和竞争能力。

5.自然现象灾害性风险

自然现象灾害性风险是指由于不可预料的自然灾害(如火灾、水灾、地震、环境污染等)造成破坏性影响,给集团公司带来损失的可能性。虽然自然现象灾害性风险不能控制,但可以通过购买保险来降低灾害损失。

然而,在集团公司多级法人治理结构模式下,母公司对集团公司资源控制力弱化和子公司“内部人控制”强化,集团公司对自然现象灾害性风险往往采取被动式的策略进行管理,没有从集团公司整体的角度对自然灾害性风险进行保险优化,甚至根本没有考虑对自然现象灾害性风险投保。一旦发生自然现象灾害性事件,必将对集团公司产生不利的影响。

三、集团公司风险控制

(一)集团公司筹资风险控制

筹资风险控制是通过组织和制度的有效安排,对筹资活动可能产生的无法到期偿还债务或无法实现预期报酬的风险进行控制,防患于未然的风险控制机制。它包括筹资风险的事前控制、事中控制和事后控制。

1.筹资风险事前控制

筹资风险事前控制是对集团公司筹资风险进行的事前系统规划,以降低筹资风险的防御性策略。集团公司事前筹资风险控制一般包括集团公司筹资战略选择和规范集团公司筹资管理制度。

(1)集团公司筹资战略选择。筹资战略的目的是,基于集团公司不同发展阶段的特征,选择与集团公司发展阶段相适应的筹资方式和筹资规模,降低集团公司资金成本和财务风险。集团公司筹资的方式一般划分为股权筹资和负债筹资,筹资方式的选择需要考虑风险与收益相匹配、不同发展阶段与筹资战略相匹配。集团公司一般经历初创期、发展期、成熟期和调整期，与之相匹配的筹资战略是股权型筹资战略、相对稳健型筹资战略、激进型筹资战略和高负债筹资战略。

筹资规模是根据集团公司筹资战略以及最优资本结构的要求，规划集团公司成员适度的筹资数量，实现以“需”定“筹”，避免过度筹资，降低筹资成本和风险。在规划集团公司筹资规模时，要遵循项目资金管理原则，控制筹资总额，以避免过度筹资行为给集团公司带来不利影响。

(2)规范集团公司筹资管理制度。筹资管理制度是基于战略发展结构与集团公司利益最大化的目的而规范集团公司各成员筹资业务的具体操作制度及规范。健全筹资管理制度规范，从制度上规范集团公司各成员筹资行为，控制筹资风险，避免盲目和过度筹资行为。集团公司筹资管理制度一般由集团层面和子公司层面的筹资决策制度、筹资执行制度、筹资风险分析制度、筹资监控制度、筹资风险危机处理制度所构成。通过建立健全的筹资制度体系和完善公司治理结构，形成各自独立、权责分明、相互制衡的筹资运作规范和风险控制机制，保证集团公司发展所需资金的筹集和风险的有效控制。

2. 筹资风险事中控制

筹资风险事中控制是对集团公司具体筹资业务所实施的控制措施，实现筹资风险控制目标。它一般包括具体筹资方式分析、筹资期限选择、筹资规模控制、筹资方案实施控制和筹资成本分析。筹资方式分析是根据集团公司的发展阶段、筹资战略和风险偏好，选择适合的筹资方式或组合；筹资期限选择是根据集团公司资金需求情况，在一定风险水平下选择不同资金来源构成的筹资期限结构；筹资规模控制是根据集团公司生产经营和投资项目资金需求量，考虑资产结构、行业特点、集团公司规模和利率等情况确定的筹资总额；筹资方案实施控制是对集团公司各子公司筹资活动进行跟踪控制，保证筹资活动符合融资制度执行规范；筹资成本分析是对不同筹资方式、不同筹资期限和不同筹资对象的成本进行分析，在满足资金需求的前提下，选择资金成本最低的筹资方式、不同筹资期限、不同筹资对象的组合。

3. 筹资风险事后控制

筹资风险事后控制是对集团公司进行筹集资金运用过程监控、资金运用效率及效果分析、筹资风险动态监控。筹集资金运用过程监控是对集团公司各子公司的资金运用情况进行监控，及时掌握资金运用情况，保证筹集资金专款专用，避免擅自改变筹资的用途；资金运用效率及效果分析是对集团公司的项目筹资运用情况进行分析和改进，提升资金使用效率和效果，控制筹资风险；筹资风险动态监控是综合考虑集团公司财务状况、资本结构变化、经济及市场变化，对筹资风险进行动态监督，并采取相应的控制措施，保障集团公司的长远发展。

(二)集团公司投资风险控制

投资风险控制是指通过集团公司组织和制度的有效安排，对投资活动可能产生的无法实现预期报酬的风险进行控制，以防患于未然的风险控制机制。它包括投资风险的事前控制、事中控制和事后控制。

1. 投资风险事前控制

投资风险事前控制是对集团公司投资风险进行的事前系统规划，包括制定合适的集团公司投资战略和规范集团公司投资管理制度。

(1)制定合适的集团公司投资战略。投资战略是基于集团公司不同发展阶段的特征，选择与集团发展阶段相适应的投资方向、投资项目和投资规模，提高投资效益和控制投资风险。集团公司投资包括直接投资和间接投资。直接投资是指生产性资产的投资，主要是固定资产投资。间接投资是指金融资产的投资，主要是证券投资。

投资是集团公司财务管理的重要内容，它关系集团公司的经营内容、发展方向和可持续发展。制定适合集团公司发展战略和发展阶段的投资战略，关系到集团公司的投资成败。集团公司的投资战略一般有一体化集权投资战略、适度分权投资战略和一元核心下的多元化投资战略。

(2)规范集团公司投资管理制度。投资管理制度是基于集团公司战略发展结构与集团公司利益最大化，规范集团公司各成员投资业务的具体操作制度及规范。健全投资管理制度规范，从制度上规范集团公司各成员投资行为，控制投资风险，避免盲目和过度投资行为。集团公司投资管理制度一般由集团层面和子公司层面的投资决策制度、投资执行制度、投资风险分析制度、投资监控制度、投资风险应急处理制度所构成。通过建立健全的投资管理制度体系和完善公司治理结构，形成各自独立、权责分明、相互制衡的投资运作规范和风险控制机制，在控制投资风险的基础上，保证集团公司投资战略目标的实现。

2.投资风险事中控制

投资风险事中控制是对集团公司具体投资业务所实施的控制措施，实现投资风险控制目标。投资包括直接投资和间接投资，由于它们的特点不尽相同，需要对集团公司两种不同类型投资实施有差异的风险控制。在进行集团公司直接投资事中风险控制时，需要考虑投资方向选择、投资方案分析、投资规模控制、投资风险分析、投资组织控制、投资方案实施控制和投资风险应急预案。在进行集团公司间接投资风险事中控制时，需要考虑投资环境、投资证券的趋势分析、证券投资风险控制、证券投资交易授权控制、证券投资额度控制、衍生金融工具投资盯市控制、证券投资组合和证券投资组织控制。

3.投资风险事后控制

投资风险事后控制是对集团公司各子公司进行投资过程监控、投资效率及效果分析和投资风险动态监控。投资过程监控是对集团公司各子公司的投资情况进行监控，及时掌握投资项目情况，保证投资规范化；投资效率及效果分析是对集团公司的投资项目情况进行分析和改进，提高投资的效率和效果，控制投资风险；投资风险动态监控是对集团公司直接投资和间接投资的风险进行实时动态的跟踪分析，将风险控制在一定范围内，避免投资失败给集团公司带来致命的危机。

(三)集团公司运营风险控制

运营风险控制是根据集团公司运营战略和发展阶段的重点，规范采购活动、生产活动和资金回收活动实施的专项和综合风险控制机制。它包括运营风险的事前控制、事中控制和事后控制。

1.运营风险事前控制

运营风险事前控制是对集团公司运营风险进行的事前系统规划，包括制定集团公司运营战略和规范集团公司运营管理制度。

(1)制定集团公司运营战略。集团公司运营战略是基于集团公司不同发展阶段的特征，选择与集团公司发展阶段相适应的政策和计划。它涉及集团公司的采购、生产和资金回收三个环节。在制定集团公司采购战略时，需要考虑供应商选择、市场环境和企业生产规模；在制定集团公司生产战略时，需要考虑工艺设计和支持该工艺的基础结构设计；在制定集团公司资金回收战略时，需要考虑市场结构、市场竞争、产品市场占有率和客户信用。

(2)规范集团公司运营管理制度。运营管理制度是基于集团公司战略发展结构与集团公司利益最大化，规范集团公司各成员运营管理的具体操作制度及规范。健全运营管理制度规范，从制度上规范集团公司各成员运营活动，控制运营风险。集团公司运营管理制度一般由集团层面和子公司层面的运营决策制度、运营执行制度、运营风险分析制度、运营监控制度、运营风险应急处理制度所构成。通过建立健全的运营管理制度体系，形成各自独立、权责分明、相互制衡的公司运营规范和风险控制机制，提升公司运营管理的核心竞争能力。

2. 运营风险事中控制

运营风险事中控制是对集团公司各成员具体运营活动所实施的控制措施，实现运营风险控制目标。运营活动一般由采购活动、生产活动和资金回收活动所构成。因此，运营风险事中控制包括采购风险事中控制、生产风险事中控制和资金回收风险事中控制。

(1)采购风险事中控制。在进行集团公司采购风险事中控制时，需要考虑物资管理制度，控制采购成本、质量和数量，选择合理的货款支付方式。综合考虑经济采购批量和预测原材料的价格趋势，选择信誉良好的供应商，建立长期的战略合作伙伴关系，防范由于供应商方面原因而发生的缺货损失、采购材料质量的损失。

(2)生产风险事中控制。在进行集团公司生产风险事中控制时，需要考虑生产管理制度、目标成本控制制度、生产安全管理制度、质量控制制度和研发能力。通过严格的目标成本控制、质量控制制度和提高企业产品研发能力，控制产品生产成本和提高产品质量，增强产品的市场竞争力，为资金回收奠定基础。同时，执行严格的生产安全管理制度，防范重大生产事故发生给企业造成的重大损失。

(3)资金回收风险事中控制。在进行集团公司资金回收风险事中控制时，需要考虑资金回收管理制度，选择合适的销售渠道、销售方式或建立销售网点，制定合理的销售价格和客户信用管理制度。通过控制产品销售环节，提高集团公司产品的市场竞争力和市场占有率，为生产资金回收提供可能。通过客户信用管理制度，制定合理的信用政策，为销售资金回收提供可能。

3. 运营风险事后控制

运营风险事后控制是对集团公司进行运营过程监控、运营效率及效果分析和运营风险动态监控。运营过程监控是对集团公司各子公司的运营情况进行监控，及时掌握其运营情况，实现运营规范化管理。运营效率及效果分析是对集团公司各子公司的运营情况进行综合分析，提高运营效率和效果，控制运营风险。运营风险动态监控是对集团公司各成员的运营进行动态跟踪分析，将运营风险控制在一定范围内，避免运营失败给集团公司带来生存危机。

(四)集团公司分配风险控制

分配风险控制是在保障集团公司相关利益者的前提下，制定合理的收益分配政策，实现股东现实分配和未来分配利益的最大化而建立有效的激励和监督机制，协调员工与投资者之间、投资者现实利润分配与未来利润分配之间的关系。它包括分配风险的事前控制、事中控制和事后控制。

1. 分配风险事前控制

分配风险事前控制是对集团公司分配风险进行的事前系统规划，包括制定集团公司收益分配政策和规范集团公司分配管理制度。

(1)制定集团公司收益分配政策。合理分配集团公司内部收益是增强集团公司凝聚力的核心，也是处理集团公司与国家经济利益及各成员之间经济利益的焦点。一般来说，公司收益分配政策取决于其实际盈利情况和未来投资需要。公司可选择的利润分配政策一般有剩余股利政策、固定或持续增长的股利政策、固定支付率政策和低正常股利加额外股利政策。在制定集团公司收益分配政策时，需要考虑集团公司发展阶段、法律限制、经济限制、财务限制、投资机会和社会形象。

(2)规范集团公司分配管理制度。分配管理制度是基于集团公司战略发展需要及集团公司利益最大化需求而规范集团公司各成员分配行为的具体操作制度及规范，包括职工薪酬制度和股利分配制度。其目的在于：从制度上规范集团公司各成员的分配活动，激励职工和各成员企业控制分配风险，实现集团公司长远发展。集团公司分配管理制度一般由集团层面和子公司层面的分配决策制度、分配执行制度、分配风险分析制度、分配监控制度和分配风险应急处理制度构成。

2. 分配风险事中控制

分配风险事中控制是对集团公司各成员具体分配活动实施控制措施，以实现分配风险控制目标的过程。分配活动一般包括职工薪酬分配和股利分配。在进行集团公司职工薪酬分配风险事中控制时，需要考虑薪酬的执行、职工绩效考核、职工满意度、薪酬激励度和员工辞职率，通过富有激励性的员工薪酬制度，协调人力资本与实物资本分配之间的矛盾，防范经营管理人员的道德风险和核心员工流失风险，实现集团公司投资者可持续盈利的最大化。在进行集团公司股利分配风险事中控制时，需要考虑股利分配政策的执行、股利分配对未来盈余的影响、投资者对股利分配的满意度和股利分配风险分析。通过股利分配风险事中控制，协调现实利益分配与未来利益分配之间的关系，避免股利分配政策不当或者收益分配政策频繁变动而可能对集团公司造成的不利影响。例如，若母子公司的盈余不稳定却采取固定或持续增长的股利政策，就有可能导致其未来可持续增长盈余无法实现，从而影响集团公司的可持续发展。

3. 分配风险事后控制

分配风险事后控制是对集团公司进行分配过程监控、分配满意度分析和分配风险动态监控。分配过程监控是对集团公司各子公司的薪酬制度和股利分配制度执行情况进行监控，及时掌握其执行情况，实现分配规范化管理。分配满意度分析是对集团公司各子公司的职工薪酬分配和股利分配进行综合分析，并对其未来分配政策进行调整，以控制分配风险。分配风险动态监控是对集团公司各成员的分配政策执行进行动态跟踪分析，将分配风险控制在一定范围内，避免分配政策不当给集团公司带来不利影响。

主要概念

Financial Management of Group Company: The system arrangement and the behavior control of the subsidiaries' financial activities and the financial relations that taken by the group headquarters in order to achieve the group's overall goal.

The Group Company's Financial Risk: The group company's changes of financial income and the resulting possibility of losing solvency.

思考与练习

1. 简述集团公司财务管理的特点。
2. 集团财务管理控制运作的理论基础有哪些？
3. 简述集团公司财务风险的影响因素。
4. 简述集团公司财务风险控制策略。

案例阅读

案例阅读1——山西煤炭进出口集团公司财务管理创新

一、案例背景

山西煤炭进出口集团公司成立于1980年，是全国四家具有煤炭出口成交权的专业外贸企业之一，是山西省规模最大的出口创汇企业。集团企业现拥有独资子公司28个，控股、参股及全员持股企业24个，煤矿10座，煤炭发运站(点)78个，形成了覆盖煤炭主产区、遍布重要运输线、占据主要出海口的独立完善的煤炭内外贸运销体系。

2002年年底之前，集团企业对财务资金管理采用的是分散式管理。在成立专门的资金结算中心之前，面临的主要问题是：资金存在分散和闲置现象，收支缺乏统一的规划；“借贷两高”现象；资金计划与实际执行差异大，并难以控制和跟踪；资金综合盈利能力低、财务结算成本高；信息失真、滞后，信息管理成本高；资金难以调拨、分配、归集等。

另外，从财务管理本身和其他配套机制运行方面来分析，主要突出表现在财务预算管理“虚无”、资金结算管理“松散”、监督考核环节“薄弱”和管理手段“落后”及工作效率“低下”等方面。具体表现为：(1)集团企业的大部分财会人员受传统管理理念和惯性思维的约束，对财务工作的重要性认识不足，对管理创新的意识不强，这是导致财务管理工作薄弱的主要原因；(2)集团企业对成员单位的财务管理模式不清，权责不明，会计核算体制不很规范、财务控制体制不太健全，这是财务管理不能发挥其职能的主要原因；(3)集团企业没有建立完善的财务报告机制、资金预算管理机制和资金集中管理机制，这是难以确立财务管理在企业经营管理中的核心地位的主要原因；(4)集团企业的财务管理制度好几年未做制定和修订，已不能适应企业发展的需要，不健全和不完善的财务管理制度是企业不能有效控制经营风险和财务风险的主要原因；(5)集团企业财务管理手段相对落后、计算机设备陈旧、财务信息化技术应用较少、财务信息无法实现网络化管理，这是公司资金不能得到有效配置和不能提高其使用效率的主要原因。

由于资金管理及其配套机制问题的存在，集团企业的财务状况一度恶化，从而导致集团企业融资渠道受阻，资金链面临断裂，无力实施业务规模的扩大和实体化建设，集团企业的发展几乎停滞不前。各成员单位之间的资金使用存在旱涝不均的情况，直接制约了企业的健康发展。因此，集团企业高层领导确定了这样的理念：企业的关键在管理，管理的核心在财务，财务的重点在资金。同时确定了当前面临的亟须解决的几个问题是：如何实现事前预算与结算控制的结合？如何有效利用沉淀资金，加快资金周转？资金集中后资金存量中有多少能调用以及资金集中后如何化解集中的大量工作以及资金结算与其他系统的关系？网上结算安全性如何保证？集团企业领导组在做了大量的调研和总结后，有效地实施了资金集中管理模式。

二、加强资金集中管理的相关措施

(一)对职能部门分层

集团企业根据经营管理的需求，为达到资金分而不散、账户多而不乱并使资金动态的管理目标达到最优化，通过建立内部结算中心制度，调控资金运动发挥财务管理的能动性，适时地转变和扩展传统财务职能，将原来集管理、核算职能于一体的财会部门合理划分为如下几个层次：

1. 利用财务信息制定企业财务会计政策和内部控制的参谋层

确定集团财务管理制度制定的依据、目的、使用范围和实施方式；明确集团企业法人治理主体和关联企业在财务管理方面的权限和职责；划分集团企业权力机构和决策机构的财务权限，集团的筹资、投资决策和利润分配权属于权力机构。集团的决策机构负责筹资、投资和利润方案的制定，集团财务机构的设置，财务会计规范的制定以及财务负责人的任免。

2. 实施财务会计政策的执行层

根据《会计法》《企业会计制度》《企业内部控制制度》和集团财务管理目标制定企业内部财务管理制度和

实施细则，如预算管理制度、资金管理制度、资产管理制度、投资管理制度、担保管理制度、费用管理制度、所有者权益管理制度、结算管理制度和税务管理制度等。

3. 运用会计理论、会计方法的实务工作者

企业集团的会计实务工作者按照财政部《内部会计控制规范》的要求，贯彻落实集团企业制定的财务部门职责权限及其财会人员管理制度，合理划分职责权限，使不相容岗位相互分离，形成权责分明、相互制约、相互监督的内控机制。集团企业从财务管理机制上保证资金安全，降低资金风险。结算中心成为内部资金控制的实施者，既能实现对资金流向的实时监控，又能控制费用的支出。实行实时资金管理审批制度的方式能够了解和掌握所拥有的集团资金资源，其实质上也就是使集团资金集中统一管理，统一对外筹资、投资，统一采购、销售。集团企业成员使用资金的时间差异和存量，也为内部资金融通提供了可能。

（二）规范财务管理的基础工作

1. 基础财务管理规范化

基础财务管理的具体做法是实施三个统一，解决三大问题。三个统一是指"账证表统一，核算办法统一，会计制度统一"；三大问题是指清产核资、投资确权、解决遗留问题。清产核资是将集团企业及其成员单位的资产进行盘点和清理，核实所有的往来账户；投资确权是将集团企业往来的每笔款项重新进行确认，是投资的则记入投资账户，是借款的则进行清理，重新办理手续；解决遗留问题是将集团企业单方挂账，或是历史遗留问题，或是产权不清的问题，分别进行处理。在此基础上，对所有成员单位重新进行内部产权登记，集团企业与成员单位签订资产保值增值责任协议书。通过以上工作，规范和统一了会计基础核算，摸清了家底，理清了产权关系，为实现财务管理信息化奠定了基础、创造了有利条件。

2. 财务管理手段现代化

(1)会计核算电算化。所有成员单位全部实行会计电算化，统一财务软件，统一科目代码，统一会计政策。会计核算使用统一财务软件，加强了对企业财务资金的集中管理，有利于提高企业资金使用的效益，有利于提高整个企业的管理水平，加快与国际经济接轨。

(2)财务信息网络化。首先是建立集团系统内的局域网，将所有成员单位的财务全部联网。在此基础上，再实施三个联网，即财务系统与网络系统的互联、财务系统与业务系统的互联、财务系统与银行系统的互联。财务信息网络化解决了信息收集、加工、处理、汇总的问题，使财务数据变成了动态的信息。

财务信息网络化的特点主要体现在快、即、准、全、控。快，即快捷，成员单位的财务状况在几分钟内即可完成汇总；即，即即时，随时可以提供集团企业的财务报表；准，即准确，财务数据的处理、收集、汇总全部由计算机自动完成；全，即全面，财务报表、报表附注、财务分析可自动生成；控，即监控，对成员单位的账、证、表及资金流向、经营情况、财务状况做到尽收眼底。

(3)资金管理银行化。资金管理银行化就是在集团内部成立资金结算中心，实行收支两条线和资金的有偿使用。这样做的目的，是集中管理资金，统贷统还，统一调配；是盘活子公司存量资金，加速资金周转，提高资金使用率；是节约财务费用，监控资金使用。

3. 实施全面预算管理

全面预算管理以现金流量为控制要素，强调预算控制的核心是现金流量和现金流量的高度集中，其主要表现在以下几个方面：通过控制现金流量才能确保收入项目资金的及时回笼和各项费用支出受控；根据"以收定支"的办法，对各现金收支部门的资金严格区分收入和支出，分别开设银行账户，收入由资金结算中心统一支配，支出则根据集团资金情况由资金结算中心统一安排；通过动态的现金流量预算和资金收支计划实现对资金的精确调度。在对年度现金流量预算静态分解的基础上，通过月度滚动现金流量预算的月度、周资金收支计划，对成员单位的资金收支计划进行动态控制，按日调度，实现资金运用的及时、高效；通过将成员单位银行账户集中至结算中心，统一办理银行收支业务，以自动划款方式实现"限额"管理，确保资金的高度集中，将资金沉淀量降至最低。

资料来源：左和平，李雨青. 高级财务管理[M]. 北京：高等教育出版社，2009.

【思考与讨论】

1. 结合案例资料，谈一谈集团企业对资金采取分散式管理易导致什么弊端？

2. 你认为山西煤炭进出口集团公司在对资金进行集中管理的过程中应该注意些什么？

案例阅读 2——巨人集团财务控制模式的选择

资料一

1993 年 1 月，巨人集团在北京、深圳、上海、成都、西安、武汉、沈阳、香港成立了 8 家全资子公司，员工增至 190 人。12 月，巨人集团发展到 290 人，在全国各地成立了 38 家全资子公司。集团在一年之内推出中文手写电脑、中文笔记本电脑、巨人传真卡、巨人中文电子收款机、巨人钻石财务软件、巨人防病毒卡、巨人加密卡等产品。同年，巨人实现销售额 300 亿元，利税 4 600 万元，成为中国极具实力的计算机企业。由于国际电脑公司的进入，电脑业于 1993 年步入低谷，巨人集团也受到重创。1993 年、1994 年，全国兴起房地产和生物保健品热，为寻找新的产业支柱，巨人集团开始迈向多元化经营之路——计算机、生物工程和房地产。在 1993 年开始的生物工程刚刚打开局面但尚未巩固的情况下，巨人集团毅然向房地产这一完全陌生的领域发起了进军。1995 年 2 月，巨人集团隆重召开表彰大会，对在巨人"脑黄金战役"第一阶段作出重大贡献的一批"销售功臣"予以重奖。5 月 18 日，巨人集团在全国发动促销电脑、保健品、药品的"二大战役"。霎时间，巨人集团以集中轰炸的方式，一次性推出电脑、保健品、药品三大系列的 30 种产品。巨人产品广告同时以整版篇幅跃然于全国各大报纸。1995 年 2 月到 5 月，不到半年，巨人集团的子公司就从 38 个发展到 228 个，人员也从 200 人发展到 2 000 人。多元化的快速发展使得巨人集团自身的弊端一下子暴露无遗。1995 年 7 月 11 日，史玉柱在提出第二次创业的一年后，不得不再次宣布进行整顿，在集团内部进行了一次干部"大换血"。1995 年 8 月，集团向各大销售区派驻财务总监和监察审计总监，其直接对总部负责，同时，两者又各自独立、相互监控。但是，整顿并没有从根本上扭转局面。1995 年 9 月，巨人的发展形势急转直下，步入低潮。伴随着 10 月发动的"秋季战役"的黯然落幕，1995 年年底，巨人集团面临着前所未有的严峻形势，财务状况进一步恶化。1996 年年初，史玉柱为挽回局面，将公司重点转向减肥食品"巨不肥"，3 月份，"巨不肥"营销计划顺利展开，销售大幅上升，公司情况有所好转。可是，一种产品销售得不错并不代表公司整体状况好转，公司旧的制度弊端、管理缺陷并没有得到解决。相反，"巨不肥"带来的利润还被一些人私分了。集团公司内各种违规违纪、挪用贪污事件层出不穷。其属下的全资子公司康元公司，由于公司财务管理混乱，集团公司也未派出财务总监对其进行监督，导致公司浪费严重，债台高筑，高达 1 亿元。而当 1996 年年底巨人大厦一期工程未能完成时，建大厦时卖给国内的 4 000 万楼花就成了导致巨人集团财务危机的导火索。巨人集团终因财务状况不良而陷入破产的危机之中。

资料二

(1)1993 年巨人集团在产业上选择电脑业，属单一型，产品上是多种相关联产品，消费群体有很大的相似性，其子公司为全资子公司，且大多为地理型子公司。此时，由于产品相对单一，在总的营销战略上，应由集团公司控制，但为了调动各子公司的积极性，应在具体经营及销售模式等方面适当分权，以针对不同的消费环境、市场环境采取不同的经营方式，即具体经营层面应以分权组织控制模式为主，让子公司在经济上自负盈亏，充分调动子公司经营的积极性。

(2)1995 年巨人集团一次性推出电脑、保健品、药品三大系列的 30 种产品。巨人集团的子公司从 38 个发展到 228 个。巨人集团的发展战略在产业上是无关联多元化，产业内的产品有的倾向于单一化，有的倾向于横向多元化。其子公司有的是地理型子公司，有的是市场型子公司，有的是产品型子公司。此时，公司应加强对各子公司的控制力度，最好选择集权分权结构控制模式。可以考虑事业部制，如在集团公司内部成立电脑事业部、保健品事业部及药品事业部，然后由各事业部对相应的下属企业实施控制，在具体经营层面又可根据情况选择分权组织控制模式。

(3)1996 年，在公司财务恶化的情势下，集团将重点转向减肥食品"巨不肥"。集团的战略有所改变，但总的依然是无关联多元化经营战略。此时，公司选择的控制模式应该是加强集权程度的集权分权结构控制模式，特别在资金上应该全部由总部控制。

(4)巨人集团一直采用的是分权组织控制模式，在 1993 年的单一产品战略下，取得了较好的效果。但是，随着公司多元化的快速发展，分权组织控制模式渐显弊端，该模式使各子公司保持较大独立性，却又缺乏相应的财务控制制度。尽管在1995年8月，集团向各大销售区派驻财务总监和监察审计总监，并直接对总部负责，同时，两者又各自独立、相互监控。但是，为时已晚，整顿并没有从根本上扭转局面。公司违规违纪、挪用贪污事件层出不穷。尤其在1996年出现资金风险、存在衰败迹象时，应该是加强集权控制，杜绝违规违纪、挪用贪污事件的发生。总之，巨人集团的财务控制模式在一定程度上加快了巨人集团陷入财务困境的步伐。

资料来源：成红彦.集团公司财务控制问题研究[D].昆明理工大学，2005.

【思考与讨论】

1.巨人集团财务控制模式有什么特点？

2.巨人集团陷入财务控制困境的原因有哪些？

3.巨人集团财务控制模式能给我们带来什么启示？

第九章　国际财务管理

要点提示

- 国际财务管理概念的界定。
- 外汇风险管理。
- 国际筹资管理。
- 国际投资管理。
- 国际税收管理。

第一节　国际财务管理概述

一、国际财务管理的概念

随着经济全球化的发展，越来越多的企业需要在国际环境下进行财务管理的活动，正是在这样的背景下，国际财务管理受到重视，逐渐发展为财务管理的一个新的分支。

目前，国际财务管理作为一门新的学科，其目标、内容、方法体系还有待于发展完善，国内外学者对国际财务管理有着不同的观点，主要有下面三种观点：

一是把国际财务管理理解为世界财务管理。认为国际财务管理应当研究世界各国普遍适用的原理和方法，使各国的财务管理逐步统一。这种观点侧重于确定世界财务管理的统一目标，但要实现这一目标，需要付出更多的努力。

二是把国际财务管理理解为比较财务管理。认为各国的政治、经济、社会、法律、文化等环境存在较大的差异，各国财务管理的目标、内容、方法也不尽相同，国际财务管理应在描述各国财务管理基本特征的基础上，比较不同国家在组织财务收支、处理财务关系方面的差异，以便在解决国际之间的财务问题时，不把自己国家的原则和方法强加给对方，而力求求同存异和互惠互利。

三是把国际财务管理理解为跨国公司财务管理。认为国际财务管理主要是研究跨国公司在组织财务活动、处理财务关系时所遇到的特殊问题。

上述三种观点都有一定的道理，但都没能全面反映国际财务管理的准确含义。第一种观点距离现实较遥远，只能作为努力的方向。第二种观点主要对各国财务管理的特点进行汇总和比较，缺乏实质性的内容。第三种观点把国际财务管理仅仅限制在跨国公司的范围内，没能完全概括国际财务管理的内容。跨国公司财务管理是国际财务管理的主要内容，但仅仅局限于此是不够的。国际财务管理应研究一切国际企业在组织企业财务活动、处理财务关系时所遇到的特殊问题。国际企业是相对国内企业而言，它主要是指一切超越国境从事生产经营活动的企业，包括跨国公司、合资企业、外贸公司等。可以说，国际企业是从事国际经营活动的经济实体的统称。因此，一个国际企业可能不是跨国公司，但任一跨国公司都属于国际企业。

综上所述，国际财务管理是财务管理的一个新领域，它是按照国际惯例和国际经济法的有关条款，根据国际企业财务收支的特点，组织国际企业财务活动、处理国际企业财务关系的一项经济管理工作。

二、国际财务管理的发展

国际财务管理的形成和发展，主要取决于下面三个因素：

（一）国际企业的迅速发展，是国际财务管理形成和发展的现实基础

第二次世界大战以来，随着生产的发展和科学技术的不断进步，国际企业得到了前所未有的发展，迅速向国际市场进军。他们纷纷在国外设立分支结构或子公司，形成了一个从国内到国外、从生产到销售，按照企业的全球性战略，在世界范围内追逐高额利润的企业体系。以跨国公司为主的国际企业的全球经营战略，必然要求企业财务管理工作要与之适应。例如，要求在全球范围内以最低的成本筹集资金，把资金投放到最有利的国家和地区，在全球范围内进行盈余的分配等，这些都极大地促进了国际财务管理的形成和发展。

（二）财务管理基本原理在国际上广泛传播，是国际财务管理形成和发展的历史因素

财务管理的历史本来就是一部国际化的历史。通常，人们都认为财务管理于19世纪末产生于美国，并迅速传入欧洲。英国将财务管理的原理传入印度和其他英联邦国家。第二次世界大战后，日本、韩国及中国台湾和香港采用欧美财务管理的方法后，极大地促进了财务管理的发展。与此同时，苏联在吸收欧美财务管理的基础上，结合社会主义国家财务活动的特点，建立了社会主义国家的财务管理体系，并将迅速传入东欧和中国等社会主义国家，推动了社会主义国家财务管理的形成和发展。到目前为止，财务管理的一些基本原理在各国大致相同，如资金时间价值原理、财务决策中的风险原理、财务分析中的比率分析原理等都基本一致。当然，在不同的时期和国家，由于社会制度、政治和经济等多方面因素的影响，财务管理的原理和方法等都应符合本国国情，各国之间还存在一定的差异。国家财务管理的发展有利于协调这种差异，促进国家财务管理不断吸收和融合，使财务管理不断走向国际化。

（三）金融市场的不断完善和向国际化方面的拓展，是国际财务管理形成和发展的推动力量

第二次世界大战以来，由于科技革命的影响，生产发展到国际化一个新的阶段，并推动了资本国际化，国际资金借贷日益频繁，国际资本流动达到空前规模，极大地促进了国际金融市场的发展。近二三十年来，国际金融交易出现了一个重大的变化，那就是试图摆脱任何一国的管辖，出现了新兴的国际金融市场，如欧元美元市场、亚洲美元市场，这种市场不受任何所在国金融和外汇政策的限制，可自由筹集资金，进行外汇交易，实行自由汇率，无需缴纳存款准备金。这种金融市场最先出现在伦敦，之后相继在新加坡、中国香港等地开设。国际金融市场的新发展，为国际企业筹集资金和合理运用资金提供了便利的条件，与此同时，为国际财务管理的发展提供了新的要求。无论是在国际金融市场上筹资还是投资，都必须合理预测汇率的变动趋势，运用合理的方式减少或消除外汇风险。总之，金融市场的国际化和汇率的波动促进了国际财务管理的形成和发展。

三、国际财务管理的特点

国际财务管理活动是国内财务管理活动的扩展，因此，一国企业财务管理的基本原理和方法也适用于国际企业，但由于国际企业的业务遍布多国，其财务管理涉及外汇的兑换，同时要遵守多国的法律法规。所以，相对于国内财务管理，国际财务管理较复杂，其具有下面三个特点：

(一)国际企业财务管理环境的复杂性

国际企业的财务管理活动涉及多国，而各国的政治、经济、文化和法律环境都存在一定的差异性。因此，国际企业在进行财务管理时，不仅要考虑各国的环境因素，而且要密切关注国际形势的变化和各国的具体情况，特别要关注下面几个问题：汇率的变化、外汇的管理制度、通货膨胀和利息率的高低、税负的轻重、资本抽回的限制程度、资本市场的完善程度、政治的稳定程度。

可见，影响国际财务管理的环境因素较复杂，国际财务管理人员在做出财务决策之前，应充分了解财务管理环境，以便做出财务决策。

(二)国际企业筹资的多样性

国际企业的资金来源和筹资方式具有多样化的特点，使得国际企业在筹资时有更多的选择。国际企业既可以利用母公司本国的资金，也可以利用子公司东道国的资金，还可以在国际金融机构和国际金融市场上筹集资金。因此，国际企业可以利用这种多方融资的有利条件，选择最有利的资金来源和筹资方式，降低企业的资本成本和筹资风险。

(三)国际企业投资的风险性

从某种意义上来说，从事国际投资活动就是企业预测风险、避免风险、应对风险的一个过程，主要包括汇率风险、经营风险、利率变动风险、通货膨胀风险等，同时还需要应对上层建筑和政治变动风险。一般而言，企业无法控制上层建筑和政治变动风险，而对于经营管理方面的风险，则可以通过有效的经营去避免和克服。这是因为，汇率、利率、通货膨胀等因素，可能会导致企业遭受损失或获得收益，所以财务管理人员应对这部分可以控制的风险进行科学预测，合理回避风险，获得较大收益。

第二节　外汇风险管理

国际财务管理中的筹资管理、投资管理和营运资金管理都涉及外汇，因此，外汇管理是国际财务管理的一项重要内容，汇率的变化会给交易带来一定的不确定性，因此就产生了外汇风险。

一、外汇的概念

外汇是一国持有的以外币表示的用以进行国际结算的支付手段。根据现行的《中华人民共和国外汇管理条例》，外汇是指下列以外币表示的可以用作国际清偿的支付手段和资产，主要包括：(1)外币现钞，包括纸币、铸币；(2)外部支付凭证或支付工具，包括票据、银行存款凭证、银行卡等；(3)外币有价证券，包括政府债券、公司债券、股票等；(4)特别提款权；(5)其他外汇资产。

国际企业发生的债权债务问题，要按照约定的条件清偿；从国外进口货物，必须支付货款；向国外出口货物，要收取货款。由于各国的货币制度存在一定的差异，一国货币在另一国不能流通使用。因此，外汇的主要功能是作为国际结算的支付手段。

二、外汇汇率

外汇汇率又称汇率或汇价，是指一国货币单位兑换另一国货币单位的比率或比价，是一种货币用另一种货币表示的价格。折算两个国家的货币，要先确定以哪个国家的货币为标准，由于标准不同，外汇汇率有两种标价方法，即直接标价法和间接标价法。

(一)直接标价法

直接标价法是以一定单位的外国货币为标准，折算为一定数额的本国货币的方法。当前世界上，除了英国和美国外(在美国，美元兑换英镑的汇率仍采用直接标价法)，其他国家都采用直接标价法。在直接标价法下，外国货币的数额固定不变，本国货币的数额随着外国货币或本国货币的币值的变化而变化。如果一定数额的外国货币可以兑换的本国货币的数额增加，则说明外汇汇率升高，本国货币贬值；反之，则说明外汇汇率降低，本国货币升值。因此，在直接标价法下，外汇汇率的升降与本国货币币值的升降成反相关的关系。

(二)间接标价法

间接标价法是以一定单位的本国货币为标准，折算成一定数额的外国货币的方法。在间接标价法下，本国货币的数额固定不变，外国货币的数额随本国货币或外国货币币值的变化而变化。如果一定数额的本国货币可以兑换的外国货币的数额增加，则说明汇率上升，本国货币升值；反之，则说明汇率下降，本国货币贬值。因此，在间接标价法下，外汇汇率的升降与本国货币币值的升降成正相关的关系。

三、外汇风险的种类

国际交易需要使用外汇，而汇率的变化会给交易带来一定的不确定性，这样就产生了外汇风险。外汇风险的根源来源于汇率的变动，其种类概括起来有三类：交易风险、换算风险和经济风险。

(一)交易风险

交易风险是指企业因进行跨国交易而取得外币债券或承担外币债务时，由于交易发生日的汇率与结算日的汇率不一致所导致收入或支出发生变动的风险。如一家美国公司将产品出售给一家英国公司，发票金额为100万英镑，赊销期为3个月。三个月后，美国公司如期收到100万英镑时，需要按照到期日当天的汇率将英镑换算成美元。但由于到期日当天的汇率具有不确定性，所以如果英镑兑美元升值(贬值)，美元的收入就会增加(减少)。因此，美国公司应采取一定的风险防范措施，减少因汇率波动可能带来的收入变化的风险。

(二)换算风险

换算风险是指企业把不同的外币余额，按一定的汇率折算为本国货币时，由于交易日与换算日的汇率不一致，导致报表上有关项目发生变动的风险。国际企业的外币资产和负债项目在发生时，按照发生日的汇率入账，而在编制财务报表时，对某些项目要按照编制日的汇率核算。因此，汇率的变动必然会引起报表上有关项目的变动，会影响报表上的损益，但不影响企业的现金流量。

(三)经济风险

经济风险是指由于汇率的变动，对企业的产销数量、价格、成本等产生影响，从而使企业的收入或支出发生风险。它影响企业的销售、供应、生产等环节。

四、避免外汇风险的方法

只要有外汇业务的企业，都不可避免会存在外汇风险，企业应采取措施防止或减少外汇汇率的变动所造成的损失，尽可能减少外汇风险。避免外汇风险的方法有很多，下面介绍几种最常见的方法。

(一)外汇期货交易

外汇交易按照外汇买卖的交割期限分为即期交易和期货交易。即期交易在买卖合同成立的当天或次日交割。期货交易是指为了避免商贸交易中的外汇风险，与商业银行或其他外汇交易商签订的外汇期货合约，承诺在未来的某一特定日期，按照合约约定的汇率交付或收取一定数额的外币。利用外汇期货交易，不仅可以保证国际企业在办理进出口业务时避免外汇风险，而且对证券投资、国外存款、直接投资等以外币表示的资产，以及向国外资本市场借入资金等以外币表示的负债都有保值避险的作用。

(二)调整外汇受险额

国际企业的总公司与国外的分公司之间、国外各分公司之间通常会有较多的资金往来，国际企业可以采用提前支付或延缓支付的方式调整外汇的受险额，避免或减少外汇风险。当预计某种外币将增值时，应加速付款而推迟收款；当预计某种外币将贬值时，应加速收款而推迟付款。

(三)多元化经营

经济风险涉及生产、销售、财务等各个相互联系的领域，通过多元化的经营，使各个方面产生的不利影响相互抵消，是控制经济风险的最有效的方法之一。多元化经营的途径多种多样，主要包括：

一是生产多元化。在生产上，产品的种类、规格、质量尽可能多元化，以适应不同国家、不同地区、不同层次的消费者的需求。

二是销售多元化。在销售上，尽可能使生产的产品能进入不同国家的市场，并尽可能使用多种外币进行结算。

三是采购多元化。在原材料的采购方面，尽可能从多个国家和地区进行采购，并力争使用多种货币结算。

四是筹资多元化。企业在筹资时，要尽可能从多国资本市场筹集资金，用多种货币计算还本付息金额。

五是投资多元化。在投资时，尽可能向多个国家投资，创造多种外汇收入，这样可以避免单一投资带来的风险。

(四)外汇期权交易

外汇期权是指其持有人在一定时期内按一定汇价买入或卖出一定数量外国货币的权利。它分为买进期权和卖出期权。买进期权是指购买外汇期权的一方有权在合同期满时或在此之前按规定的汇率买入一定数量的外币。卖出期权与之恰好相反。

外汇期权买入的是权利，持有人不用承担义务。取得期权要付出一定的买价，称为期权费。买卖期权的合同中，必须规定持有人有权买入或卖出某种货币的汇率，这一汇率即为期权交易价。当买进期权的交易价低于即期汇率或卖出期权的交易价高于即期汇率时，买卖外汇对期权持有人有利，可以行使这种权利。反之，期权交易无利可图，期权持有人可以放弃这种权利。

第三节 国际筹资管理

国际企业筹集资金的方式和筹资决策与国内筹资基本相同，唯一不同的是国际筹资的市场范围扩大了，筹资的方式增多了，这既给国际企业带来了更大的风险，也提供了更多的机遇。

一、国际企业的资金来源

与国内企业单一的资金来源相比较，国际企业则相对更多，最主要的资金来源主要有下面四个方面：

(一)集团公司内部的资金来源

集团公司的内部资金是国际企业筹资的重要来源之一。国际企业由于业务多、经营规模大，常常形成国际性的资金融通体系。一些世界著名的跨国公司有的有几十个子公司，有的甚至有上百个分支机构。这样，国际企业内部的各个经营实体在日常经营活动中都可能产生或取得大量的资金，从而构成了内部资金的广泛来源，这些来源主要包括母公司或子公司未分配的利润与公积金、集团公司内部相互提供的资金。

(二)母公司本土国的资金来源

国际企业的母公司可以利用本土国自身的资源，凭借自身的实力和信誉，从本土国金融机构、政府组织、社会民间组织等处获取资金。

(三)子公司东道国的资金

国际企业除了可以从集团公司内部和母公司本土国筹资外，还可以从子公司的东道国筹集资金。在很多国家，金融机构对当地企业贷款的方式同样适用于外资企业。通过在子公司东道国当地借款，既可以弥补投资不足的资金，还可以预防和减少公司的投资风险。

(四)国际资金来源

除集团公司内部、母公司本土国和子公司东道国外，国际企业从任何第三国或第三方筹集的资金，称为国际资金。国际资金主要包括下面三个方面：从国际金融机构获得的贷款；从国际市场上发行证券；向第三国银行借款或在第三国资本市场上出售证券。

二、国际企业的筹资方式

与国内企业的筹资方式相比，国际企业的筹资方式多元化，现介绍几种具有国际特色的筹资方式。

(一)国际股票

国际股票是指一国企业在国际金融市场上发行的股票。比如，阿里巴巴集团在纽约证券交易所发行的股票属于国际股票。随着经济全球化的发展，股票的发行也超越了国界，出现了国际化的趋势，许多大型的企业都开始通过在国际金融市场上发行股票筹集资金。

与一般的企业相比，国际企业在国际金融市场上发行股票，具有如下优势：(1)国际企业业务较多，遍布多国，对国际金融市场比较了解；(2)国际企业利用当地的分支结构发行股票，可以节省发行费用；(3)国际企业规模大、信誉好，为发行股票提供了便利的条件。

在国际市场上筹集资金的过程中，企业应遵守国际惯例，遵守发行过的金融法律法规，发行程序较复杂，发行费用也较高，但能在国际市场上迅速筹资外汇资金，提高企业的信誉，有利于企业以更快的速度走向国际化的道路。

(二)发行国际债券

国际债券是指一国政府、金融机构、工商企业为筹集资金而在国外资本市场发行的以外国货币为面值的债券。国际债券可分为外国债券和欧洲债券两类。外国债券是指借款人在某一国债券市场上发行的、以发行所在国的货币为面值的债券。如中国企业在美国资本市场上发行的美元债券、美国企业在英国资本市场上发行的英镑债券都属于外国债券。欧洲债券是指借款人在其本国以外的债券市场上发行的不是以发行所在国的货币为面值的债券。如德国公司在英国市场上发行的美元债券。欧洲债券的特点是发行人在一个国家,发行在另一个国家,债券面值为第三国的货币单位。

(三)利用国际银行贷款

国际银行贷款是指一国借款人向外国银行借入资金的信贷行为。按照贷款期限的不同,国际银行贷款分为短期借款和中长期借款。短期借款的借款期限一般不超过 1 年,主要是为了满足企业对流动资金的需求。中长期借款的借款期限一般为 1 年以上、10 年以下,具有借款时间长、借款金额大的特点。对于银行而言,中长期借款风险较大,借款双方会签订贷款协议,同时要提供贷款担保。

国际银行贷款按贷款方式的不同,分为独家银行贷款和银团信贷。独家银行贷款是指一国银行对另一国银行、政府、企业提供的贷款,贷款期限一般为 3～5 年,贷款金额最多为 1 亿美元。银团贷款是一国贷款银行牵头,由该国或几国的国家贷款银行参加,联合起来组成贷款银行集团,按照同一条件共同对另一国的政府、银行和企业提供长期巨额的贷款,贷款期限一般为 5～10 年,贷款金额为 1 亿～5 亿美元,有时甚至高达 10 亿美元。

(四)利用国际租赁

国际租赁是指一国从事经济活动的单位,以支付租金为条件,在一定时期内向外国某单位租借物品使用的经济行为。国际租赁是一种新型的融资方式,是以支付租金获得实物使用权的形式。通过国际租赁,国际企业可以直接获得生产经营的机器设备等,能较快形成生产能力。

(五) 利用国际贸易信贷

国际贸易信贷是指由供应商、金融机构或其他官方机构为国际贸易提供资金的一种信贷行为。目前,国际上巨额对外贸易合同的签订、大型设备的出口,都采用国际贸易信贷。因此,国际贸易信贷是国际企业筹资的一种重要方式。由于国际贸易信贷的目的是为了扩大出口,故也将之称为出口信贷。出口信贷是国家为了扩大本国产品出口,责成本国银行设立的一种利率优惠的贷款,可以解决一些进口商由于资金不足而对产品的需求。出口信贷主要包括下面两种:

1. 卖方信贷

卖方信贷是指在大型机械设备贸易中,出口商为了用分期付款的方式出口设备,由出口商所在地银行取得国际贸易信贷后,再向进口商提供延期付款的商业信用,以便增加产品出口。出口商付给银行的利息和其他费用,要么在货款内,要么在货款外,转嫁给进口商。

2. 买方信贷

买方信贷是指在大型机械设备贸易中,由出口商所在国的银行,贷款给外国进口商所在地的银行的信贷。这种信贷有利于进口商迅速筹集资金,扩大出口商出口产品。

尽管国际筹资方式较多,但在进行国际筹资时,必须综合考虑外汇风险、资金成本、筹资风险等因素,尽可能以最低的资金成本筹集到风险最小的资金。

第四节 国际投资管理

国际投资管理是指投资者将其资本投放到本土国之外,以获取收益的经济行为。

一、国际投资方式

国际投资方式多种多样,按投资者是否拥有对企业的控制权和管理权,分为直接投资和间接投资两种基本方式。

(一)直接投资

直接投资是指投资者在国外经营公司,并通过直接控制或参与生产经营管理以获取利润的投资。它最显著的特点不是世界各国之间资本的流动,而是技术、管理方法、关键材料、商标专利等在世界各国之间的转移或转让。其具体的投资形式包括新建企业、收购外国企业、合资经营、独资经营等,主要达到对企业的控制或经营管理。

(二)间接投资

间接投资是指投资者在国际金融市场上购买外国公司的股票、债券等,其目的是获取证券投资的股息。间接投资与直接投资的区别在于:对于投资者而言,间接投资的投资者不拥有对企业的控制权和管理权,只能获取利息、股息和红利。而直接投资的投资者可对企业进行控制和经营管理。

间接投资具有资金多、风险大的特点。资金一旦投入某一项目,要抽出就比较困难,其流动性小、风险大。与国际直接投资相比较,国际间接投资的变现能力较强,投资者可以根据自身的需求,随时进行证券转让。下面重点讲述国际直接投资。

二、国际直接投资

(一)国际直接投资的动机

企业进行对外直接投资的动机很多,不同企业的投资动机也各不相同,有的以追求利润最大化作为目的,有的以分散和降低风险为动机,有的着眼于市场。一般而言,对外直接投资的动机是为了获得利润。除此之外,还有一些其他的动机。

1. 防御性投资

防御性投资是指为了增强国际竞争力,避免竞争对手抢先占用一种有价值或有限的生产资源。防御性投资属于非利润倾向的投资,从短期看是正确的,但从长期看,它仍是一种利益导向的决策,是通过防止竞争对手实力的增强而取得的收益。

2. 追随同行业领导者

投资者对外直接投资是为了避免竞争地位被削弱,这类投资发生在同行业中较多。在这些行业中,少数企业旗鼓相当、势均力敌、互相制约,只要其中一个企业到其他国家建立新的子公司,进入一个特定的市场,其他竞争对手便会纷纷跟从。这实质上反映了企业之间的竞争相当激烈。

3. 分散风险型投资

投资者对外直接投资是为了扩大生产基地和占领国外市场,以便分散和减少风险。持有该种动机的企业所在国一般是政局不够稳定,如国内动乱、罢工等造成生产损失,或该国经济衰退、投资机会少,或由于受国际市场排挤而丧失市场。对外直接投资实质上起到一种资产组合效应，通过分散经营，减少风险。

（二）国际直接投资决策分析

1. 国外投资环境分析

投资环境是指影响企业投资行为的各种客观条件和因素，主要包括政治、经济、社会文化和教育、法律四个因素。

（1）政治环境。政治环境是国际投资环境的一个重要组成部分。它主要包括一国政局是否稳定、有没有可能发生战争的风险、是否有国际证券或社会制度变革的风险、东道国的对外政策等。

（2）经济环境。经济环境是影响国际投资活动的最基本的因素。它包括被投资国的经济体制、经济政策、金融环境、税收政策、经济结构和发展水平等。

（3）社会文化和教育环境。社会文化和教育环境是指世界各国的文化背景差异，导致风俗习惯、价值观念、教育水平等的不同。所有这些都在不同程度上影响着投资者的行为。了解并尊重当地文化习俗、宗教信仰是许多投资成功的重要因素之一。

（4）法律环境。法律环境主要包括外国投资者的权益能否得到保障，在什么程度上受到法律的保护；被投资国的税法、海关法、外汇管理法等能否保障投资者获得高额利润；执法机构是否具有公正性等。

2. 国际税收分析

国际税收是指各国政府对其税收管辖范围内从事国际经济活动的企业和个人，就国际投资中产生的收益所进行的纳税活动，并就由此产生的国与国之间税收权益的协调行为。具体的国际税收活动包括：

（1）一国税收征纳活动中，具有涉外因素，并会引起国与国之间税收权益分配问题的那部分税收征纳活动；

（2）两个或两个以上国家的税收管辖权发生交叉、税收利益发生冲突时所产生的国与国之间的税收协调活动。

跨国公司在不同的国家经营业务，由于各国的税率存在一定的差异，如果跨国公司能合理安排，可以使公司减轻税负，为股东创造尽可能多的收益。因此，税收对跨国公司的财务和投资方案具有重大的影响。

3. 国际直接投资效益分析

影响企业对外直接投资项目效益的主要因素包括下面几个方面：

（1）项目预期的投资总额。它反映了公司为筹建该项目所投入的资本总额，主要包括项目筹集初期所需要的初始投资；项目投产后，在寿命期内所需要追加的营运资本投资。

（2）生产成本。生产成本主要包括购买固定资产、无形资产等固定成本和购买原材料、在成品等变动成本，成本的高低直接决定了现金流出量的多少。

（3）消费者的需求及产品价格。它是计算现金流量的基础。

（4）项目寿命期及其残值。

（5）税收因素。由于各国间税收制度存在一定的差异性，税后净现金流量的大小在很大程度上取决于被投资国与投资国的税收征管政策。

（6）汇率与被投资国的通货膨胀率。在项目寿命期内，汇率的变动和通货膨胀率的高低直接影响对外直接投资项目的获利能力。

（7）资金转移的限制。在对外直接投资中，子公司可能会将企业的盈利向母公司转移，这种资金转移会增加资金转移的成本,会影响母公司从项目中实际获得的净现金流量。通常情况下,被投资国会阻止这种行为,因此,要认识到这种限制的存在及其产生的后果,在评价时要对其进行考虑。

4. 国际直接投资项目的风险分析

国际企业在进行对外投资的过程中,必须要考虑一些在国内进行投资所不需要考虑的风险。

(1)汇率风险。汇率风险是由于汇率的变化所引起的投资者资产价值发生变化的风险。该风险的影响程度主要取决于被投资国货币汇率波动的幅度所引起的外资企业资产、负债、损益等实际价值的变化程度和生产运营的变化程度,以及产品价格变化导致需求弹性的变化程度等。

(2)政治风险。政治风险是指国际经济往来活动中,由于政治因素而造成经济损失的风险。近年来,各国政府对跨国公司施加的干预不断增加,政治风险的防范已成为跨国公司对外直接投资决策中需要考虑的因素。

第五节 国际税收管理

一、国际税收的种类

不同国家的税种不尽相同,税种繁多,下面介绍几种与国际企业最为密切的税种,主要有所得税、增值税、关税、预扣税。

(一)所得税

所得税是以企业和个人的收益或所得为对象而课征的税,如企业所得税、个人所得税等。企业所得税和个人所得税是许多国家财政收入的重要来源。

20 世纪 80 年代以后,为加强本国企业在全球的竞争力、吸引更多的跨国公司对本国进行投资,各国纷纷进行税制改革,大幅度降低税负。某些国家或地区为了吸引外资投资,规定的所得税税率非常低,甚至不征所得税;一些发展中国家,为了吸引投资而给予外国投资者一定的免税期,在免税期内,对外国投资企业免征企业所得税。

(二)增值税

增值税是以商品生产和流通环节的新增价值或商品附加值为征税对象的一种流转税。它克服了传统流转税对已纳税销售额重复征税、税上加税的弊端,使同一产品不受生产流通环节多少的影响,始终保持同等税收含量,不会出现应税产品因生产环节的变化,税负时重时轻的问题,同时又保持了流转税征收范围广和收入及时、稳定的特点。增值税是国际上公认的一种透明度较高的税种,它不仅有利于组织财政收入,而且有利于鼓励企业按照经济效益原则选择最佳的生产经营组织形式,也有利于按国际惯例对出口产品实行彻底退税,增强了本国产品在国际市场上的竞争力。正是因为以上优点,目前欧洲、拉丁美洲等许多国家都实行了增值税,我国也于 1993 年 12 月颁布了《中华人民共和国增值税条例》。

(三)关税

关税是一个国家的中央政府对国境的应税货物所征收的税,主要是对进口货物,只是在极少情况下对出口货物征收。征收关税一是为了筹措财政收入,二是为了保护本国工业。对进口货物征收关税,必然会增加进口商品的成本,不利于外国商品的竞争,有利于保护本国民族企业的发展，同时可以增加政府的财政收入。

(四)预扣税

预扣税是由东道国政府对本国居民或经济法人向外国投资者和债权人支付的股息和利息所征的税。税款通常是在对方收到这笔收入之前就已经扣除了。例如，某企业向国外投资者支付10万美元的股利，预扣税税率为10%，则该公司只需向国外投资者支付9万美元，还有1万美元由该公司代表该国政府以预扣税的形式预先扣除。

二、国际避税与反避税

国际避税是指跨国纳税人利用各国税法条款上的差异，以合法的手段变更纳税地点和经营方式，以规避或减轻纳税义务的行为。国际避税不是一种违法行为，而是在钻各国税收法规的空子，是跨国公司积累资本的手段，也是各国政府国际经济关系中较为棘手的问题。由于国际避税会影响各东道国的财政收入，所以各国都采取措施防止和制止国际避税现象的发生，即国际反避税。

(一)国际避税产生的原因

国际避税的产生既有主观方面的原因，也有客观的原因。

在主观上，跨国纳税人减轻税负、追求税后所得最大化是其内在的动因。在所得一定的情况下，减轻纳税义务，对跨国纳税人来讲，意味着税后利润的增加、个人收入或财富的增加，而税后所得最大化是所有跨国纳税人跨国经营追求的共同目标。

在客观上，各国税收制度之间存在一定的差异，以及由此导致的税负程度轻重不一，为跨国纳税人得以避重就轻、少承担纳税义务提供了条件。各国税收制度之间存在的差异主要表现在：对纳税人的概念以及纳税义务的规定不尽一致；各国课税程度和方式的差异；不同国家课税范围的差异；各国税率和税基的差异；各国采用的避税和减除国际重复征税方法上的差异；各国税法执行程度的差异等。

(二)国际避税后果

在国际税务领域，避税逐渐成为具有国际化的一种普遍现象。越来越多的跨国纳税人在跨国经营中，通过对有关国际税法和税收征管工作的研究，从国际投资可行性调研到投资经营的每一过程，无时无刻不在利用各种合法方式规避国际税收，由此也产生了诸多不良的后果。例如，侵害有关国家的财政利益，造成这些国家财政收入的流失；损害税负公平的原则，导致跨国纳税人的不平等竞争和资本投资的国际非正常流动；引发国际税收权益分配的矛盾，影响国际更大范围的经济往来与合作；加剧世界经济发展的不平衡状况等。因此，研究跨国纳税的国际避税方法，加强国际税务领域的交流与合作，采取行之有效的反避税措施，成为世界各国政府税收征管工作中面临的重要问题。

(三)国际避税方法

目前，国际上流行的避税方法主要有以下几种：

1.转移课税主体

转移课税主体是跨国纳税人为摆脱或规避高税收国居民税收管辖权，以减轻税负为目的，而对课税主体的转移行为。其常见的方式有：

(1)跨国法人转移或逃避其母国。

(2)跨国法人住所的转移，包含虚假迁出、住所的真正转移等方面。

(3)跨国公司主体的变相转移，在纳税主体仍在居住国的条件下，建立信箱公司和开展中介业务。

2. 滥用税收协定

对于非缔约国居民设法享受缔约国之间税收协定中优惠待遇的现象，国际上称为滥用税收协定。最常用的做法是跨国纳税人将一国向另一国的投资，通过第三国迂回进行，以便从各国的税收协定和不同国家税法的优惠中受益。

3. 转移课税客体

转移课税客体是利用各类纳税客体跨越国境的流动以及特殊的非流动方式，以摆脱或规避税收的行为。具体方式有：

(1)避免成为常设机构。

(2)利用常设机构转移收入和费用。

(3)利用避税地。

(4)利用关联企业转移定价，转移收入和费用。

(5)客体非转移避税，包括利用延期纳税规定、精心选择国外的经营方式、利用东道国的税收优惠政策等。

4. 选择有利的组织形式

当一国法人居民对外投资时，是建立子公司还是分公司或其他分支机构，其在投资国的法律地位是不一样的。子公司在投资国具有法人地位，是独立的纳税实体，可以在所投资国享受较多的税收减免优惠待遇，但要接受所在国政府的监督和管理，其分配股息需缴纳预提所得税。分公司或其他分支机构在所投资国一般不具有法人地位，只是总公司的一个分支机构或派出单位，其财务资料不要求全面公开，可以避免对利息或股息缴纳预提所得税，但不享受法人公司所享受的税收优惠政策。因此，不同的组织形式，有利有弊，选择有利的组织方式，也是合理规避国际税收的一种方式。通常，跨国纳税人在建立分支机构时，起步阶段主要采取分公司或其他分支机构形式；进入正常盈利阶段后，一般又改为子公司，以享受所在国税收优惠，达到避税目的。当然，这种选择并不带有随意性，是受所投资国一定法律条件限制的。

5. 不合理保留利润

通过不合理保留利润避税，主要是利用各国税法中一些关于延期付税规定，以不分或少分股息的手段，相应地推迟或减少跨国公司来源于境外子公司的利润所应缴纳的税款。这样，跨国公司实际上得到了一笔无息贷款。这对正好缺乏资金的公司而言，无疑是非常重要的，而且跨国公司有意识地降低应分股息比例，等于降低了所得税的实际课征率。

(四)国际反避税方法

基于国际避税的普遍存在，及其对国民经济产生的不良后果，各国政府针对跨国纳税人的纳税活动采取了一些反避税措施。主要包括加强和完善税收立法的单边措施，也包括签订各种国际税收协定，加强政府之间合作的双边和多边税收合作。

1. 单边反避税方法

为了有效地防范国际避税，不少国家制定了单边反避税方法，其主要内容包括：

(1)从税务上制定具体措施，如在税法中规定纳税人有向政府提供情报的义务，以及纳税人进行某些交易需政府批准。

(2)不断完善税法，取消延期纳税，控制子公司在国外经营利润长期滞留在避税地，防止关联企业之间利用转移定价避税。

(3)强化税收征管，成立专门的反避税机构，加强对纳税人银行账目的审计。

2. 双边与多边反避税方法

在国际反避税斗争中，仅仅只靠各个国家制定单边反避税方法是难以收到预期效果的，必须要加强各国政府间的双边和多边合作。

国际双边和多边合作主要是签订国际双边或多边税收协定，通过相互交换情报反避税。其中由国际联盟、经济合作与发展组织、欧盟、联合国等国际组织牵头制定的多边国际避税防范措施对国际避税起到了重要的作用。然而，当前有许多国家没有签订税收协定，甚至对此持消极的态度，所以反国际避税合作的有效性很差。

主要概念

International Financial Management: It is a new field of financial management, which is in accordance with the relevant provisions of international conventions and international economic law, and is an economic management organization of financial activities of international enterprises in dealing with financial relationships and financial transactions, according to the characteristics of the financial revenue and expenditure of international enterprises.

Foreign Exchange Risk: The uncertainty to the transactions that brought by the change of exchange rate.

International Tax Avoidance: Behaviors of transnational taxpayers to avoid or reduce tax obligation, using the differences between tax law provisions, and using legal means to change the tax payment place and the operation mode.

思考与练习

1. 国际财务管理的特点是什么？
2. 避免外汇风险的方法有哪些？
3. 国际企业筹资方式有哪些？
4. 直接投资与间接投资的划分标准是什么？
5. 如何理解国际企业合理避税与国际反避税的关系？

案例阅读

案例阅读 1 —— TCL 的国际化道路

一、通过并购快速实现国家化

有媒体将 2004 年称为中国企业国际化的元年，TCL 也是在这一年通过收购法国汤姆逊公司的彩电业务从而被视为中国企业进军国际市场的重要一步。其实，早在 2002 年，TCL 就以 820 万欧元全资收购了德国电器公司施耐德，踏上了国际化的征程；2003 年上半年，TCL 收购美国渠道商 GO-VEDIO 公司。

将企业做大、做成国际化的企业是 TCL 的目标，而促使其“走出去”有两方面的客观动因：一方面是加入 WTO 后，中国市场逐渐成为国际市场的一部分，但无论在彩电还是手机市场，TCL 都未掌握核心技术，在面临国际厂商的强大竞争压力下，TCL 只有寻求技术上的快速突破，才能在市场中立于不败之地；另一方面则源于市场竞争，中国国内的彩电、家电、PC 机等行业竞争日趋激烈，利益逐渐淡薄，处于边际收益递减的阶段。但通过单纯的产品外销行不通，因为当时美国和欧洲对中国的彩电实施反倾销，对家电企业的跨国发展造成很大的障碍。在这种情况下选择收购汤姆逊公司对规避反倾销和专利费困扰具有重要作用。2004 年 1 月 29

日，TCL 收购汤姆逊彩电业务，成立 TTE，并于当年 8 月正式运营。

2004 年 4 月，TCL 又收购了法国阿尔卡特移动电话业务，成立合资公司，阿尔卡特注入 4 500 万欧元现金和 600 名法方员工，在合资公司中持有 45%的股份。2004 年 9 月 27 日，TCL 通讯科技控股有限公司在香港联交所主板上市，至此，TCL 已在市场中树立起国际化企业的形象。

二、国际化后面临的难题

虽然在 2004 年的两次并购后，TCL 已成为全球第一大彩电生产厂商和第七大手机生产厂商，但其在深圳和香港两大上市公司的股价表现却一直低迷。进入 2005 年，TCL 三只上市公司的股价都创历史新低。一年之内，TCL 的股价巨幅缩水，从最高时的 9.46 元跌至 2005 年 2 月的 3.23 元，2005 年 4 月 14 日报收于 3.40 元，累计跌幅达 64%。剔除当时内地股市的整体低迷因素，TCL 集团的股价也呈现出超跌态势。与此同时，香港股市 TCL 的表现也不令人满意，TCL 通讯自上市以来股价一直下滑，在半年的时间内跌幅达 60%。

股价的走势反映出投资者对公司的看法，相应地，包括银河证券、瑞银华宝等在内的许多大证券公司也开始调低对 TCL 的评级，如瑞银华宝、花旗美邦将 TCL 在香港两家上市公司的投资信用等级，由“买入”调低至“中性”，德意志银行给予“减持”评级。

股价下跌的背后隐藏着公司业绩不佳的事实。2004 年第三季度业绩报告显示，由于 TTE 海外业务和手机业务的亏损，TCL 多媒体(即原 TCL 国际)在第三季度净亏损达到 5 900 万港元。从 2004 年公司的业绩快报来看，由于为公司手机业务提取存货跌价准备合计 2.18 亿元，造成 2004 年度净利润同比下降 56.9%，与此同时，公司利润总额、每股收益、净资产收益率分别下降 78.63%、73.47%和 20.71%。业绩发布后，TCL 股价一度跌停，收盘暴跌 7.86%。2004 年，TCL 虽然主营业务收入上涨 44.68%，但利润增长率仅为 37.62%，有分析师指出，TCL 收购汤姆逊后，肯定会出现销售收入大幅上升，但利润增长并未跟上，应该归结为三季度合资公司正式运营后，在欧美市场出现的亏损。

瑞士信贷第一波士顿的一份研究报告指出，尽管 TTE 的成立使 TCL 引起了全球的兴趣，但由于 TCL 不得不将其在中国内地市场的电视机利润补贴到汤姆逊的业务中，TCL 多媒体(即原 TCL 国际)的股东回报无疑将在未来两年内被稀释。与此同时，由于 TCL 将手机业务从 TCL 国际剥离造成的营业收入下降，汤姆逊电视业务的亏损以及 30%的新收益将归于汤姆逊公司，这种长期通力合作的优势并未显著表现出来，2004 年和 2005 年的每股利润将不可避免地下降 21%和 53%。

TTE 占到了 TCL 业务量的一半以上，但其欧美业务却处于总体亏损的状态。TTE 欧洲业务可以分为两块：一是由 TTE 欧洲负责，在西欧和东欧销售汤姆逊、SABA 等其他品牌的彩电，业务覆盖 8 个国家。销售团队及运营机构庞大，成本较高，2005 年以及 2006 年上半年亏损约为 1.3 亿欧元。二是由战略 OEM(代工生产)负责，产品以汤姆逊和其他品牌为主，大部分销往俄罗斯、东欧国家和土耳其，虽然业务量不大，但由于其供应链简单，成本费用低，故处于盈利状态。

从国际经验来看，如果并购不能在一年之内顺利完成整合，成功的可能性就大大降低。并购完成之后，TCL 的掌门人李东生的目标是在 18 个月内实现扭亏。这就意味着在有限的时间里，TTE 要整合原来汤姆逊在全球的研发、生产部门和销售渠道，并将之和 TCL 原有的彩电业务部门打通，实现全球范围内统一资源、采购、生产和研发，形成协同运作的平台并发挥出效益。但整合不是简单的业务拼接，TCL 在亚洲一些新兴市场的经验也无法复制到欧洲市场。对此，TCL 集团首席运营官、TCL 移动总经理袁信成，面对员工坦然承认：“客观来看，TCL 这些年尽管成长很快，但在系统管理的改善方面还很欠缺。”

手机业务方面的情况也不容乐观，据估算，2004 年度 TCL 通讯的人力成本是每增加一名员工就增加了 52 万港元的费用，由并购形成的高额的人力费用后来成为 TCL 的大“包袱”。2005 年净亏损高达 16.08 亿港元。

截至 2006 年 9 月，TCL 多媒体在欧洲的业务已经累计亏损 1.59 亿欧元，并成为 TCL 集团亏损最主要的原因，而且公司还面临着如果 2007 年继续亏损，股票将被 ST 处理的风险。国际市场的不景气也影响 TCL 中国区的业绩。从 2006 年半年报来看，中国区上半年销售彩电 374 万台，相比上年同期下降了 10%。

三、通过重组渡过危机

2005年5月，TCL通讯收购与阿尔卡特合资的手机公司，使其成为自己的全资子公司。条件之一就是阿尔卡特接收除欧洲区销售员外的绝大部分法方人员，从而甩掉人力费用的"包袱"，并获得了完全的资源调配权。此后，海外销量快速上升，到2005年年底占集团总销量的80%以上。而针对国内市场急剧萎缩的销量，TCL采取了压缩渠道、裁剪人员等措施，2006年第三季度，TCL通讯在国内市场上开始扭亏为盈。

TTE欧洲业务巨亏不只是影响TCL多媒体的主要原因，从年报来看，2004年度，欧洲业务的亏损只有几百万人民币；2005年欧洲业务亏损5.5亿元人民币；而到2006年上半年，欧洲业务亏损7亿多人民币。公司内部人士认为并购汤姆逊彩电业务之初，TCL管理层对欧洲市场的难度估计不足，而将主要力量集中在北美亏损，但事实上，欧洲的运营成本高，特别是员工工资高，加之彩电业近几年一直处于低利润期。另一个重要原因则在于TCL欧洲的业务体系反应过慢，TCL大量生产的普通显像管电视在液晶电视日渐风行的欧洲销售非常困难。

2006年10月31日，TCL宣布对连续两年巨亏的TTE欧洲业务进行重大重组。TCL集团品牌管理中心新闻总监对于重组是这样定位的："重大计划并不意味着TCL公司将退出欧洲市场，欧洲仍然是TCL全球战略的重要组成部分，不管是现在还是未来，都不会放弃欧洲。重组只是针对目前业务模式进行重新设计。"公司希望通过重组改组多媒体业务以减少进一步亏损，也被市场认为是TCL进行的"止血"行动。

重组欧洲业务的核心在于：除OEM业务外的所有电视机销售和营销活动终止；对TTE欧洲公司目前在欧洲从事欧洲业务的大部分员工进行重组；TCL多媒体将以新的业务模式，即扩展其在欧洲现有的OEM业务为主要目的。TTE欧洲也认为此次重组并非一个简单的"扭亏"计划，而是要对欧洲业务模式的彻底调整。主要是业务经营方式的变化，使之更加贴近市场、满足零售商和其他客户的需要。新的业务模式将专注于针对客户的产品开发和创新；满足高标准的市场投放时间及出货的高效率系统；组织精干，加强成本竞争力。

自2006年11月起，TTE欧洲公司已基本无实质性的经营活动，而TCL多媒体已经在欧洲设立了新的以OEM业务为主的公司，其中波兰工厂就接到了来自冠捷科技180万台平板电视OEM的订单，新公司的运营与原TTE欧洲公司的清算没有任何关系。2007年5月24日，TCL多媒体的全资子公司TTE欧洲公司向法国商业法庭提出了清算申请，从而结束TTE欧洲业务，以帮助TCL多媒体实现扭亏目标。

2005年开始，TCL国际收入超过国内收入，标志着TCL已初步形成国际企业架构。2007年年底，TCL实施了集团产业重组，建立了多媒体、通信、家电、部品4个产业集团，以及房地产投资和物流服务两个第三产业业务群，这种"4+2"的业务架构重组，优化了资源配置，使集团业务架构更为清晰。经过3年的国际化整合，TCL彩电（多媒体）在中国、新兴市场、欧洲和北美的产业布局与渠道架构基本形成。2007年，TCL彩电全球产量超过1 500万台，TCL品牌彩电全球市场份额达5.8%，位居全球前五。这种全球化的业务架构使得TCL有能力在彩电领域和全球领先企业展开竞争。

2010年3月10日公布的2009年年报带来了一个好消息：TCL实现了2004年国际化并购以来的首次收入正增长。数据显示，TCL集团2009年实现营业收入442.95亿元，其中销售收入429.19亿元，同比增长14.86%；实现净利润4.70亿元，扣除非经常性损益后的净利润为2.13亿元，同比增长213.39%；实现经营性现金流入7.38亿元，同比增长46%。

2004年TCL并购阿尔卡特手机业务时，其手机海外销量仅有700万部。2006年、2007年，TCL通讯在海外手机销量已经连续两年超过1 000万部。2010年第一季度TCL通讯在海外销售了534万台手机，占比达到了92%，而且与沃达丰、ORANGE在内的主要电信运营商进行了ODM（Original Design Manufacturer）手机业务的合作，有望跻身手机一线品牌的阵营。

资料来源：王化成.高级财务管理（第三版）[M].北京：中国人民大学出版社，2011.

【思考与讨论】

1. 你认为TCL在国际化经营方面有哪些经验可以借鉴？
2. 你如何看待TCL对TTE欧洲业务的重组？
3. 在这个过程中TCL应重点解决的问题是什么？

案例阅读2——中信泰富衍生金融工具投资损失案分析

随着经济全球化进程的加快，企业对外投资、进出口等业务都广泛涉及外汇的兑换，国际企业不可避免地会面临汇率风险。然而，由于我国现代金融业起步较晚、发展滞后，金融工具和金融监管与西方发达国家之间的差距巨大，我国国际企业对创新金融工具，尤其是对金融衍生工具往往并不十分了解。加上西方投资银行利用知识和信息的不对称，对国际企业进行欺骗利用，使国际企业频繁出现巨大的投资亏损。2008年，中信泰富投资累计外汇期权就造成了巨大的亏损，影响广泛。

一、事件回顾

2006年3月，中信泰富购入坐落在西澳皮尔巴拉地区的磁铁矿石开采权。据中信泰富公告称，该项目计划于2009年或2010年开始为其特钢厂提供稳定的铁砂矿来源；该项目截至2010年的资本开支为16亿澳元，2010年投产后每年的营运开支为10亿澳元，因而对澳元有稳定的需求。为减低西澳铁矿石项目和欧洲相关投资项目面对的货币风险，2006年至2007年间，中信泰富投资了4种杠杆式外汇合约（澳元累计目标可赎回远期合约、每日累计澳元远期合约、双货币累计目标可赎回远期合约和人民币累计目标可赎回远期合约），并分别与花旗银行、渣打银行、美国银行、巴克莱银行、法国巴黎银行香港分行、摩根士丹利资本服务等13家银行共签下了24款外汇累计期权合约，其中的部分合约2008年才进入执行期。

2008年10月20日下午，中信泰富召开新闻发布会，称公司为了减低西澳铁矿石项目面对的货币风险而签订的以对冲风险为目的的杠杆式外汇买卖合约，由于目前澳元汇率为0.70美元，而欧元汇率为1.35美元，该合约面临亏损，按目前市值计价，中信泰富将面临18.8亿美元的亏损（亏损近155亿港元，其中包括8.07亿港元的已实现亏损和147亿港元的估计亏损），而且亏损有可能继续扩大。2008年10月21日，中信泰富的股价暴跌55%，公司在两个交易日中市值蒸发掉了2/3，成了在2008年全球金融危机中首批“中箭落马”的中国企业。

二、中信泰富亏损及亏损原因分析

（一）亏损分析

中信泰富为降低西澳铁矿石项目面临的货币风险而签署的4种累计期权杠杆式外汇合约，杠杆倍数多为2.5倍，合约的收益与风险不对等。导致中信泰富亏损严重的杠杆式外汇衍生合约包括：

(1)澳元累计目标可赎回远期合约。与澳元兑美元汇率挂钩，中信泰富可以行使的澳元兑美元的汇率为0.87。当澳元兑美元汇率高于0.87时，中信泰富可以0.87的比较便宜的汇率获得澳元，赚取差价。但是每份合约都有最高利润上限，当达到这一利润水平时，合约自动终止。该公司持有的2010年10月到期澳元合约理论上的最高利润额为5 150万美元（约合4亿港元）。但当澳元对美元不断贬值时，中信泰富却无法单方面终止合约，需不断以高汇率接盘，直到接货总量达90.5亿澳元为止（相当于超过485亿港元）。

(2)双货币累计目标可赎回远期合约。中信泰富必须以0.87的澳元兑美元的汇率或者以1.44的欧元兑美元汇率，按照表现更弱的一方来接盘澳元或者欧元，直到2010年7月，按此计算需接盘的总量达2.97亿澳元（相当于超过15亿港元）。

(3)人民币累计目标可赎回远期合约。参考美元兑人民币汇率6.84计算盈亏。

分析表明，中信泰富所有的合约加起来可能获得的最高收益还不到4.4亿港元，但楼盘外币的数量则超过500亿港元，收入与风险完全不匹配。

（二）亏损原因分析

1. 外汇风险规避工具选择不当

(1)选择的杠杆式外汇合约计算模型复杂，风险定价不精确。澳元累计目标可赎回远期合约的风险与收益是严重不对称的，它不同于传统的衍生工具，它作为一系列期权的组合，一般为买入一个看涨权和多个看跌期权。这在上涨情况下使投资者以低于市场价格买入标的资产从而获得利润，一旦下跌，其亏损将是成倍增加的。

(2)交易金额巨大。根据中信泰富披露的公司需求，签订一份交易金额不到30亿澳元的合约就可以覆盖其对澳元的需求，但却签下总额高达94.4亿澳元的合约；对欧元的需求量仅为8 500万欧元，但签下的合约总额高达1.604亿欧元。

(3)选择的工具品种单一。虽然企业通常需要定制产品来满足其特定需求，但在定制产品过程中，企业自身发挥主导作用，在很多情况下，通过对远期、期货、互换、期权等进行组合，也可以达到企业特定的套期保值需求，而不一定非得要这样一个累计目标可赎回远期合约。

(4)名为套期保值，实为投机。中信泰富事发后声称，与国外投行签订澳元外汇合约是为了套期保值，规避其在西澳铁矿石项目上的汇率风险。但签订的合约需接收94.4亿澳元总额远大于该项目预计所需的约30亿澳元总量，与合约本身的财务性质相悖；且如果澳元大幅上涨，交易对手却可以通过“敲出障碍期权”而取消合约，使得“套期保值功能”终止。

(5)高技能人才缺乏。缺乏大量懂金融衍生工具的专业金融人才，在外汇交易方面从理论到实践经验都欠缺，导致企业在实现经营和投资的战略目标时，无法确定选择外汇对冲的最佳策略和科学方法，无法设定风险模型与相关分析量风险和找出隐藏的风险，从而规避风险。

2. 制度缺失

从根本上而言，中信泰富亏损的原因为制度缺失，尤其是内控制度存在较大瑕疵。

(1)董事会制度。据中信泰富披露，其组织形式规范的董事会里，存在诸多问题：一是董事长大权在握，控制着董事会。二是独立董事制度失去作用。中信泰富亏损事件中，独立董事的角色与责任不明，事前监督、事后控制作用无法体现；独立董事制度流于形式，未能起到决策咨询、强化监督董事会的本质功能。三是董事会高管巨额薪酬。在一定程度上刺激了中信泰富采取激进的经营投资风格。

(2)内部授权制度。具体表现在：一是缺乏明确的授权。中信泰富的公告称此事件源于财务董事未遵守公司对冲风险政策，且在交易前未按规定取得批准，超越权限导致公司亏损。二是授权权限不明。合同中只规定盈利的上限，却没有规定止损点。在交易中需随时关注各种影响交易的因素的变化，并及时采取应对措施。2008年7月中下旬澳元开始下跌，中信泰富在以后长达3个月的时期内未及时制止进一步的亏损。在事件发生后仍没有及时平仓。

(3)风险管理制度。主要体现在：一是缺乏交易前的风险识别与评估。据中信泰富公告称，公司在进行衍生工具交易时由于先前澳元汇率处于上升趋势，就没有评估澳元贬值所构成的风险；在签订合约时既未详细检查和评估合同风险，也未请财务顾问和法律顾问查看合同详情；同时，一些银行在以往与中信泰富的有关交易中推销产品时，没有将风险彻底向中信泰富解释清楚，存在误导的可能。这在一定程度上反映出该公司整个企业风险理念的缺乏。二是合约签订后的持续时期对其相关风险的关注不够。合约签订后，公司应继续关注影响风险的因素并评估其发生的概率和损失的金额。在中信泰富的这项交易中，公司应密切关注影响澳元兑换美元的汇率的政治、经济等事项。2008年7月下旬，国际货币市场出现异动，澳元兑换美元掉头下跌。此前市场普遍认为澳元会升值，用远期合约锁定收益是合理的。但金融危机使美元升值，在长达3个多月的跌势中，中信泰富的交易人员以及相关的机构一直没有采取措施，而是赌博澳元汇率会上升，充分说明持续关注的欠缺。

资料来源：裘益政，竺素娥. 高级财务管理(第二版)[M]. 上海：立信会计出版社，2013.

【思考与讨论】

1. 除了案例中所提及的两个原因之外，你认为导致中信泰富投资亏损的原因还有哪些？其中最主要的原因是什么？

2. 结合案例资料，谈一谈如何完善中信泰富的内部控制制度？

第十章　企业破产

要点提示

- 企业破产的定义和程序。
- 企业财务预警的分析方法。
- 债务重组、财务重整的概念及区别。
- 破产清算财产和债权的界定。

第一节　财务失败

一、企业失败与财务失败的概念

企业失败是指由于外部环境和内部条件的不断变化，企业不再能有效地完成投入产出功能，最终失去生存的基础，被市场所取代，从而在法律上、市场上消失。企业失败可以分为经济性失败和财务性失败两大类。如图10－1所示，经济性失败是指企业生产经营所产生的税后收入不足以弥补其生产成本，并使其投资收益率低于资本成本，从而使企业处于亏损状态而走向失败。对企业出现的经济性失败，应设法进行挽救。如果挽救无效，则只能转入清算。财务性失败是指企业不能履行对债权人的契约责任，也即一个企业无力偿还到期债务的困难和危机。

财务失败是引发企业失败的一个重要因素，但企业失败并不等同于财务失败，企业失败是从整个企业的角度出发的，既包括经营失败又包括财务失败；而财务失败仅从财务角度出发，是指由于负债经营而导致的财务风险。一般来说，企业失败往往同时存在着财务失败，而财务失败往往是企业失败的导火索。

财务失败的具体情况和严重程度是不相同的，根据资产总额与负债总额的关系分为技术性失败和经济性破产。如图10－1所示，技术性失败是指资产总额超过负债总额，但由于资产结构不合理，流动性差，无法及时偿付当期债务，从而陷入财务危机。对这种暂时性财务危机，

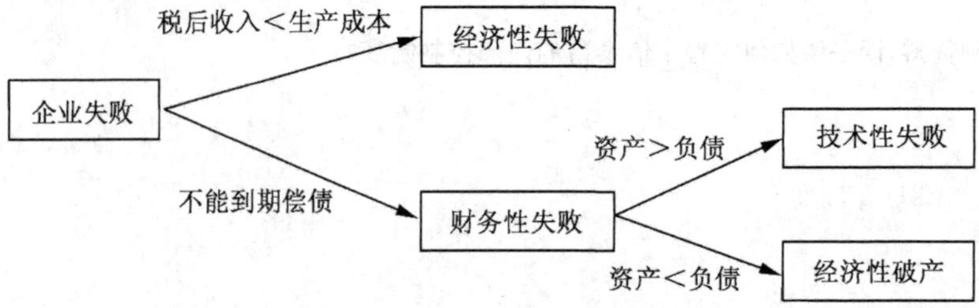

图10－1　企业失败与财务失败的关系

可通过有效的补救方法使企业免于清算，如果补救无效，则企业就要被迫停止经营，进行清算。经济性破产则是指负债总额超过其全部资产的公允价值，使企业的净资产出现负值而导致企业被迫清算。这时，企业将按照法定程序转入破产清算，按优先顺序，对净资产进行分配，使债权人尽可能多地收回资产。

二、企业财务失败的表现及原因

企业财务失败表现在许多方面，包括股价急剧下跌、延期支付货款、总资产和收益急剧下降等。企业财务失败的集中表现是企业不能按时偿还到期债务。财务失败一般源于企业内、外部因素的影响，但在正常的市场经济条件下，外部因素对每个企业来说基本上都是公平的，因此应注重从企业内部探讨财务失败的原因。企业财务失败的内部原因主要有：

（一）经营管理不善

尽管企业失败的原因很多，有企业无法左右的政治、经济、自然等外部原因，但最为主要的原因在于企业内部缺乏竞争力和经营管理不善。根据国外的统计，90%以上的企业失败可以归因于管理上的无能，而地震、水灾、火灾等意外事件致使企业失败的仅为5%。在当今复杂多变的经营环境下，企业经营战略正确与否，是决定企业生存和发展的关键。有些企业管理者，为了自身的利益，不愿承担风险，不愿意为效益好的项目筹资，使得企业的经营目标难以实现，加大企业的财务风险；而另一些管理者则不切实际地冒险进行投资决策，管理不善、亏损严重，最后因资不抵债而走向破产。

（二）财务决策失败

财务决策的优劣，直接影响着财务运行的成败。财务决策一般包括投资决策、融资决策和股利决策，它们的最优组合将使得企业对于所有者的价值变得最大，而其中任何一项决策的失误，都将会导致企业财务负担沉重，偿付能力严重不足，如过度负债、企业资本结构不合理等。在企业资产收益率较高的情况下，适度负债不仅不会导致财务失败，而且有利于企业获得财务杠杆效益。但如果一个企业权益资本不足，或盲目追求规模经济效益和财务杠杆效益而过度负债，一方面会增加企业偿还债务的负担，另一方面，企业所有者和债权人会因投资风险加大而要求增加投资收益，从而使企业财务负担进一步加重，偿债能力进一步降低，不能偿还到期债务的可能性进一步加大。资本结构不合理也会增加企业偿债负担，造成财务失败。一般而言，企业的短期债务资金应当用于流动资产，如果企业把通过举债筹集的短期债务资金投资于变现能力差的固定资产或其他长期资产，导致长期资产在全部资产中所占比重过高，就会降低资产的流动性，增加企业偿还债务的负担，造成偿债困难。

（三）财务约束失败

市场经济条件下，企业约束主要包括财务约束、市场约束、计划约束。企业财务失败主要是由财务约束的软化造成的，如会计利润指标存在的固有缺陷，诱发企业的短期行为和造假；信用等级低下，导致举债艰难等。在市场经济条件下，举债是一种信用活动，一个信用等级高的企业，举债是很方便的，当债务到期需要偿还而又缺乏现金时，可顺利实现借新债还旧债。如果一个企业信用等级低下，借新债还旧债必将困难重重，财务危机将难以避免。

三、财务失败预警

（一）财务失败预警的概念

财务失败预警，也称为财务预警，是指借助企业提供的财务报表、经营计划及其他相关会计资料，利用财会、统计、金融、企业管理、市场营销理论，采用比率分析、比较分析、因素分析及多种分析方法，对企业的经营活动、财务活动等进行分析预测，以发现企业在经营管理活动中潜在的经营风险和财务风险，并在危机发生之前向企业经营者发出警告，督促企业管理当局采取有效措施，以避免潜在的风险演变成实际损失，起到未雨绸缪的作用。进行财务预警分析，建立企业财务预警模型已成为现代企业财务管理的重要内容之一。建立财务预警系统对于强化财务管理、避免财务失败和破产，具有重要意义。

(二)财务失败预警系统的功能

1. 监测功能

跟踪企业的生产经营过程，将企业生产经营的实际情况同企业预定的目标、计划、标准进行对比，对企业营运状况做出预测，找出偏差，并分析产生偏差的原因或存在的问题。当危及企业财务的关键性因素出现时，便可提出警告，让企业经营者早日寻求对策，以减少财务损失。

2. 诊断功能

诊断是财务预警体系的重要功能之一，是根据跟踪监测的结果，运用现代企业管理技术、企业诊断技术对企业营运状况之优劣做出判断，找出企业运行中的弊端及其病根之所在。例如，某家企业的流动比率恶化，导致财务经理频繁调动资金以应付日常财务周转。

3. 治疗功能

通过监测、诊断、判断企业存在的弊病，找出病根之后，就应对症下药，以更正营运中的偏差或过失，使企业回复到正常运转的轨道。一旦发现财务危机，经营者就要通过内部挖潜或积极寻求外部财源来阻止财务危机继续恶化下去。

4. 健身功能

通过预警分析，企业能系统而详细地记录财务危机发生的缘由、处理经过、解除危机的各项措施，以及处理反馈与改进建议，作为未来类似情况的前车之鉴。这样，将企业纠正偏差与过失的一些经验、教训转化成企业管理活动的规范，以免重犯同样或类似的错误，不断增强企业的免疫能力。

但是，财务预警系统却无法替经营者解决财务营运的问题，这是经营者对财务预警制度必须有的认识。

(三)财务预警的分析方法

为了监测和预报财务危机，国内外学者运用不同的预测变量，采用各种数学工具和方法，建立了大量的财务预警方法和预警模型。下面介绍几种主要的财务预警方法和模型。

1. 定性分析法

(1)标准化调查法。又称风险分析调查法，即通过专业人员、调查公司、协会等，对公司可能遇到的问题进行详细的调查与分析，并形成报告文件供公司管理者参考的方法。

该方法的优点是在调查过程中所提出的问题对所有公司或组织都有意义，普遍适用；它的缺点是无法针对特定公司的特定问题进行调查分析。另外，调查时没有对要求回答的每个问题进行解释，也没有引导使用者对所问问题之外的相关信息做出正确判断。

(2)“四阶段症状”分析法。公司财务运营情况不佳，甚至出现财务危机是有特定症状的，而且是逐渐加剧的，财务运营病症大体可以分为四个阶段，即财务危机潜伏期、发作期、恶化期、实现期，每个阶段都有反映危机轻重程度的典型症状，如果企业有相应情况发生，就一定要尽快弄清病因，采取相应措施，以摆脱财务困境、恢复财务正常运作。“四阶段症状”分析法的具体内容如表 10－1 所示。

表 10－1　　“四阶段症状”分析法

财务危机潜伏期	财务危机发作期	财务危机恶化期	财务危机实现期
①盲目扩张 ②无效市场营销 ③疏于风险管理 ④缺乏有效的管理制度，企业资源分配不当 ⑤无视环境的重大变化	①自有资本不足 ②过分依赖外部资金、利息负担重 ③缺乏财务的预警作用 ④债务拖延偿付	①经营者无心经营业务，专心于财务周转 ②资金周转困难 ③债务到期违约不支付	①负债超过资产，丧失偿付能力 ②宣布倒闭

(3)流程图分析法。流程图分析是一种动态分析方法，对识别公司生产经营和财务活动的关键点特别有用，运用这种分析方法可以暴露公司潜在的风险。在公司生产经营流程中，必然存在着一些关键点，如果在关键点上出现堵塞和发生损失，将会导致公司全部经营活动终止或资金运转终止。在画出的流程图中，每个公司都可以找出一些关键点，对公司潜在风险进行判断和分析，发现问题及时预警，在关键点处采取防范的措施，才可能有效降低风险。

(4)管理评分法。美国的仁翰·阿吉蒂调查了企业的管理特性及可能导致破产的公司缺陷，按照几种缺陷、错误和征兆进行对比打分，还根据这几项对破产过程产生影响的大小程度对它们进行了加权处理。

用管理评分法对公司经营管理进行评估时，每一项得分要么是零分，要么是满分，不容许给中间分。所给的分数就表明了管理不善的程度，总分是 100 分，参照管理评分法中设置的各项目进行打分，分数越高，则公司的处境越差。在理想的公司中，这些分数应当为零；如果评价的分数总计超过 25 分，就表明公司正面临失败的危险；如果评价的分数总计超过 35 分，公司就处于严重的危机之中；公司的安全得分一般小于 18 分。这种管理评分法试图把定性分析判断定量化，这一过程需要进行认真的分析，深入公司及车间，细致地对公司高层管理人员进行调查，全面了解公司管理的各个方面，才能对公司的管理进行客观的评价。

阿吉蒂管理评分法的理论基础是：由于管理不善所导致的企业灾难，其管理不善的种种表现就可以比财务反映提前若干年被发现。从评价项目可知，管理评分法是基于这样一个前提：即企业失败源于企业的高级管理层。该方法的优点是简明易懂、有效。当然其效果还取决于评分者是否对被评分公司及其管理者有直接、相当的了解。

2. 定量分析法

(1)单变量模型。单变量模型是指运用单一变量，用个别财务比率来预测财务危机的模型。按照这一模型，当企业模型中所涉及的几个财务比率趋于恶化时，通常是企业发生财务危机的先兆。该模型由美国学者威廉·比弗(William Beaver)于 1968 年提出。

单变量模型所运用的预测财务失败的比率，按其预测能力大小，预测财务危机比率依次排序为：债务保障率(现金流量/债务总额)、资产收益率(净收益/资产总额)、资产负债率(债务总额/资产总额)等。按照单变量模型的解释，企业的现金流量、净收益和债务状况不能改变，并且表现为企业的长期的状况而非短期因素。根据这一模型，跟踪考察企业时，应对上述比率的变化趋势予以特别注意。

但是，单变量模型有以下缺点：①企业的财务状况不可能通过单一财务比率就可以完全掌握；②单变量的研究未能对所产生的结果做进一步解释；③没有考察所有变量之间的相关程度；④受到行业区别、通货膨胀、地区区别、虚假会计信息的影响；⑤不能具体证明公司可能破产或何时破产。

在单变量模型的基础上，日本经营咨询诊断专家田边升一，在其所著的《企业经营弊病的诊治》一书中，提出了检查企业“血液”——资金的秘诀之一是“利息及票据贴现费用”判别分析法。利息及票据贴现费用的大小，即以企业贷款利息、票据贴现费用占其销售额的百分比来判断企业正常(健康)与否。具体情况如表10－2所示。

表10－2　　单变量模型之“利息及票据贴现费用”判别分析法

制造业	3%	5%	7%	10%
批发商	1%	3%	5%	7%
企业状况	健康型	维持现状型	缩小均衡型	倒闭型

(2)多变量模型。多变量模型主要包括Z计分(Z-score)模型和F分数模型。

①Z计分模型。美国的爱德华·阿尔曼(Edwards Altman)在20世纪60年代中期建立了多元线性判别法预警模型Z计分模型，以衡量企业破产的可能性。其基本思路是：把所选择的五种财务比率，运用多离差分析法，合并入一个线性方程，以求得Z值，并据此对企业的安全性作出判断。Z计分模型如下：

$$Z=0.012X_1+0.014X_2+0.033X_3+0.006X_4+0.999X_5$$

式中：X_1＝(营运资金/资产总额)×100

X_2＝(留存收益/资产总额)×100

X_3＝(息税前利润/资产总额)×100

X_4＝(普通股和优先股的市价之和/债务总额)×100

X_5＝销售收入/资产总额

通过Z计分模型，阿尔曼实际上将反映财务风险的主要指标——偿债能力(X_1，X_4)和反映经营风险的主要指标——获利能力(X_2，X_3)及营运能力(X_5)有机地结合起来，以综合分析企业风险和全面预测企业破产的可能性。一般来说，Z值越低，企业面临的风险越大，发生破产的可能性越大。判断企业破产的临界值：Z值大于2.675，则表明企业的财务及经营状况良好，发生破产的可能性较小；Z值小于1.81，则表明企业已处于破产的边缘；Z值在1.81～2.675之间，则表明企业的财务及经营状况极不稳定，误判的可能性很大，阿尔曼形象地称之为“灰色地带”。

[例10－1]　某公司的相关财务数据表10－3所示。

要求：运用Z计分模型，对该公司的财务安全性进行判断。

表10－3　　某公司的相关财务数据　　单位：万元

项　目	金　额
营业收入	2 531 709
息税前利润	283 146
资产总额	786 126
营运资金	768 829
负债总额	421 164
留存收益	123 731
股票市价总额	1 268 151

解：$Z=0.012X_1+0.014X_2+0.033X_3+0.006X_4+0.999X_5$

$$Z=0.012\times\frac{768\ 829}{786\ 126}+0.014\times\frac{12\ 373}{786\ 126}+0.033\times\frac{283\ 146}{786\ 126}+0.006\times\frac{1\ 268\ 151}{421\ 164}+0.999\times\frac{2\ 531\ 709}{786\ 126}=3.26$$

Z 值大于 2.675，表明企业财务及经营状况良好。

之后，爱德华·阿尔曼对该模型进行了修订和扩展，建立了第二代 Z 模型，具体模型为：

$$Z'=3.25+6.56X_1+3.26X_2+6.72X_3+1.05X_4$$

式中：X_1＝营运资本/资产总额

X_2＝留存收益/资产总额

X_3＝营业利润/资产总额

X_4＝股东权益账面价值/债务账面价值

Z'分值与信用等级的对应关系为：AAA 为 8.15、AA 为 7.30、A 为 6.65，BBB 为 5.85、BB 为 4.95、B 为 4.15，CCC 为 2.50，D 为 0。企业的 Z'分值越高，其信用风险越低，信用等级就越高。

由于该模型使用简便、成本低、效果佳，曾一度被美国各商业银行广泛用于对客户的信用风险评估。但是 Z'评分法的预测效果随时间的长短而不一样，时间越短，准确率越高；反之越低。且这种方法的可靠性在很大程度上依赖于企业财务数据的真实性，进一步影响了它的推广。

②F 分数模型。我国学者周首华等对 Z 计分法加以改造，于 1996 年提出了财务预警的新模型——F 分数模型。模型的计算公式如下：

$$F=-0.177\ 4+1.109\ 1X_1+0.107\ 4X_2+1.927\ 1X_3+0.030\ 2X_4+0.496\ 1X_5$$

式中：X_1＝期末营运资本/期末总资产

X_2＝期末留存盈利/期末总资产

X_3＝(税后净利＋折旧)/平均总负债

X_4＝期末股东权益的市场价值/期末总负债

X_5＝(税后净利＋折旧＋利息)/平均总资产

五个变量中，X_1 反映企业资产的流动性；X_2 反映企业积累能力和全部资产中自留存盈利的比重；X_3 反映现金流量的还债能力；X_4 反映企业财务结构；X_5 反映企业总资产创造现金流量的能力。F 值如果大于 0.027 4，企业可以继续生存；反之将被预测为破产公司。

多变量模型除了以上介绍的 Z 计分模型、F 分数模型以外，还有日本开发银行的多变量预测模型、中国台湾陈肇荣的多元预测模型等。但是，这几种模型在实际中的应用并不广泛。就目前为止，Z 计分模型仍然占据着主导地位。

四、企业破产

（一）企业破产的概念

企业破产是市场经济条件下的一种客观经济现象，它是指企业在市场竞争中，由于各种原因不能清偿到期债务，通过重整、和解或者清算等法律程序，使得债权债务关系依据重整计划或者和解协议得以调整，或者通过变卖债务人财产，使得债权人公平受偿。

经济学意义上的破产，侧重于破产淘汰，是指企业由于管理无能、不明智的扩张、激烈的竞争、过高的负债等原因造成公司经营状况恶化，效益低下，在市场竞争中被淘汰。

法学上的破产，侧重于破产偿债，是指债务人不能清偿到期债务时，由法院强制执行其全部财产，公平清偿全体债权人，或者在法院监督下，由债务人与债权人会议达成和解协议，整顿复苏企业，清偿债务，避免倒闭清算的法律制度。

破产具有如下法律特征：(1)破产是清偿债务的法律手段。(2)破产以法定事实的存在为前提。(3)破产必须经法院审理，实现公平受偿，保护双方当事人的合法权益，通过法院宣告破产，债务人民事主体资格消亡。

(二)破产界定

破产界定是指法院裁定债务人破产的法律标准，又称为破产原因。破产原因是适用破产程序所依据的特定法律事实，是破产程序开始的前提，也是法院进行破产案件受理的实质要件和破产宣告的重要依据，具有以下特点：第一，它必须是实际存在的事实状态；第二，它必须是符合法律规定的事实状态。作为破产原因的法律事实，可以是单一的，也可以是复合的。

关于企业法人的破产原因，我国 2007 年 6 月施行的新《破产法》针对不同申请人、不同情形规定了三项内容：

(1)不能清偿到期债务，并且资产不足以清偿全部债务；

(2)不能清偿到期债务，明显缺乏清偿能力的；

(3)明显丧失清偿能力可能的。

在以上几种情况下，债务人可以向人民法院提出重整、和解或者破产清算。债权人也可以向人民法院提出对债务人进行重整或破产清算。

(三)企业破产的程序

企业破产的程序，包括以下几个程序(如图 10－2 所示)：

1. 破产申请的提出与受理

破产申请的提出，是当事人请求法院宣告债务人破产所作出的意思表示。根据法律规定，有权提出破产申请的当事人是指债权人和债务人。破产申请人提出申请，应向法院提交有关证据或资料。法院接到破产申请后，应立即进行审查。

审查包括两方面的内容：一是审查一般破产要件，即债务人有无破产能力，申请人有无诉讼能力、申请权以及法定代表人和诉讼代理人资格，法院有无管辖权，破产申请提出时有无破产障碍等。二是审查破产界限存在与否，申请人所述情况是否属实等。

2. 重整与和解

重整，是指不对无偿付能力的债务人的财产立即进行清算，而是在人民法院的主持下由债务人与债权人达成协议，制订重整计划，规定在一定期限内，债务人按一定的方式全部或者部分清偿债务，同时债务人可以继续经营其业务的制度。重整适用于所有类型的企业法人，是一个独立的破产预防程序。

和解是指破产程序开始后，债务人和债权人之间达成延期偿还债务、减少债务金额、进行企业整顿等协议，避免企业破产清算。

3. 破产宣告

破产宣告是受理案件的法院，依法裁定和宣布债务人破产的一项程序。企业被宣告破产，破产清算程序即行开始，并产生一系列法律效力。债务人成为破产人，债务人的财产成为破产财产。法院成立清算组，接管破产企业。

4. 破产清算

破产清算是破产宣告后，清算组在有关当事人的参加下，对破产企业的财产依法进行保管、清理、估价、处理和分配，了结破产企业债务的活动与程序。从经济学的角度看，企业清算的重要功能在于将资源配置到使用效率更高、经济效益更好的单位，从而实现整个社会资源配置的最优化。

5. 破产终结

破产终结是指破产企业无财产可分或破产财产分配完毕，由破产清算组提请法院结束破产程序，并向破产企业原登记机关办理注销登记的程序。

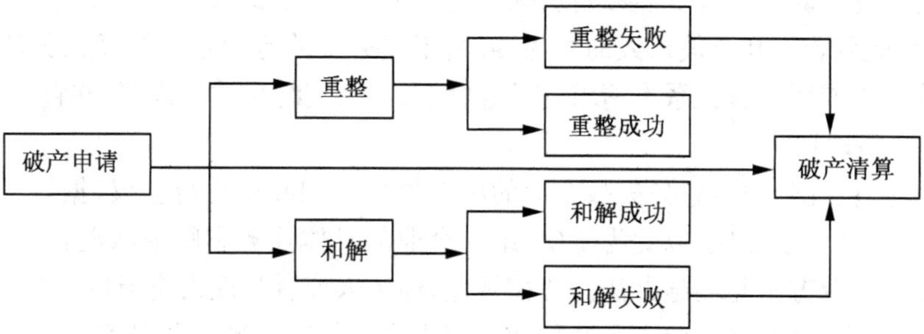

图 10—2　企业破产的程序

第二节　破产重组

当一个企业出现财务失败时，可以采取多种不同的挽救措施，这些方法大致可以归纳为两类：一类是非法律措施，包括债务展期、债务和解或准改组；另一类是法律措施，包括改组、破产清算等。出于社会安定、保护债权人利益不受侵害等方面的考虑，世界大多数国家不主张“破产清算”这种极端形式，企业从申请破产到最终破产清算，破产法尽可能为企业创造避免解体、再建恢复的机会，该程序在法律上称为重整与和解，统称为破产重组。

一、重整

(一)企业重整的含义及目的

企业重整，是指对陷入财务困境，但仍有转机和重建价值的企业根据一定程序进行重新整顿和债权债务关系上的清理，以期摆脱财务困境，重获经营能力的特殊法律程序，亦即对已经达到破产界限的企业实施的一种抢救措施。

一个企业是否继续存在，将取决于其持续经营价值是否大于其清算价值。如果企业持续经营价值大于清算价值，债权人认为该企业值得重组，可通过重组使该企业继续生存下去；否则，企业将被迫转入破产清算。

企业重整的财务目的是重新改变企业的资本结构，以便降低其法定的必须支付的固定负担额；保证增加企业的营运资本；发现和纠正经营管理上导致企业财务困境的根源。

(二)企业重整的程序

1. 重整申请

依据我国《破产法》的规定，债务人不能清偿到期债务，并且资产不足以清偿全部债务或者明显缺乏清偿能力的，或者有明显丧失清偿能力可能的，在债务人尚未进入破产程序时，债务人或债权人可以直接向法院申请对债务人进行重整；债权人申请对债务人进行破产清算的，在人民法院受理破产申请后、宣告债务人破产前，债务人或者出资额占债务人注册资本 1/10 以上的出资人，可以向人民法院申请重整。人民法院经审查认为重整申请符合规定的，应当裁定债务人重整，并予以公告。

自人民法院裁定债务人重整之日起至重整程序终止为重整期间。在重整期间，经债务人申请、人民法院批准，债务人可以在管理人的监督下自行管理财产和营业事务；对债务人的特定财产享有的担保权暂停行使；债务人的出资人不得请求投资收益分配。若在重整期间出现债务人的经营状况和财产状况继续恶化，缺乏挽救的可能性，或债务人有欺诈、恶意减少债务人财产或者其他显著不利于债权人的行为，或由于债务人的行为致使管理人无法执行职务的情形时，经管理人或者利害关系人请求，人民法院应当裁定终止重整程序，并宣告债务人破产。

2. 制订重整计划

重整计划是由托管人与财务失败企业的所有债权人和股东举行会议，据以了解各债权人和股东们的要求及其合法性，以此为基础，结合企业的具体业务和财务状况，重整企业资本结构，提出未来的经营方案与实施办法。法律规定，债务人或者管理人应当自人民法院裁定债务人重整之日起 6 个月内，同时向人民法院和债权人会议提交重整计划草案。债务人自行管理财产和营业事务的，由债务人制作重整计划草案；管理人负责管理财产和营业事务的，由管理人制作重整计划草案。债务人或者管理人未按期提出重整计划草案，人民法院应当裁定终止重整程序，并宣告债务人破产。

重整计划一般包括以下内容：(1)债务人的经营方案；(2)债权分类；(3)债权调整方案；(4)债权受偿方案；(5)重整计划的执行期限；(6)重整计划执行的监督期限；(7)有利于债务人重整的其他方案。

3. 提交法院审批

人民法院应当自收到重整计划草案之日起 30 日内召开债权人会议，对重整计划草案的公平合理性和现实可行性进行审核并表决。出席会议的同一表决组的债权人过半数同意重整计划草案，并且其所代表的债权额占该组债权总额的 2/3 以上的，即为该组通过重整计划草案。各表决组均通过重整计划草案时，重整计划即为通过。

4. 执行重整计划

人民法院裁定批准重整计划后，已接管财产和营业事务的管理人应当向债务人移交财产和营业事务，由债务人负责重整计划的执行，在重整计划规定的监督期内，由管理人监督重整计划的执行。

二、债务和解

债务和解，也称债务重组，是指破产程序开始后，债务人和债权人之间达成协议，由债权人自愿同意减少债务人的债务，包括同意减少债务人偿还的本金数额，或同意降低利息率，或同意将一部分债权转化为股权，或将上述几种选择混合使用，避免企业破产清算。

和解是一种特殊的法律行为，双方法律行为以双方当事人的意思表示一致为条件，而这种法律行为不仅需要债权人会议与债务人意思表示一致，而且要经过人民法院的裁定认可，方能成立。使用和解程序有利于使债务人获得复苏机会，同时，也使债权人有可能获得比破产清算更多的债务清偿。和解既可以使有挽救希望的企业避免破产，减少职工失业，也可以最大限度地实现债权人利益，同时还可以节省破产费用的支出。

（一）债务和解的方式

1. 以资产清偿债务

债权人和债务人达成协议或者经法院的裁定，由债务人用现金或非现金资产来清偿全部或部分债务。但是，债权人通常都要作出一定程度的让步，如减免部分债务本金或利息等，这样可以缓解债务人的财务压力，有助于债务人摆脱困境，并且债务人可以由此得到债务重组收益。

2. 债权转为股权

债权人和债务人经协商，债权人将全部或部分债权转作对债务人的股权，对于债务人而言，则是将其负债转为股东权益，不再需要偿还，这样，实际上改变了负债企业的资本结构，也减轻了债务人的债务负担。

3. 修改债务条件

债权人和债务人经协商，对债务合同的某些条款进行修改，如延长偿还期限、降低利率、减免应付未付利息、减少本金等。这种方式主要是为了减轻债务人的债务负担，使其尽快摆脱困境。

例如，某企业向银行以10%的利率借款100万元，期限为2年，现已到期，由于种种原因，企业无法按期如数偿还。银行与企业达成私下和解协议，银行同意企业将偿还本金额减少为80万元，贷款利率降为8%。这样，该企业只要支付96万元（80＋100×8%×2）现金，即可清算此项贷款。

（二）债务和解的程序

1. 提出申请

当债权人向法院申请债务人破产，或债务人自己申请破产后，在法院宣告破产前，债务人都可以向法院提出债务和解申请。债务人在申请债务和解时，应当提出债务和解协议，明确申明进行债务和解的理由，包括企业的经营状况、债务总额、不能偿付债务的理由，以及进行债务和解的必要性和可行性。

2. 签订债务和解协议

债务人提出的债务和解协议草案须经债权人会议表决通过。和解协议应当由出席会议的有表决权的债权人过半数同意，并且其所代表的债权额占无财产担保债权总额的2/3以上。和解协议通过后，由人民法院裁定后公告，管理人应将财产和营业事务移交给债务人。

3. 债务和解程序的终止

债务人按照和解协议履行了债务清偿义务，按和解协议减免的债务，自和解协议执行完毕时起，债务人不再承担清偿责任，债务和解程序终止。

三、重整与和解的主要区别

重整与和解在程序规则上有如下主要区别：

（1）重整仅适用于企业法人，而和解则没有这种限制；

（2）重整不仅适用于无力偿债的企业，也适用于那些因经营或财务困难将要成为无力偿债的企业，而和解仅适用于前一种情形；

（3）申请重整仅可于破产宣告以前提出，而和解既可以在破产宣告前提出，也可在破产宣告后提出；

(4)债务人的出资人可以申请重整,但不能申请和解;
(5)担保物权的行使,在重整保护期间仍受约束,而在和解开始后失去约束;
(6)重整计划草案在重整开始以后提出,和解协议草案在和解开始之前提出;
(7)重整计划草案由管理人提出,而和解协议草案则由债务人提出;
(8)重整计划由重整执行人执行,而和解协议由债务人执行;
(9)重整程序于计划执行完毕时终结,和解程序于和解协议成立时终结。

第三节　企业清算

如果达到破产界限的企业不具备重整与和解的基本条件,或重整与和解被否决,那么,法院就要依法宣告该企业破产,进行债权、债务的清算。

一、企业清算的概念

企业清算是企业在终止过程中,为终结企业现存的各种经济关系,对企业的财产进行清查、估价、变现,清理债权、债务,分配剩余财产的行为。企业清算按其原因,可分为解散清算和破产清算。导致企业清算的原因主要有:
(1)公司章程规定的营业期限届满或其他解散事由出现;
(2)公司的股东大会决定解散;
(3)企业合并或者分立需要解散;
(4)公司违反法律或从事其他危害社会公众利益的活动而被依法撤销;
(5)发生严重亏损,或投资一方不履行合同、章程规定的义务,或因外部经营环境变化而无法继续经营。

破产清算是指企业法人不能清偿到期债务,并且资产不足以清偿全部债务或者明显缺乏清偿能力而被迫依法宣告破产后,为保护债权人、所有者等利益相关者的合法权益,依法对企业财产、债权债务进行全面清查,处理企业未了事宜,收取债权,变卖财产,偿还债务,分配剩余财产,终止其经营活动等一系列工作的总称。

二、破产清算的程序

在提出破产申请后,法院如受理破产清算案件,通常按下列程序进行:

(一)成立清算组

法院应当自宣告债务企业破产之日起 15 日内成立清算组,接管破产企业。清算组由法院从公司的主管部门、政府有关部门和专业人员中指定,也可以聘请中国注册会计师和律师参加。清算组负责破产财产的保管、清理、估价、处理和分配。清算组应对人民法院负责并报告工作,接受法院的监督。

(二)通知债权人申报债权,召开债权人会议

清算组应当自成立之日起 10 日内通知债权人,并于 60 日内在报纸上至少公告三次,公告和通知中应当规定第一次债权人会议召开的日期。所有债权人均为债权人会议成员。第一次债权人会议由人民法院召集,应当在债权申请期限届满后 15 日内召开。以后的债权人会议在人民法院或者会议主席认为必要时召开,也可以在清算组或占无财产担保债权总额的 1/4 以上的债权人要求时召开。

(三)全面清算财产、债权、债务

清算组在接管破产企业后开展清产核资、资产评估等工作。处理与清算有关的公司未了结的业务,清理公司财产和债务,对破产财产和破产债权进行认定,编制资产负债表和财产清单,拟订破产财产变价方案,经债权人会议表决通过或法院裁定后,适时变价出售破产财产。

(四)拨付破产费用和共益债务

破产费用是指在破产程序中为破产债权人的共同利益而由破产财产中支付的费用,主要包括:(1)破产案件的诉讼费用;(2)管理、变价和分配债务人财产的费用;(3)管理人执行职务的费用、报酬和聘用工作人员的费用。

共益债务是指在破产程序中为全体债权人共同利益所负担的各种债务的总称。人民法院受理破产申请后发生的下列债务,为共益债务:(1)因管理人或者债务人请求对方当事人履行双方均未履行完毕的合同所产生的债务;(2)债务人财产受无因管理所产生的债务;(3)因债务人不当得利所产生的债务;(4)为债务人继续营业而应支付的劳动报酬和社会保险费用以及由此产生的其他债务;(5)管理人或者相关人员执行职务致人损害所产生的债务;(6)债务人财产致人损害所产生的债务。

破产费用和共益债务由债务人财产随时清偿。债务人财产不足以清偿所有破产费用和共益债务的,先行清偿破产费用。债务人财产不足以清偿所有破产费用或者共益债务的,按照比例清偿。债务人财产不足以清偿破产费用的,管理人应当提请人民法院终结破产程序。

(五)分配破产财产

当破产财产全部确认和拍卖,破产债权全部被界定和确认,破产费用和共益债务总额计算出来后,破产管理人便可提出分配方案。分配方案由债权人会议通过,经法院裁定后执行。

根据《破产法》的规定,破产财产在优先清偿破产费用和共益债务后,依照下列顺序清偿:

(1)破产人所欠职工的工资和医疗、伤残补助、抚恤费用,所欠的应当划入职工个人账户的基本养老保险、基本医疗保险费用,以及法律、行政法规规定应当支付给职工的补偿金。

(2)破产人欠缴的除前项规定以外的社会保险费用和破产人所欠税款。

(3)普通破产债权。

破产财产不足以清偿同一顺序的清偿要求的,按照比例分配。破产企业的董事、监事和高级管理人员的工资按照该企业职工的平均工资计算。

(六)报告清算工作,终结破产程序

经过上述破产清算程序后,清算组应当编制破产清算结束报告,并出具清算期内的各种报表连同各种财务账册,经中国注册会计师验证后,报授权部门审批。经批准后再向工商行政管理部门和税务部门注销登记并公告公司终止。

三、破产财产的界定

破产财产,是指依法在破产宣告后,可依破产程序进行清算和分配的破产企业的全部财产。破产财产的构成条件主要有:

第一,必须是破产企业法人可以独立支配的财产;

第二,必须是在破产程序终结前属于破产企业的财产;

第三,必须是依照破产程序可以强制清偿债务的财产。

这三个条件必须同时具备。根据我国《破产法》的规定,破产财产包括:

(1)宣告破产时企业经营管理的全部财产;

(2)破产企业在宣告破产后至破产程序终结前所取得的财产；

(3)应当由破产企业行使的其他财产权利，如企业所持有的专利权、商标权等无形财产权；

(4)担保物的价款，超过其所担保的债务数额的，超过部分属于破产财产；

(5)在法院受理破产案件前 6 个月至破产宣告之日的期间内，破产企业隐匿、私分、无偿转让、非法出售的财产，经清算组追回后，属于破产财产；

(6)破产企业与其他单位联营时所投入的财产和应得收益，应属于破产财产。

下列财产不属于破产财产：

(1)已作为债务担保物的财产不属于破产财产；

(2)破产企业代管、代存而属于他人所有的财产和应得收益；

(3)国家专有的财产和土地资源或法律上不能流通的财产；

(4)企业兴办的公益性、福利性设施；

(5)虽属于破产企业占有和使用，但所有权不属于破产企业的财产；

(6)担保物灭失后产生的保险金、补偿金、赔偿金等代位物；

(7)破产企业工会所有的财产。

破产财产确定以后，一般都要变卖为货币现金，以便清偿债务。财产变现可分为单项资产变现和"一揽子"变现。破产财产应采用公开拍卖的方式出售，对破产财产中的整套设备或生产线，应尽量整体出售，确定无法整体出售后，方可分散出售。

四、破产债权的界定

破产债权是在破产宣告前成立的，对破产者发生的，依法申报确认，并由破产财产中获得公平清偿的可强制执行的财产请求权。主要包括：

(1)破产宣告前成立的无财产担保的债权，有财产担保但放弃优先受偿权的债权；

(2)有担保的债权，其数额超过担保物的价款，未受清偿的部分；

(3)管理人解除破产企业未履行合同致使其他当事人受到损害的，其损害(以实际损失为计算原则)赔偿额应列入破产债权的范围；

(4)保证人(也可预先行使追偿权)代替破产的企业清偿债务后人民法院认可的依法可以向破产企业追偿的债权；

(5)破产宣告时尚未到期的债权；

(6)票据发票人或背书人被宣告破产而承兑人已付款或承兑的；

(7)其他债权。

主要概念

Bankruptcy: A legal proceeding involving a person or business that is unable to repay outstanding debts. The bankruptcy process begins with a petition filed by the debtor. All of the debtor's assets are measured and evaluated, whereupon the assets are used to repay a portion of outstanding debt. Upon the successful completion of bankruptcy proceedings, the debtor is relieved of the debt obligations incurred prior to filing for bankruptcy.

Debt Rescheduling: A practice that involves restructuring the terms of an existing loan in order to extend the repayment period. Debt rescheduling may mean a delay in the due date(s) of required payments or reducing payment amounts by extending the payment period and increasing the number of payments.

Restructuring:A significant modification made to the debt, operations or structure of a company. This type of corporate action is usually made when there are significant problems in a company, which are causing some form of financial harm and putting the overall business in jeopardy. The hope is that through restructuring, a company can eliminate financial harm and improve the business.

Liquidation:When a business or firm is terminated or bankrupt, its assets are sold and the proceeds pay creditors. Any leftovers are distributed to shareholders.

思考与练习

1. 什么是财务失败？财务失败的原因有哪些？
2. 财务预警的方法有哪些？
3. 简述企业破产的原因和程序。
4. 什么是重整？重整的程序是怎样的？
5. 什么是债务和解？债务和解的方式有哪些？
6. 债务重组和重整的区别是什么？
7. 什么是破产清算？
8. 企业破产清算过程中，存在哪些财务问题需解决？
9. 甲、乙两公司的相关财务数据如下(金额单位：万元)

项 目	甲公司	乙公司
营业收入	5 900	2 820
息税前利润	512	86
资产总额	3 430	5 928
营运资金	1 380	642
负债总额	2 390	3 910
留存收益	216	120
股票市价总额	3 040	1 018

要求：运用 Z 计分模型，对甲、乙两公司的财务安全性进行判断。

案例阅读

案例阅读 1——债务重组

债务重组的实际运用非常灵活，本文选取澳柯玛修改债务条件的债务重组、东胜科技和 ST 西北轴承关联方间的债务重组等几个案例，分析债务重组收益确认的合理性和关联方间债务重组的相关问题。

一、修改其他债务条件的债务重组

修改其他债务条件的债务重组，一般是通过减少债务本金、降低利率、减少或免除债务利息的方式完成的债务重组。在实务领域，通过这种方式完成的债务重组非常灵活，何时确认债务损益变得尤为关键。

案例一：澳柯玛股份有限公司 2012 年 4 月债务重组

2012 年 4 月 25 日，中国农业银行青岛市北区第一支行(甲方)、本公司(乙方)及该贷款的担保方青岛澳柯玛集团总公司(丙方)三方共同签署了《中国农业银行贷款利息减免协议》。协议主要条款：①甲方同意乙方所欠的下列贷款可以根据本协议减免所欠部分利息：贷款总金额 28 235 万元，贷款结欠利息总计 18 012.219 945 万元(截至 2011 年 12 月 31 日)。②甲、乙双方同意乙方在 2013 年 1 月 6 日前偿还贷款本金 28 235 万元整，利息 1 500 万元整，具体还款期限、金额根据约定的还款计划执行。③甲方同意在乙方履行上述还款义务后，免除乙方所欠剩余利息 16 512.219 945 万元(截至 2011 年 12 月 31 日)及至本息清偿日止新生利息。④如乙方未按照约定期限偿付贷款本金、利息及相关费用，甲方有权终(中)止本协议，对剩余贷款本金及利息进行追偿。

[案例分析] 澳柯玛的这项债务重组属于修改其他债务条件的债务重组，其特点在于：在债务重组日，是否会免除利息，取决于该公司在 2013 年 1 月 6 日能否履行偿还义务，如果不能偿还，则这项债务重组是不能带来债务重组收益的。另外，根据双方协议，免除的利息由两部分组成：一是已计提的利息 16 512.219 945 万元；二是至本息清偿日止新生利息，这部分金额不确定，取决于偿还本金的进度，所以在债务重组日，重组收益的金额不确定。

查阅澳柯玛公司财务报告，发现公司 2012 年度确认了债务重组收益，确认的金额为本期偿还本金对应的减免利息 87 722 082.24 元。也就是说，公司的债务重组收益采用了分期确认的方法，2012 年确认一部分，2013 年确认一部分。笔者认为，这种做法是值得商榷的。在还没有完全偿还本息之前，按照谨慎性原则，2012 年不应该高估收益。另外，分期确认容易引起重组收益在不同会计期间的盈余操纵。根据澳柯玛的履行公告，2013 年 1 月 6 日该公司才履行完还款义务。所以应在这个时点确认重组收益，收益的金额等于上述两部分利息之和。

二、关联方间的债务重组

案例二：东胜科技 2013 年 6 月的债务重组

2013 年 6 月 13 日，公司及其子公司陕西东盛医药有限责任公司、安徽东盛制药有限公司分别与中国长城资产管理公司石家庄办事处签署了《债务减让协议》，根据协议的约定，公司及其子公司东盛医药、安徽东盛向长城公司支付 15 456.46 万元后，长城公司将减免公司利息债务 2 525.54 万元。

因中国长城资产管理公司于 2013 年 4 月持有了公司流通股股份 1 220 000 股，占公司总股本的 5%，目前为公司第二大股东，其分支机构中国长城资产管理公司石家庄办事处属于《股票上市规则》规定的上市公司关联法人，故上述行为构成关联方交易。

本次交易所产生的收益对公司当期利润不产生影响，但会增加公司资本公积 2 525.54 万元，对公司未来财务状况将带来积极影响。

[案例分析] 会计准则没有规范关联方之间重组业务的核算，但财政部《关于做好执行会计准则企业 2008 年年报工作的通知》中规定，“接受控股股东或控股股东的子公司直接或间接的捐赠，从经济实质上判断属于控股股东对企业的资本性投入，应作为权益性交易，相关利得计入所有者权益(资本公积)”。故东胜科技的做法符合要求。

案例三：ST 西北轴承 2012 年 6 月的债务重组

西北轴承股份有限公司与第二大股东中国长城资产管理公司就借款本金 2.37 亿元截至 2011 年 12 月 31 日的利息 7 277.10 万元进行债务重组，西北轴承支付上述利息的 10%后，免除剩余的 90%利息。公司认为，本次债务重组属于市场化交易行为，并非股东的出资行为，故将此项债务重组利得 82 147 071.88 元计入了营业外收入。

[案例分析] 此案例也属于关联方之间(与控股股东间)的债务重组，与上一个案例有些类似，但 ST 西北轴承判断此次债务重组具有商业实质，故将债务重组利得确认为当期损益而非计入资本公积，并由信永中和会计师事务所做了回复。通过查阅 ST 西北轴承 2012 年的年度报告，公司当年的营业利润为 −77 163 455.43 元，已连续两年亏损，通过重组公司第三年实现了盈利，避免了退市预警。我们对此应持职业怀疑态度，该公司很可能具有盈余管理的动机。

关联方之间债务重组的处理，不论是与控股股东还是与非控股股东之间，都要判断该项交易的实质。实质上属于资本性投入的，不得确认收益。

三、债务重组中债权人的转移

案例四：东北电气 2013 年 11 月 4 日的债务重组

东北电气发展股份有限公司 2001 年曾为原全资附属子公司沈阳金都饭店（简称金都饭店）向中国工商银行沈阳市银信支行借款 24 000 000 元提供担保，金都饭店因经营不善，逾期未能归还该笔贷款，公司为此承担连带保证责任，并已于 2007 年度预计负债 24 000 000 元（2007 年东北电气出售金都饭店全部股权后不再将其纳入财务报表合并范围）。

2005 年 7 月 15 日，银信支行的上级主管部门中国工商银行辽宁省分行与中国长城资产管理公司沈阳办事处签订《债权转让协议》，将该笔债权转让给长城资产公司持有。2012 年 8 月 3 日辽宁顺隆商贸有限公司通过公开拍卖方式获得该笔债权，长城资产公司与顺隆商贸同日签订《债权转让协议》，债权人由此变更为顺隆商贸。公司与顺隆商贸签订《债务重组协议》，约定公司若在 2013 年 12 月 31 日之前偿还 18 500 000 元，其余本金、利息及罚息全部免除。形成债务重组收益，计入营业外收入 550 万元。

［**案例分析**］ 本例中债权人的变更，先由银行转让给长城资产公司，再由长城资产公司转给了顺隆商贸。虽然公司声明本次重组属于非关联方的债务重组，但债务重组发生在 2013 年年底，且公司前三季度的净利润为－1 492 382.54 元，公司是否利用债务重组进行盈余管理值得怀疑。

资料来源：福建天元会计网.

【思考与讨论】

1. 你认为案例一中债务重组收益的确认合理吗？债务重组收益确认应遵循哪些原则？
2. 根据案例二与案例三，关联方之间的债务重组收益应如何确认？
3. 根据案例四，你认为债权人的转移对债务重组收益确认有何影响？

案例阅读 2——对我国首例上市公司破产重整案的解读

浙江海纳于 1999 年 5 月 7 日在深交所挂牌上市，法人股东为浙江大学企业集团控股有限公司、浙江省科技风险投资公司以及四位自然人。2003 年 2 月 15 日，浙江大学企业集团分别与邱忠保所操控的珠海经济特区溶信投资有限公司、海南皇冠假日滨海温泉酒店有限公司签订股权转让协议，向后者分别转让了 2 560 万股和 2 160 万股国有法人股，合计占到了总股本的 52.44%。此后，邱忠保和其控制的原公司高管人员利用控制地位违规挪用上市公司资金达 2.51 亿元，还擅自以浙江海纳的名义为其掌控的“飞天系”公司向银行贷款或个人借款提供连带保证担保，本金总额高达 3.95 亿元，造成了公司严重的债务危机。

2007 年 7 月，债权人袁建华以拥有浙江海纳 2 190.43 万元的债权向杭州市中级人民法院提出破产重整的申请。2007 年 9 月，法院裁定予以受理，并指定重组清算组担任管理人。此后，共有 15 家债权人向浙江海纳管理人申报债权，总金额为 5.42 亿元。

同年 10 月 24 日，海纳第一次债权人会议以 87.17%的支持率通过了《海纳破产重整计划（草案）》，核心内容是：为避免破产清算，浙江海纳的实际大股东深圳大地公司以浙江海纳资产价值 1.1 亿元为基数提供等值现金，用于清偿债务，债权人本金可获得 25.35%的清偿，债权人免除浙江海纳剩余本金和全部利益的债权及其他债权。

2007 年 11 月 20 日，杭州中院裁定批准浙江海纳债权人会议通过的重整计划，终止了重整程序。

自 2007 年 6 月 1 日起实施的新《破产法》引入了破产重整制度，这一项重要制度创新是我国破产立法领域的新突破，必将对上市公司乃至整个资本市场的发展产生深远影响。浙江海纳上市公司破产重整案是新《破产法》实施后我国第一个按照债权人会议表决程序通过重整计划的上市公司重整案件，是我国首例真正意义上的上市公司重整案件，案件本身即具有典型的指导意义。

一、破产重整的价值导向

在新《破产法》引入破产重整制度的背后，是我国公司立法理念及价值导向的转变，即由一味地强调公司股东利益至上转向追求公司利益相关者的利益平衡。

这一转变与公司治理理论的发展密不可分。在 20 世纪 50 年代之前，公司治理研究以及受其影响的公司立法均将股东利益最大化作为公司的最终也是唯一的目标，当股东与其他利益关系主体的利益产生冲突时，股东利益应当被优先保护。

随着公司内涵的进一步拓展以及对公司认识的日益深入,人们逐渐意识到公司已经不再单纯作为股东的投资实体存在,而是成为包括股东和债权人、供应商、消费者、经销商等利益相关者在内的利益集合体,股东以外的利益相关者也为公司价值的形成做出了重要贡献。从这个意义上讲,公司是不同利益相关者之间组成的一个系统,公司的目标应该是为股东和其他利益相关者创造财富、增加价值,并实现相互之间的利益平衡,而不是仅仅为股东利益最大化服务。近年来,这一理论在国际上得到了越来越多的认可,《OECD公司治理原则》就专门将利益相关者作为其中的一个重要组成部分,明确提出公司在追求股东利益最大化的同时,应关注和考虑利益相关者的利益不受损害。

与公司股东相比,其他利益相关者处于相对的弱势地位,这也进一步增加了通过法律手段对其利益予以特别保护的必要性和合理性。以债权人为例,由于不具有股东所拥有的表决权、剩余财产分配权等权利,公司债权人只享有对公司的请求权,不能有效实现对公司的控制,不能阻止公司损害利益相关者行为的发生,也就不能实现对其自身利益的有效保护。不仅如此,公司一旦因为某种原因陷入破产境地,公司股东将以有限责任作为挡箭牌,原则上不会就公司的债务向公司债权人承担个人责任。

作为上述理论的延伸和必然结果,各国逐渐通过立法的形式对公司相关利益者尤其是公司债权人予以保护,使公司在追求股东利益的同时,不损害公司债权人以及其他利益相关者的利益。破产重整即是各国在公司立法方面所做的有益尝试,且已经成为保护包括公司债权人在内的利益相关者的重要举措。

由此可见,破产重整的立法初衷即隐含了对公司股东、债权人和其他利益相关者之间利益平衡的追求。为此,在处理公司尤其是上市公司的破产重整事件时,就应以实现这一利益平衡作为基本的价值导向。

二、利益平衡的具体体现

回顾案件的整个处理过程,分析案件的处理结果,可以发现,破产重整对于浙江海纳股东、债权人以及相关利益人而言,无疑是一个多赢的结果。

首先,破产重整不仅为公司股东挽回了损失,而且为其创造了新的投资价值。如果直接进行破产清算,浙江海纳所有股东包括流通股股东和非流通股股东的投资将付诸东流。通过破产重整,公司的债务获得减免,维持了正常的生产经营,不仅避免了暂停上市或退市的风险,而且引进了战略投资者,提高了上市公司质量,获得了重新振兴的机会,维护了公司股东尤其是中小股东的合法权益。

其次,破产重整提高了债务的清偿率,有效维护了债权人的合法权益。破产重整如果按照破产清算,浙江海纳的债权人只能获得19.84%的本金清偿率,而通过破产重整,债权人实际获得了25.35%的本金清偿率,提高了5.51个百分点,债权人利益在更大层面上获得了保护。

再次,破产重整切实保护了其他利益相关者的合法权益。上市公司作为公众公司,利益相关者众多,利益关系极为复杂,一旦公司破产清算,不仅广大投资者将遭受损失,还会使公司员工、供应商、消费者等利益相关者遭受不可预期的损失。破产重整使公司的正常生产经营得以持续,避免了公司破产给其他利益相关者带来的冲击,维护了社会经济的稳定。

三、破产重整的经验总结

作为首例破产重整案例,浙江海纳取得了一些宝贵的经验,其中最为核心的是破产重整必须始终以利益平衡为价值导向。为实现利益平衡这一目标,包括公司股东、管理人、债权人、政府部门及司法部门都做出了巨大努力,这是浙江海纳破产重整得以成功的根本所在。

(1)借力中介机构,加强管理人与债权人的沟通。作为浙江海纳破产重整事务的管理人——浙江海纳重组清算组,创新工作方式,及时引入资产管理公司作为中介组织,协助管理人与债权人之间的谈判,并将重整成功所需偿付的部分资金托管于资产管理公司处,提高了管理人与债权人之间的互信程度,消除了股东与债权人的沟通和协调障碍,减少了利益分歧,加快了破产重整进程。

(2)充分协商,平等保护债权人利益。按照《破产法》的规定,重整计划的最终通过只需要出席会议的同意表决组的债权人过半数同意,且所代表的债权额占该组债权总额的2/3即可。但为平等保护债权人合法权益,尽可能多地争取债权人对重整方案的支持,有关部门在正式表决之前,组织了债权人就重整计划进行了充分的协商,并初步达成了共识,最终使重整计划得到了绝大多数债权人的支持,保证了破产重整的顺利进行。

(3)政府部门通力合作,帮助公司解决困难。在处理浙江海纳破产重整的过程中,浙江证监局、浙大国资办等部门专门成立了浙江海纳重组清算组,就有关浙江海纳破产重整事宜进行沟通、协商。此外,浙江证监局还积极协助公司与杭州法院进行沟通,暂停强制执行,解决违规担保,并与江苏省南京市中级人民法院、上海公安部门等有关部门沟通,给公司解决违规担保等问题争取了时间。政府部门的通力合作为浙江海纳的破产重整创造了良好的工作环境。

(4)司法部门创新求变,探索破产重整案件审理方式。由于《破产法》实施不久,上市公司破产重整案件在理论和实践方面均缺乏可供参考的先例,增加了案件审理难度。作为本案的主审法院——杭州中院以实现利益平衡为目标,积极探索行之有效的案件审理方式,采用了立案审查的实质性标准,并就案件处理征求了人大代表、政协委员以及法学研究人员的意见和建议,确保了案件处理的合法、合理,为破产重整案件的顺利进行提供了充分的司法保障,实现了法律效果和社会效果的统一。

四、破产重整的相关建议

尽管如前所述,浙江海纳通过破产重整实现了股东、债权人及其他利益相关者的利益平衡,但也应看到,整个案件的处理还有美中不足,在此一并提出,期望对此后类似案件能有所帮助。

(1)战略投资者的利益保护问题。作为整个破产重整方案的核心,深圳大地公司作为战略投资者为浙江海纳提供了1.1亿元的现金。由此,深圳大地公司成为浙江海纳唯一的债权人,如何保护这部分债权成为日后需要关注的重点。尽管新《破产法》对破产重整的市场化给予重点强调,规定了包括无偿转让股份、向特定对象发行新股、债权转化为股份在内的多种重整措施,但遗憾的是,浙江海纳此次所进行的破产重整仅限于债务重整,并没有涉及股权重整。在笔者看来,为避免再次引发争端与纠纷,上市公司重整应将债务重整和股权重整结合进行,切实保护战略投资者的利益,从更广范围内实现利益平衡。

(2)债权人市场的缺失降低了破产重整效率。上市公司破产重整所涉债权人往往比较多,由于我国尚未建立债权人市场,在债权人之间不能就破产重整方案达成一致意见的情况下,对破产重整方案持否定意见的债权人就不能及时退出,这显然会增加重整方案通过的难度;而对于看好重整企业价值且愿意接受重整方案的潜在债权人来说,他们也不能通过债权转让而成为公司的实际债权人。这样一个封闭的债权人市场,由于缺乏退出和进入机制,导致要么破产重整方案被搁浅,股东、债权人、其他利益相关者不能实现利益平衡;要么被占多数的债权人强行通过,少数持反对意见的债权人利益将在一定程度上遭受损失,同样不能实现利益平衡。为此,应通过适当形式建立债权转让市场,让看好重整企业价值的债权人替代原有债权人,以提高重整效率。

资料来源:东方财富网.

【思考与讨论】

1. 你认为破产重整有何意义?

2. 破产重整的核心是什么?为什么以此为核心?

参考文献

[1]汤谷良.高级财务管理[M].北京:中信出版社,2006.

[2]左和平,李雨青.高级财务管理[M].北京:高等教育出版社,2009.

[3]王静,李淑平.高级财务管理[M].武汉:武汉理工大学出版社,2007.

[4]袁振兴.经典财务管理案例分析教程[M].上海:立信会计出版社,2009.

[5]王化成.高级财务管理[M].北京:首都经济贸易大学出版社,2006.

[6]刘志远.高级财务管理[M].上海:复旦大学出版社,2007.

[7]张鸣.高级财务管理[M].上海:上海财经大学出版社,2010.

[8]裘益政,竺素娥.高级财务管理(第二版)[M].上海:立信会计出版社,2013.

[9]张先治.高级财务管理[M].大连:东北财经大学出版社,2007.

[10]王化成.高级财务管理(第三版)[M].北京:中国人民大学出版社,2011.

[11]丁会仁.财务管理实务操作与典型案例全书[M].北京:中国法制出版社,2012.

[12]朱德胜.高级财务管理[M].北京:经济科学出版社,2009.

[13]梁淑红,杨亦民.高级财务管理学[M].北京:国防工业出版社,2009.

[14]杨雄胜.高级财务管理理论与案例[M].大连:东北财经大学出版社,2012.

[15]汤谷良等.财务管理案例(第二版)[M].北京:北京大学出版社,2012.

[16]向文生.企业衍生金融工具的风险管理研究——基于中信泰富事件的分析[J].财会通讯·综合,2010(9).

[17]杨淑娥,杨峰.累计外汇期权合约做套期保值吗?——中信泰富案例带给人们的思考[J].财务与会计·理财版,2011(4).

[18]崔伟.运用财务战略 助推企业腾飞——访开元旅业集团副总裁褚国飞[J].中国总会计师,2007(6):37-39.

[19]胡成群.基于行为财务理论的企业筹资动机分析[D].河南大学,2011.

[20]董梅.基于行为财务理论的企业投资决策问题研究[D].东北大学,2008.

[21]刘欧.基于行为财务理论的上市公司股利政策分析[D].昆明理工大学,2009.

[22]许珺.基于行为财务理论基础上的公司股利分配政策研究[D].东北师范大学,2007.

[23]景静.基于行为财务学的我国上市公司投资决策研究[D].山西财经大学,2012.

[24]胡婷.基于行为财务学的中国证券市场投资策略实证研究[D].中南林业科技大学,2013.

[25]李威.基于行为财务学非理性投资行为对市值波动的影响研究[D].郑州大学,2012.

[26]冉留钢.基于行为财务学角度企业价值研究[D].西南财经大学,2009.

[27]青福春.行为财务及应用研究[D].西南财经大学,2008.

[28]黄永波.行为财务理论及其应用研究[D].武汉大学,2004.

[29]姬海华.行为财务理论及其在公司投资中的应用研究[D].湖南大学,2009.

[30]杨军伟. 行为财务理论框架下的公司投资决策研究[D]. 兰州商学院,2010.
[31]刘凤娟. 行为财务理论在公司理财中的应用[D]. 山东大学,2006.
[32]安嘉祺. 行为财务视角下的公司理财研究[D]. 山东大学,2009.
[33]储小东. 行为财务学及其在公司理财中的应用[D]. 南京理工大学,2007.
[34]张英. H 集团公司财务管控分析[D]. 华中科技大学,2011.
[35]宋华军. H 集团公司财务内部控制评价与完善研究[D]. 西南财经大学,2007.
[36]李良军. J 集团公司财务管控问题的研究[D]. 河北财经大学,2013.
[37]孙武. SMH 集团公司财务管控模式研究[D]. 西北大学,2013.
[38]罗莲怡. Z 集团财务管控模式研究[D]. 西南财经大学,2013.
[39]张星文. 集团公司财务风险管理研究[D]. 广西大学,2007.
[40]杨秀兰. 集团公司财务风险控制体系研究[D]. 兰州大学,2009.
[41]杜玉鹏. 集团公司财务风险控制研究[D]. 天津大学,2007.
[42]冉晓枫. 集团公司财务风险控制研究[D]. 四川大学,2006.
[43]鞠法学. 集团公司财务风险评价研究[D]. 中国石油大学,2011.
[44]袁文. 集团公司财务管理的优化设计[D]. 西南财经大学,2009.
[45]蔡英强. 集团公司财务管理体系优化研究[D]. 山东大学,2012.
[46]成红彦. 集团公司财务控制问题研究[D]. 昆明理工大学,2005.
[47]马媛. 集团公司财务控制研究[D]. 北京交通大学,2008.
[48]田艳. 我国集团公司财务控制模式研究[D]. 北京航空航天大学,2008.
[49]张斌. 香港美林集团公司财务控制体系的改进与完善[D]. 中南大学,2011.